5-7, rue de l'Ecole-Polytechnique, 75005 Paris

www.harmattan.com

ISBN : 978-2-343-11930-4
EAN : 9782343119304

Droit civil
Les obligations

Notes de cours

Dirigée par Benjamin Mulamba Mbuyi

L'objet de la collection est de susciter les publications dont la vocation est double : d'une part offrir aux professeurs d'universités l'opportunité de publier leurs notes de cours, utilisées tout au long de leur carrière, et d'autre part offrir aux étudiants et chercheurs les outils de travail dont ils ont grandement besoin.

La collection s'adresse principalement aux étudiants et se propose d'envisager toutes les questions qui touchent tous les aspects de droit, de science politique et de relations internationales qui font l'objet d'un enseignement universitaire autonome.

Nous privilégierons la publication de manuels de grande qualité scientifique qui seront mis à la disposition des étudiants, régulièrement révisés comme des outils pédagogiques et utilisés dans un grand nombre d'institutions universitaires à travers le monde.

Déjà parus :

Rémy MUSUNGAYI BAMPALE, *Les associations pré-politiques dans la ville de Luluabourg (Kananga) avant 1960, Cas de l'association Lulua-Frères, Nouvelle édition*, 2017

Georges MUYAYABANTU MUPALA, *La culture du maïs sur les oxisols en République Démocratique du Congo*, 2017.

José-Marie TASOKI MANZELE, *Procédure pénale congolaise*, 2016.

Dieudonné MIRIMO MULONGO, *Comment briser le plafond de verre pour les femmes candidates aux élections en RD Congo*, 2016.

Jean-Louis ESAMBO KANGASHE, *Le droit congolais des marchés publics*, 2016.

Marcel WETSH'OKONDA KOSO, *La protection des droits de l'Homme par le juge constitutionnel congolais, Analyse critique et jurisprudence (2003-2013)*, 2016.

Richard LUKUNDA VAKALA-MFUMU, *Le développement intégré de l'Afrique par les bassins fluviaux, Cas des bassins du Congo et du Nil*, 2016.

Hubert MUKENDI MPINGA, *Pauvreté et résilience des enfants dans les mines de diamants (Kasaï-Oriental)*, 2016.

Hilaire KABUYA KABEYA TSHILOBO, *La gestion des forêts en RDC, Étude écologique, économique et juridique*, 2016.

Dieudonné KALINDYE BYANJIRA, *Droit international humanitaire*, 2015.

Blaise SARY NGOY, *La politique étrangère de Joseph Kabila, Les politiques étrangères des Etats menacés de décomposition*, 2014.

Zacharie NTUMBA MUSUKA, *Le rôle du juge administratif congolais dans l'émergence de l'état de droit*, 2014.

Stanislas BOGOY NANGAMA, *La pédagogie générale*, 2014.

Stanislas BOGOY NANGAMA, *La pédagogie comparée, Historique, Théories et Méthodes*, 2013.

Floribert Nzuzi MAKAYA, *Les finances publiques dans les constitutions de la République démocratique du Congo*, 2012.

Kazumba K. TSHITEYA, *Introduction aux théories et doctrines politiques et sociales*, 2012.

Benjamin MULAMBA MBUYI, *Droit International Public, Les sources*, 2012.

Benjamin MULAMBA MBUYI, *Droit des Organisations Internationales*, 2012.

Marie-Thérèse Kenge Ngomba Tshilombayi

Droit civil
Les obligations

Préface de LUZOLO Bambi Lessa

L'Harmattan

A LA MEMOIRE :

- Du Doyen **B.O. KALONGO MBIKAYI**, professeur ordinaire et doyen honoraire à la Faculté de Droit de l'Université de Kinshasa et titulaire pendant toute sa carrière académique de la chaire « Droit civil. Les obligations » dans plusieurs Universités de la République Démocratique du Congo ;

- De notre père **Barthélémy DIPUMBA NTITA,** Avocat honoraire à la Cour Suprême de Justice de la République Démocratique du Congo.

DU MÊME AUTEUR

- *Droit civil. Les sûretés*, Kinshasa, éditions Mont Sinaï, 2008 ;
- *Sûretés OHADA* (sous la direction de), Kinshasa, éditions Mont Sinaï, 2014.

PREFACE

Dans la mesure où elles rendent compte des solutions applicables à la plupart des comportements et des activités de l'homme vis-à-vis des tiers, les obligations sont sans doute la branche la plus passionnante du droit civil. Leur nature transversale leur permet de régir les aspects de la vie des membres de la société jusqu'aux confins de leur intimité, et dessine ainsi le tracé de la légalité ou, plus exactement, de la juridicité de leurs actes et de leurs faits, mais également de situations particulières qui surviennent sans nécessairement mettre en évidence l'intention d'obtenir leur survenance. C'est, pourrait-on dire, la problématique des contrats et quasi-contrats ainsi que des délits et quasi-délits.

Le mystère que cachent toutes ces notions qui dépeignent savamment des actes de la vie courante, que le citoyen ordinaire croit erronément cerner par le simple fait de la nature, préserve cette branche du droit de l'évidence et de la vraisemblance pour l'ouvrir davantage à la subtilité de la cogitation.

Cette branche du droit est en effet le résultat d'une ingénieuse codification de règles coutumières et de principes généraux qui, dans toutes les familles du droit occidentales, ont porté les valeurs de la civilisation jusqu'à leur transposition dans leurs colonies respectives, alliant fiction et réalité du droit pour servir d'outil de règlement des contentieux dans toutes les branches du droit, fondant ainsi tantôt la suprématie, tantôt la prééminence, tantôt la primarité âprement disputée du droit privé sur les autres branches de la *summa divisio* du droit, auxquelles *elle fournit les principes moteurs de solution.*

L'ouvrage de Madame la Doyenne Marie-Thérèse KENGE NGOMBA TSHILOMBAYI est un chef-d'œuvre à plus d'un titre : d'abord, il est le reflet de la recherche de l'originalité dans un pays, la République Démocratique du Congo, où le droit civil/les obligations est encore orphelin du Doyen Bonaventure Olivier KALONGO MBIKAYI, son maître, dont elle pérennise les nombreuses et inégalables études, au nombre desquelles se compte une publication intitulée « *Droit civil. Tome 1, Les obligations* » ayant vu le jour à Kinshasa, à titre posthume, aux éditions universitaires africaines en 2012.

Il est également un chef-d'œuvre de par son contenu. Il offre une perception panoramique et analytique des notions théoriques de base en matière de droit des obligations, qu'il répartit en deux parties, à savoir : les sources comptant trois titres portant respectivement sur les contrats puis les délits, les quasi-délits et les quasi-contrats ; les règles communes des obligations indépendamment de leurs sources comptant cinq titres traitant successivement des modalités des obligations et obligations complexes, de la transmission des obligations, de l'extinction des obligations, des droits du créancier non payé sur les biens de son débiteur et de la preuve des obligations.

Chef-d'œuvre, cet ouvrage l'est aussi du fait de la rencontre entre l'indubitable prestige de l'auteur et l'incommensurable valeur de son œuvre qui, se faisant ainsi concurrence, ne rendent pas évidente la réponse à la question de savoir qui de la Doyenne et de ce livre fait la promotion de l'autre. C'est autant dire que la qualité des écrits doublée de la simplicité du langage appelle le lecteur à consommer sans retenue ce bel ouvrage qui, dans nos bibliothèques et bureaux, ne tardera pas à s'imposer comme le « livre de compagnie », celui auquel on recourt pour couper court aux débats, pour arracher l'intime conviction du juge, pour préparer ses examens et que l'on a du mal à rendre à son prêteur.

En ma quadruple qualité de juriste, d'avocat, de professeur de procédure pénale au troisième cycle et de chef de département de droit pénal et criminologie à la Faculté de Droit de l'Université de Kinshasa, je mesure l'étroitesse du lien entre le droit civil des obligations et le droit judiciaire, dont l'interdépendance se perçoit à travers le recours, par le juge pénal, aux règles de la responsabilité civile en vue de l'octroi de la réparation du préjudice subi par la victime d'une infraction constituée partie civile aux dépens de la personne civilement responsable, étant entendu qu'en tant qu'atteinte à un intérêt légitime et juridiquement protégé, la faute pénale demeure avant tout une faute civile. Tout autant que le droit judiciaire en général et la procédure pénale en particulier, le droit pénal ne peut que reconnaître l'inestimable importance du droit civil des obligations dans la mesure où, dans la qualification des faits relatifs à certaines infractions, le juge a besoin de précieuses notions de cette branche du droit privé en tant que condition préalable voire élément constitutif desdites infractions. C'est le cas de l'abus de confiance qui, pour être caractérisé, a besoin de l'établissement d'un lien contractuel plaçant dans le chef du délinquant une obligation qu'il n'aurait pas exécutée, pour des raisons égoïstes, suivant l'engagement initial.

Quelle éloge l'auteur ne mérite-t-elle pas finalement pour cette œuvre qui fait découvrir aux étudiants les profondeurs insoupçonnées du droit civil des obligations et qui rappelle aux praticiens les notions théoriques dont le réalisme et le pragmatisme de la profession ont tendance à les éloigner ! C'est tout à son honneur qu'il convient de noter ce remarquable effort consistant à rendre le contenu d'essence éminemment technique du droit des obligations dans un langage certes simple mais exquis, construit sans doute à la suite de sa longue carrière dans l'enseignement, en deuxième graduat aux Facultés de Droit des Universités de Kinshasa et Protestante au Congo, de cette matière dont le présent ouvrage est finalement le condensé. Dès le départ de la lecture commence un texte qui se lit de manière linéaire, les premières pages annonçant les suivantes et celles-ci complétant ou élucidant celles-là. C'est, sans exagérer, un voyage passionnant sur le terrain encore vierge du droit congolais des obligations, où l'on se laissera guider par un haut initié en la matière.

C'est donc une œuvre grandiose à laquelle ne peuvent qu'être invités les lecteurs, qui ne trouveraient certainement rien d'excessif dans la casuelle appropriation par l'auteur, Madame la Doyenne Marie-Thérèse KENGE NGOMBA TSHILOMBAYI, de l'expression « *exegi monumentum aere perennius !* »

LUZOLO Bambi Lessa
Professeur Ordinaire

PRINCIPALES ABREVIATIONS

Al. : Alinéa
Art. : Article
Bandundu : Cour d'Appel de Bandundu
B.O. : Bulletin officiel
Bull. Arr. : Bulletin des arrêts de la Cour Suprême de Justice
Bull. civ : Bulletin des arrêts de la Cour de cassation (chambres civiles)
C.A. : Cour d'Appel
C. civ. : Code civil (France)
Cass. : Cassation
Cass. B. : Cour de cassation belge
Cass. ass. Plén.: arrêt de l'assemblée plénière de la Cour de cassation (France)
Cass. ch. mixte : arrêt d'une chambre mixte de la Cour de cassation (France)
Cass. tsr. réunies : Cour Suprême de Justice toutes sections réunies
CCLIII : code civil congolais, livre III
Civ. 1ère : Chambre civile de la Cour de cassation (France)
COCJ : Code d'organisation et de compétence judiciaires
CREFIDA : Centre de Recherche et de formation interdisciplinaire africaine
CRIDHAC :
CSJ : Cour Suprême de Justice
D. : Recueil Dalloz
DP : recueil Dalloz périodique
Ed. : Edition
Elis. : Cour d'Appel d'Elisabethville
Inst (1ère inst) : Tribunal de première instance
JCP : Juris classeur périodique (Semaine juridique) (France)
J.O. : Journal officiel
JTO : Journal des tribunaux d'Outre-mer
Jur. col. : Revue de jurisprudence coloniale
Jur. kat. : Revue de jurisprudence du Katanga
Kin. : Cour d'Appel de Kinshasa
Léo. : Cour d'Appel de Léopoldville
LGDJ. : Librairie générale de droit et de jurisprudence

L'shi	: Cour d'Appel de Lubumbashi
M.C.	: Moniteur congolais
N	: numéro
Op. cit.	: Oprere citato
OHADA	: Organisation pour l'Harmonisation du Droit des Affaires en Afrique
P.	: Page
PP.	: Pages
PUC	: Presses universitaires du Congo
PUF	: Presses universitaires de France
PUZ	: Presses universitaires du Zaïre
RAJZ	: Revue analytique de jurisprudence zaïroise
RC	: Rôle civil
RCE	: Rôle de commerce
RDC	: République démocratique du Congo
RJAC	: Revue de jurisprudence de l'Afrique centraleRJC : Revue juridique du Congo
RJCB	: Revue juridique du Congo-belge
RJZ	: Revue juridique du Zaïre
RTA	: Rôle du travail
RTD civ.	: Revue trimestriel de droit civil(France)
RP	: Rôle pénal
RPA	: Rôle pénal en appel
ULB	: Université Libre de Bruxelles
UNIKIN	: Université de Kinshasa
T.	: Tome
Tricom	: Tribunal de commerce
Tripaix	: Tribunal de paix
Tribunal de grande instance	
TSR	: toutes sections réunies de la Cour suprême de justice
Vol.	: Volume

INTRODUCTION

§1. Origine et évolution du droit civil congolais des obligations

Le droit civil des obligations est régi en droit congolais par le décret du 30 juillet 1888 portant « *Des contrats ou des obligations conventionnelles*» comprenant 660 articles[1] communément appelé code civil congolais, livre III(CCLIII).

Ce droit est tributaire de la colonisation belge[2]. Ainsi, la grande partie des articles du décret du 30 juillet 1888 ont repris les dispositions correspondantes du code civil belge en la matière et du Code Napoléon de 1804. Quelques différences sont à signaler notamment l'article 217 sur la preuve, l'article 260 alinéa 2 sur la responsabilité civile des père et mère et l'article 131 bis sur la lésion.

Dans son évolution, le droit congolais des obligations n'a pas été modifié. Il faut noter néanmoins quelques textes épars qui entament certaines dispositions du code civil, livre III. C'est le cas notamment, en matière des contrats, de la nouvelle loi sur les baux à loyer non professionnels[3] ; en matière de responsabilité civile, de la loi portant code des assurances[4] ; en matière de capacité des personnes, de la loi qui modifie certaines dispositions du code de la famille[5].

Il faut noter que des trois matières de droit civil (droit civil les personnes, droit civil les biens et droit civil les obligations), seul le décret du 30 juillet 1888 portant « Des contrat ou des obligations conventionnelles » n'a pas encore été réformé alors que le décret du 4

---

1 Décret du 30 juillet 1888, « Des contrats ou des obligations conventionnelles », *B.O.* p. 109 (appelé aussi code civil congolais, livre III).

2 A. SOHIER, *Droit civil du Congo belge, T. II, Larcier*, Bruxelles, 1956, p.p. 9 et ss. Lire : R. VIGNERON, « L'évolution du droit civil congolais depuis l'indépendance, » *RJC* 1965.

3 Loi n°15/025 du 31 décembre 2015 relative aux baux à loyer non professionnels, *J.O.*, n° spécial du 12 janvier 2016.

4 Loi n°15/005 du 17 mars 2015 portant code des assurances, *J.O.*, n° spécial du 30 avril 2015.

5 Loi n°16/008 du 15 juillet 2016 modifiant la loi n° 87-010 du 1er août 1987 portant code de la famille.

mai 1895 sur les personnes[6] a été remplacé par le code de la famille en 1987[7] et le décret du 31 juillet 1912 sur les biens [8]a été remplacé par la loi portant régime général des biens, régime foncier et immobilier et régime des sûretés[9].

S'il est admis que les règles des obligations sont techniques et internationales et partant ne se modifient pas beaucoup, il faut néanmoins admettre qu'il faut dans une réforme introduire les acquis du droit comparé[10]. En outre, une grande évolution a été notée dans la jurisprudence qui a élaboré et précisé plusieurs notions du droit des obligations au fil des siècles tant en droit comparé qu'en droit congolais. Le droit des obligations a fait son chemin, la doctrine et la jurisprudence ont construit des théories non codifiées qui nécessitent une harmonisation. D'où la nécessité de réformer le droit des obligations comme cela s'est fait en droit comparé notamment en droit français[11].

§2. Place des obligations en droit civil et son importance

Le droit civil des obligations est une branche du droit civil à côté du droit civil des personnes et du droit civil des biens. Le droit civil lui-même étant une branche du droit privé.

L'importance de cette discipline n'est plus à démontrer car, comme le disent si bien les auteurs, « *le droit des obligations domine l'ensemble du droit, car l'obligation est le type le plus courant de rapport juridique pouvant s'établir à l'intérieur d'une société* »[12]. La théorie générale des obligations *a un caractère unitaire et général et elle constitue le fondement de tout le droit privé et le tronc commun à toutes les disciplines* »[13].

---

[6] Décret du 4 mai 1895, *BO*, p. 138.

[7] Loi n°87-010 du 1er août 1987 portant code de la famille, *J.O.* n° spécial août 1987.

[8] Décret du 31 juillet 1912, *BO*, p. 799.

[9] Loi n°73-021 du 20 juillet 1973 portant régime général des biens, régime foncier et immobilier et régime des sûretés telle que modifiée par la loi n°80-008 du 18 juillet 1980, *J.O.* n°15 du 1er août 1980.

[10] KALONGO MBIKAYI, *Droit civil. Tome 1, Les obligations,* Kinshasa, Editions Universitaires Africaines, 2012, p. 15.

[11] Ordonnance n°2016-131 du 10 février 2016 portant réforme du droit des contrats, du régime général et de la preuve des obligations, JORF du 11 février 2016. Texte n°26.

[12] Ph. MALAURIE, L.AYNES et Ph. STOFFEL-MUNCK, *Droit civil. Les obligations*, Paris, Défrénois, Lextenso éditions, 4ème édition, 2009, n° 6, p. 3.

[13] A. BENABENT, *Droit des obligations*, Paris, LGDJ-Montchrestien, 14e édition 2014, n°7.

Elle est importante car du point de vue pratique, chacun conclut des contrats et engage sa responsabilité. Sur le plan théorique, le droit des obligations fournit à d'autres branches de droit « *les principes moteurs de solution* »[14]. Cela vaut notamment tant pour le droit des affaires, le droit de la famille, le droit des biens, le droit public et le droit international privé.

§3. Définition et caractères de l'obligation.

L'obligation doit être définie (A) avant de présenter ses caractères (B).

A. Définition

Dans le langage courant, le mot obligation a plusieurs sens et désigne tout devoir auquel est astreint un citoyen au regard de diverses règles. Il peut s'agir des obligations morales, des obligations religieuses, des obligations fiscales, des obligations mondaines, des obligations professionnelles.[15]

Sur le plan juridique, il ne s'agira que des obligations résultant d'une règle de droit, c'est-à-dire les obligations assorties d'une sanction juridique par les tribunaux de l'Etat avec recours à la force publique pour en assurer le respect[16].

Au sens du droit civil, l'obligation est un lien de droit entre deux personnes en vertu duquel l'une d'elles, le créancier, peut exiger de l'autre, le débiteur, une certaine prestation[17].

L'obligation est ainsi envisagée à la fois du côté actif et du côté passif et constitue un droit patrimonial selon l'article 1er alinéa 1 de la loi du 20 juillet 1973 [18]dispose que « *les biens ou droits patrimoniaux sont de trois sortes* : les droits de créance *ou d'obligation, les droits réels et les droits intellectuels* ».

Du côté actif, on l'appelle créance (du latin *credere* : faire confiance, crédit, car le créancier doit avoir confiance en son débiteur).

---

14 KALONGO MBIKAYI, *Droit civil. Tome 1, Les obligations,* Kinshasa, Editions Universitaires Africaines, 2012, p. 12.

15 BENABENT (A), *op. cit.*, n°1.

16 Idem.

17 KALONGO MBIKAYI, *op. cit.*, p. 16 ; L. JULLIOT de la MORANDIERE, Précis de droit civil, T. II, 3ème édition, Dalloz, Paris 1964, n°256.

18 Loi n°73-021 du 20 juillet 1973 portant régime général des biens, régime foncier et immobilier et régime des sûretés telle que modifiée et complétée par la loi n°80-008 du 18 juillet 1980, J.O. n°15 du 1er août 1980.

Du côté passif, on la dénomme dette (du latin *debere* : devoir)[19].

La personne qui doit est appelée « débiteur » et la personne à qui l'on doit est appelée « créancier ».

B. Caractères

L'obligation présente deux caractères essentiels. C'est d'abord un lien de droit (1) et ensuite un droit personnel (2).

1. Lien de droit

a. Notion

Dans sa conception moniste et classique, l'obligation est un lien de droit (*vinculum juris*), en ce sens que c'est un devoir juridique et que son exécution forcée peut être exigée en justice et réalisée avec l'aide de la force publique. Entre créancier et débiteur, il n'y a qu'un seul et unique lien de droit.

Dans sa conception dualiste issue du droit romain et repris par le droit allemand, l'obligation comprend deux éléments : le *débitum* (la dette) et l'*obligatio* (le pouvoir de contrainte)[20].

D'abord, le *débitum* est le pouvoir d'exécuter la prestation envisagée du côté passif, l'obligation est appelée dette, dette qui peut être une prestation ou abstention.

Ensuite, l'*obligatio* est le pouvoir de contraindre le débiteur, de le poursuivre en justice. Le pouvoir de contrainte que le créancier peut exercer sur les biens du débiteur pour obtenir l'exécution. Cela entraine la sanction par les tribunaux de l'Etat. Les moyens de contrainte permettant au créancier d'obtenir le remboursement de sa créance ont évolué dans l'histoire. Au départ, le créancier exécutait la contrainte sur la personne même du débiteur. Cette pratique a été abandonnée au vu de la dignité de la personne humaine même si en droit pénal, l'article 16 du code pénal, livre I maintient encore la contrainte par corps (emprisonnement de la personne qui ne paie pas l'amende)[21].

---

[19] G. LEGIER, *Droit civil, Les obligations*, Mémentos, Paris, 18ème édition Dalloz.

[20] G. LEGIER, *op. cit.*, p. 2 ; PORCHY-SIMON (S), Droit civil 2ème année les obligations, Paris, 6ème édition Dalloz, 2010, pp. 5-6, n°s 4 à 8.

[21] Décret du 30 janvier 1940 portant code pénal congolais ; M.T. KENGE NGOMBA TSHILOMBAYI, *Droit civil. Les sûretés*, Kinshasa, Editions Mont Sinaï, 2008, p.3.

Actuellement, la contrainte s'exerce sur les biens du débiteur. Sur ce point, le créancier a d'abord le droit de gage général sur les biens de son débiteur selon l'article 245 de la loi du 20 juillet 1973 précitée[22]. En vertu du droit de gage général, le créancier est un créancier chirographaire qui ne dispose ni de droit de suite, ni de droit de préférence. Le créancier a ensuite les suretés réelles qui lui permettent d'avoir un droit de suite et de préférence (telle notamment hypothèque, gage, privilège) et les sûretés personnelles qui lui permettent d'agir contre la caution ou le garant en cas de défaillance du débiteur principal (telle notamment le cautionnement)[23].

b. Différence de l'obligation civile avec l'obligation morale et l'obligation naturelle

L'obligation telle que définie et qui constitue un lien de droit est l'obligation civile ou juridique parfaite c'est-à-dire celle qui est actuellement sanctionnée par le droit.

Ce caractère de lien de droit permet de distinguer l'obligation juridique parfaite ou civile d'autres obligations qui ont leur source dans la morale, la religion ou même la courtoisie et qui ne sont pas assorties de sanctions étatiques. Ce sont les obligations morales et les obligations naturelles[24].

1° Obligation morale

L'obligation morale est un simple devoir « *très général qui pèse sur la conscience de l'individu ou un devoir mondain ou religieux et dont l'existence est totalement ignorée par le droit* ». C'est par exemple l'obligation d'aller à la messe chaque dimanche. Cette obligation n'est pas sanctionnée par les tribunaux étatiques.

2° Obligation naturelle

i. Notion

Le code civil congolais, livre III ne définit pas l'obligation naturelle. L'article 133 al. 2 CCLIII se limite à affirmer que « *la répétition n'est pas admise à l'égard des obligations naturelles qui ont été volontairement acquittées* ».

---

22 Voir note 6.

23 Acte uniforme OHADA portant organisation des sûretés du 15 décembre 2010.

24 G. LEGIER, *op. cit.*, p. 2 ; KALONGO MBIKAYI, *op. cit.*, p. 19.

La doctrine la définit comme suit : « *l'obligation naturelle est celle que le débiteur ne peut être contraint d'exécuter par les voies légales, mais qui est susceptible d'une reconnaissance ou d'une exécution volontaire valable* »[25].

L'obligation naturelle a une origine en droit romain et concernait d'une part, l'obligation consentie par un esclave, celui-ci ne pouvant valablement contracter car dépourvu de personnalité juridique et d'autre part, l'obligation contractée sans respect des règles impératives en la matière.

ii. Catégories et hypothèses

Actuellement, il existe plusieurs catégories principales d'obligation naturelle à savoir la novation d'une obligation civile éteinte ou imparfaite d'une part et, d'autre part, la novation d'un devoir morale ou d'un devoir de conscience, précis et impérieux[26]. Dans ces hypothèses, il ne pouvait y avoir sanction par les tribunaux étatiques : c'est l'élément contrainte qui manque à cette obligation alors que l'élément dette s'y retrouve. Néanmoins, l'exécution volontaire de pareille obligation ne peut être remise en cause.

- La première hypothèse restrictive et classique, concerne l'obligation imparfaite c'est-à-dire l'obligation civile éteinte ou dégénérée et l'obligation avortée ou manquée[27]. Cette hypothèse ressort de la doctrine traditionnelle qui a défini l'obligation naturelle, selon les enseignements de Pothier, comme « *une véritable obligation qui par suite des causes particulières, est privée de force coercitive* ». Cette obligation est privée de son élément de contrainte parce que lors de sa formation il y a eu un vice ou postérieurement à sa formation qui le prive de son caractère de contrainte. L'obligation ne peut produire les effets mais demeure une obligation naturelle.

D'une part, l'obligation civile éteinte ou dégénérée concerne l'hypothèse où soit une obligation civile a bel et bien existé, mais elle s'est éteinte par l'effet de la prescription soit une obligation civile est paralysée par une exception péremptoire (serment litisdécisoire ou supplétoire prêté par le débiteur et par hypothèse faux ; autorité de la chose jugée).

---

25 KALONGO MBIKAYI, *op. cit.*, p. 20.

26 G. LEGIER, *op. cit.*, p. 2.

27 Ph. MALAURIE, L.AYNES et Ph. STOFFEL-MUNCK, *op. cit.*, p. 709, n° 1325.

D'autre part, l'obligation civile manquée ou avortée concerne l'hypothèse où l'obligation a été formée sans tenir compte des éléments essentiels de formation du contrat comme le consentement ou la capacité. Ainsi, si une obligation est annulée pour défaut de capacité, il subsiste une obligation naturelle à charge du débiteur. C'est aussi le cas de l'obligation de réparer un préjudice lorsque les conditions ne sont pas réunies. Il faut noter néanmoins que l'obligation civile nulle pour cause immorale ou illicite ne laisse pas subsister une obligation naturelle. Cette conception traditionnelle a été considérée comme limitative et l'on a étendu l'obligation naturelle au devoir moral.

- La deuxième hypothèse, sous l'influence des canonistes et de la doctrine[28], concerne la novation d'un devoir moral. Ainsi, l'obligation naturelle a eu une conception plus large et a des rapprochements non seulement avec l'obligation civile mais aussi avec l'obligation morale. C'est le cas d'une personne qui exécute ou promet d'exécuter un devoir purement moral, en l'absence de toute obligation civile préexistante.

- La troisième conception volontariste de l'obligation naturelle se base sur la conscience précis et impérieux que chacun s'en fait[29]. Exemple : cas de l'obligation alimentaire en dehors de celle prévue par la loi. Dans ce sens, si une personne verse volontairement une pension à une personne envers laquelle elle n'a aucune obligation alimentaire légale, elle ne peut pas ensuite en demander le remboursement mais doit continuer les versements, tant qu'elle a des ressources suffisantes et que l'autre est dans le besoin.

c. Régime juridique

Dans le régime juridique de l'obligation naturelle, deux éléments sont à relever.

D'une part, contrairement à l'obligation civile parfaite, l'obligation naturelle n'est pas juridiquement obligatoire. Il y a impossibilité d'exécution forcée d'une obligation naturelle. Le créancier n'a aucun moyen de contrainte. La dette y est mais il manque la contrainte.

D'autre part, l'obligation naturelle peut se nover ou se transformer en obligation civile parfaite en cas de reconnaissance ou d'exécution

---

28 G. RIPERT, *La règle morale dans les obligations civiles*, Paris, LGDJ, 4è édition, 1949, n°186.

29 Ph. MALAURIE, L.AYNES et Ph. STOFFEL-MUNCK, *op. cit.*, n°1325, p. 710.

volontaire. Dans ce cas, elle va produire des effets juridiques et le débiteur ne peut demander la restitution de la prestation exécutée volontairement au titre d'obligation naturelle, c'est le sens de l'article 133 alinéa 2 du code civil, livre III. Si le débiteur, qui a connaissance de l'écoulement de la prescription ou du manque d'un élément de formation du contrat décide néanmoins de payer, son paiement ne donne pas lieu à remboursement. On dit alors que cette obligation naturelle s'est transformée ou novée en obligation civile.

2. Droit personnel

L'obligation civile suppose un lien de droit entre deux personnes, c'est un rapport entre personnes.

Ce caractère permet d'aborder le caractère patrimonial de l'obligation et de distinguer l'obligation du droit réel.

a. Caractère patrimonial de l'obligation

L'obligation ou droit de créance ou droit personnel est un droit patrimonial[30]. L'article 1er de la loi du 20 juillet 1973 portant régime général des biens, régime foncier et immobilier et régime des sûretés [31]cite l'obligation parmi les droits patrimoniaux. Ce droit a pour but de permettre la satisfaction des besoins économiques du créancier au moyen de la prestation que doit lui fournir le débiteur.

Si celui-ci ne s'exécute pas volontairement, le créancier peut l'y contraindre par les voies de droit. Si l'exécution forcée en nature n'est pas possible, le créancier se fera payer par équivalent sur les biens de son débiteur en les faisant saisir et vendre à son profit. Le patrimoine répond des dettes. Le créancier a ainsi un droit de gage général sur le patrimoine de son débiteur (article 245 loi de la loi du 20 juillet 1973).

Le droit personnel est donc un élément actif du patrimoine du créancier et un élément passif du patrimoine du débiteur.

Cependant, il existe des obligations qui n'ont pas un caractère patrimonial, c'est-à-dire dont l'objet n'est pas la satisfaction des intérêts

---

30 E. LAMY, *Le droit privé zaïrois, Vol. 1er, Introduction à l'étude du droit écrit et du droit coutumier zaïrois*, Kinshasa, Presses universitaires du Zaïre, 1975, p. 50, n°25 ; KALONGO MBIKAYI, *op. cit.*, p. 24 ; G. CORNU, *Droit civil. Introduction au droit*, Paris, 13ème édition, Montchrestien, 2007, n°41.

31 JO. n°15 du 1er août 1980, p. 3.

économiques et pécuniaires du créancier. C'est le cas des obligations en droit de la famille (devoirs entre époux : fidélité)[32], des associations sans but lucratif (but charitable, scientifique, sportif), du préjudice moral en cas de délit et de quasi délit.

b. Rapport avec le droit réel

Ce lien entre deux personnes permet aussi de distinguer le rapport d'obligation, du droit de créance avec les droits réels, tel droit de propriété, qui s'exercent directement sur une chose *(res)* et sont opposables à tous. Le droit réel tout comme le droit de créance ou obligation a un caractère patrimonial. Les deux présentent des différences et des rapprochements.

- Différences

- Le droit réel ne comporte qu'un sujet actif : le titulaire du droit, qui exerce un pouvoir direct et immédiat sur une chose, objet de son droit. Le droit de créance comporte un sujet actif, le créancier, un sujet passif, le débiteur et la prestation, objet du rapport juridique.

- Le droit réel qui s'exerce directement sur la chose, est absolu, c'est-à-dire opposable à tous ; le droit de créance est relatif, la prestation ne pouvant être exigée que du débiteur. Le droit réel, en conséquence de son caractère absolu, emporte le droit de suite (le titulaire peut prétendre à l'exercice de son droit en quelques mains que se trouve la chose) et le droit de préférence (son titulaire passe avant tous autres, il est préféré notamment aux créanciers chirographaires). Le droit de créance ne comporte ni droit de suite, ni droit de préférence. Ainsi, le créancier qui recourt à l'exécution forcée ne peut saisir que les biens qui se trouvent dans le patrimoine du débiteur, et non pas ceux qui en sont sortis. Et sur le patrimoine, le créancier doit subir le concours de tous les autres créanciers.

- Rapprochement

- Le droit réel étant opposable à tous, le créancier aura tendance à consolider indirectement son droit de créance par une couverture opposable à tous par rapport à son débiteur : ce sont des droits

---

32 MAZEAUD (H. L et J), *Leçons de droit civil*, II, Vol. I, 4ème édition, par M. de JUGLART, Paris, Montchestien ; 1969, p. 10 ; lire aussi : H. De PAGE, *Traité élémentaire de droit civil belge*, T. III, Bruxelles, Bruylant, 1950.

accessoires que sont les sûretés réelles (privilèges, hypothèques, gage), droits réels accordés à un créancier sur une chose appartenant à son débiteur, afin, en cas d'insolvabilité de celui-ci, de lui procurer sur ledit bien un droit de préférence et de suite. [33]

- Certains droits présentent un caractère mixte : le droit du locataire a un caractère personnel. Cependant, si l'objet du bail est un immeuble, l'article 399 CCLIII dispose que le locataire peut opposer son droit à l'acquéreur du bien et, de façon générale, le droit contemporain tend à rapprocher les droits du locataire des droits réels sur la chose elle-même, objet du bail.

§4. Classification des obligations civiles

La classification s'opère tant par l'objet (A) que par la source (B).

A. Par l'objet

La classification selon l'objet se place à deux points de vue : des obligations de donner et les obligations de faire ou de ne pas faire. L'article 1er du code civil, livre III reproduit cette distinction à propos de la définition du contrat. En effet, cet article dispose : « *le contrat est une convention par laquelle une ou plusieurs personnes s'obligent, envers une ou plusieurs autres, à donner, à faire ou à ne pas faire quelque chose* ».

1. Obligation de donner (article 35 à 39 CCLIII).

a. Notion

L'obligation de donner (*dare*) est celle par laquelle le débiteur s'engage à transférer au créancier la propriété d'une chose ou à constituer à son profit un droit réel sur cette chose[34]. Cette obligation se retrouve dans les contrats emportant transfert de propriété telle la vente, la donation et l'échange où il faut transférer la propriété de la chose vendue, donnée ou échangée. Il en est ainsi de l'hypothèque où le débiteur hypothécaire doit affecter son immeuble en garantie de la créance au bénéfice du créancier hypothécaire.

---

[33] E. LAMY, *op. cit.*, p. 50, n° 25.
[34] KALONGO MBIKAYI, *op. cit.*, p. 25.

b. Contenu (article 35 et 36 CCLIII)

Cette obligation s'analyse en trois obligations spécifiques que sont l'obligation de transférer la propriété, l'obligation de livrer matériellement la chose et l'obligation de conserver la chose jusqu'à la livraison.

1° Transfert de propriété et des risques

i. Transfert de propriété (art 37 al 1er CCLIII)

Il y a lieu de se demander à quel moment y a-t-il transfert de propriété ? Il faut distinguer en matière mobilière et en matière immobilière[35].

- En matière mobilière

La propriété se transfère par le simple consentement. L'article 37 al 1er dispose « *l'obligation de livrer la chose est parfaite par le seul consentement des parties contractantes* » (*solo consensu*). Le transfert de propriété est ainsi réalisé dès qu'il y a accord de volonté des parties ; elles n'ont pas à attendre la livraison de la chose. L'obligation de donner est exécutée en même temps que formée. Il ne restera à charge du vendeur que l'obligation de livrer qui est une obligation de faire. Cette solution vaut pour le transfert de propriété d'un corps certain.

Exceptionnellement, il y a des hypothèses où, le transfert de ne s'opère pas au moment de l'accord des parties :

- c'est le cas de la vente de choses de genre (*in genere*), c'est-à-dire non encore identifiées (telle la vente les sacs de riz : il faut les identifier). Tant que les biens n'ont pas encore été identifiés ou individualisées, il n'y a pas transfert de propriété ;
- en matière commerciale, le transfert de propriété dans la vente commerciale se fait à la livraison de la chose[36] ;
- le transfert de propriété peut être retardé par la volonté des parties car l'article 37 CCLIII a un caractère supplétif.

---

[35] Lire à ce sujet : KALAMBAY LUMPUNGU, *Droit civil, Vol. I, régime général des biens*, Kinshasa, PUZ, 1984 ; DIPUMBA NTITA, « Le régime foncier coutumier », in *RJC*, 1962, pp. 72 à 77.

[36] Acte uniforme OHADA sur le droit commercial général du 15 décembre 2010, article 275.

- En matière immobilière

Le transfert de propriété se fait par l'inscription au certificat d'enregistrement (article 219 de la loi du 20 juillet 1973 portant régime général des biens, régime foncier et immobilier et régime des sûretés).

ii. Transfert des risques (art 37 al 2)

L'article 37 al 2 dispose « *Elle rend le créancier propriétaire, et met la chose à ses risques dès l'instant où elle a dû être livrée, encore que la tradition n'en ait point été faite, à moins que le débiteur ne soit en demeure de la livrer, auquel cas la chose reste aux risques de ce dernier* ».

- Principe

Ainsi, en principe, le moment du transfert des risques est le moment du transfert de propriété : c'est l'application de l'adage « *Res perit domino* » : la chose périt aux risques du propriétaire. Ainsi, la perte fortuite de la chose après l'accord de volontés est à charge du propriétaire.

Exemple : en cas de vente d'un appareil de téléphone, si entre le moment de l'accord de volontés et celui de la livraison prévu pour le lendemain, il y a un événement de force majeure qui détruit le bien telle l'incendie accidentel, l'acheteur doit payer le prix car il est devenu le propriétaire de l'appareil dès l'accord de volontés malgré le fait que le vendeur ne pourra plus lui livrer l'appareil détruit.

- Exceptions

- La mise en demeure inverse la charge des risques (article 37 al 2 CCLIII). On applique alors l'adage « *Res perit debitori* » qui signifie que la chose périt à charge du débiteur (de l'obligation de livrer). La mise en demeure est règlementée à l'article 38 CCLIII. La mise en demeure est l'ordre donné au débiteur pour exécuter son obligation. L'article 38 CCLIII ne la soumet à aucune forme, il peut s'agir d'une sommation, d'un acte équivalent ou de l'échéance du terme selon la convention des parties. Les risques incombent au débiteur si après mise en demeure, la chose qui se trouve encore en sa possession périt ou se détériore.

- Lorsque l'obligation porte sur les choses de genre, la règle ne s'applique pas selon l'adage « *genera non pereunt* ».

- Les parties peuvent dans leur contrat déroger à la règle de l'article 37 CCLIII sur le moment du transfert des risques, cet article étant supplétif.
- En matière commerciale, la règle est différente car le transfert de propriété qui se fait au moment du transfert des risques a lieu lors de la prise de livraison[37].

2° Livraison matérielle de la chose

Le débiteur a l'obligation de livrer la chose matériellement. C'est le sens du terme « *tradition* » utilisé à l'article 37 CCLIII.

3° Conservation de la chose en bon père de famille (art 36 CCLIII)

Le débiteur a l'obligation de conserver la chose en bon père de famille jusqu'à sa livraison au créancier sous peine d'engager sa responsabilité contractuelle.

2. Obligation de faire et obligation de ne pas faire

a. Notion

1° L'obligation de faire (*facere*) est celle par laquelle le débiteur s'engage à accomplir pour le créancier un fait, à exécuter pour lui une prestation positive (autre que le transfert de propriété ou de tout autre droit réel). Exemples : obligation du peintre qui s'engage à faire un portrait, obligation du bailleur à procurer au locataire la jouissance de la chose louée, obligation du transporteur de faire parvenir les marchandises à destination.

2° L'obligation de ne pas faire (*non facere*) est celle qui a pour objet une prestation négative, le débiteur étant tenu de s'abstenir de tel ou tel agissement. C'est une obligation négative[38]. Exemple : la promesse de ne pas bâtir, l'obligation de non concurrence, l'obligation du créancier gagiste de non usage de la chose en cas de dépossession, obligation de l'emprunteur de ne pas faire usage anormal de la chose, obligation du dépositaire de ne pas user de la chose, obligation du vendeur de ne pas troubler la jouissance. Par l'acheteur de la chose vendue.

---

[37] Acte uniforme OHADA sur le droit commercial général du 15 décembre 2010, articles 275 et 277.

[38] N. MASSAGER, *Les bases du droit civil. T.III. Droit des obligations et des contrats spéciaux*, Belgique, Anthémis, 2013, p. 13.

b. Contenu de ces obligations

Il s'agit des obligations de résultat et des obligations de moyens, distinction tirée des articles 36 et 45 CCLIII[39].

1° Obligation de résultat ou obligation déterminée

C'est celle par laquelle le débiteur promet au créancier un résultat défini. Le débiteur n'a exécuté son obligation que si le résultat est atteint. Cela permet de constater l'inexécution et les conséquences qu'elle entraîne quant à la responsabilité. Exemple : conduire le voyageur sain et sauf à destination, construire un immeuble, peindre un portrait.

2° Obligation de moyen

Elle est appelée aussi parfois obligation de prudence et de diligence. C'est celle par laquelle le débiteur promet au créancier de mettre à son service les moyens dont il dispose pour atteindre le résultat, sans promettre ce résultat. Exemple : le médecin ne s'engage pas à guérir le malade, mais seulement à lui donner des soins consciencieux, attentifs, conformes aux données acquises de la science pour aboutir à la guérison ; l'avocat promet de mettre tout en œuvre pour défendre la cause de son client.

Certains contrats peuvent comporter des obligations de moyen et de résultat. Par exemple l'avocat a l'obligation de résultat d'interjeter l'appel dans le délai, l'obligation de résultat en matière médical se retrouve en cas de chirurgie esthétique, de transfusion sanguine.

3° Intérêt de la distinction entre obligation de résultat et obligation de moyen

Elle réside dans la charge de la preuve de la faute en cas d'inexécution de l'obligation par le débiteur.

En cas d'inexécution d'une obligation de résultat, le débiteur est présumé en faute. Il peut se libérer en prouvant une cause étrangère qui l'a empêché d'atteindre le résultat. En conséquence, le créancier ne doit pas prouver la faute du débiteur.

---

[39] KALONGO MBIKAYI, *op. cit.*, p. 30 ; J. FROSSARD, *La distinction des obligations de moyen et de résultat*, Paris, LGDJ, 1985.

Au contraire, en cas d'inexécution d'une obligation de moyens, le créancier doit prouver la faute du débiteur, il doit démontrer que le débiteur n'a pas mis en œuvre tous les moyens pour parvenir au résultat, qu'il n'a pas agi en bon père de famille.

B. Par la source

La source de l'obligation, c'est l'acte ou le fait juridique auquel la loi s'attache pour considérer que l'obligation est née. A ce titre, trois sources sont à distinguer.

1. Contrat

Le contrat est la source essentielle des obligations. Le débiteur et le créancier s'accordent pour faire naître l'obligation (articles 1 à 65 CCLIII).

2. Délits et quasi-délits

Il s'agit des faits matériels illicites causant préjudice à autrui. L'auteur d'un fait illicite est tenu de réparer le préjudice qu'il cause à autrui (articles 258 à 262 CCLIII).

3. Quasi-contrats

C'est une expression qui englobe des faits matériels licites qui créent des obligations nées en dehors du contrat et qui englobent la gestion d'affaires, l'enrichissement sans cause et le payement de l'indu (articles 247 à 257 CCLIII).

4. Loi

Certaines obligations ont leur origine dans une disposition précise de la loi. C'est le cas notamment de l'obligation alimentaire (article 717 et suivants du code de la famille)[40].

§3. Plan de l'ouvrage

L'ouvrage sera subdivisé en deux grandes parties :

- Première partie : les sources des obligations
- Deuxième partie : Les règles communes aux obligations indépendamment de leur source

---

40 G. LEGIER, *op. cit.*, p. 5.

PREMIERE PARTIE : SOURCES DES OBLIGATIONS

L'obligation trouve sa source soit dans le contrat (Titre I) soit dans le délit et quasi-délit (Titre II) soit dans le quasi-contrat (Titre III).

TITRE I. CONTRAT

L'étude du contrat nécessite que soient abordés la définition et la classification du contrat dans les notions générales (Sous-titre I), les conditions de formation et de validité du contrat (Sous-titre II), les effets du contrat (Sous-titre III) et l'extinction du contrat (Sous-titre IV).

SOUS-TITRE I. NOTIONS GENERALES

Les généralités sur le contrat concernent sa définition (chapitre 1) ainsi que sa classification (chapitre 2).

CHAPITRE 1 : DEFINITION

Le contrat est défini par le code civil, livre III (section I) et sa définition est critiquée et enrichie par la doctrine (section II). Le contrat présente certains caractères (section III).

Section I. Définition du code civil

D'après l'article 1er du code civil, livre III, « *le contrat est une convention par laquelle une ou plusieurs personnes s'obligent, envers une ou plusieurs autres, à donner, à faire ou à ne pas faire quelque chose* ».

Cette définition est critiquée dans la doctrine.

Section II. Définition doctrinale

Il résulte de cette définition du code civil que, d'une part, le code civil confond le terme convention et contrat et que, d'autre part, la définition donnée à l'article 1er du code civil n'est en réalité que la définition d'une obligation en général et non celle du contrat.

En effet, toute convention n'est pas un contrat, au sens strict du mot[41]. D'après Pothier, les rédacteurs du code civil ont distingué, d'une part, la convention qui est tout engagement formé par l'accord de deux ou plusieurs volontés individuelles en vue de faire naître quelque chose et n'a pas pour but de créer des effets juridiques. Exemple : la convention entre amis pour faire quelque chose. D'autre part, le contrat, qui est une convention spécifique, un acte juridique formé par accord de deux ou plusieurs personnes en vue de faire naître une ou plusieurs obligations déterminées, c'est-à-dire un lien de droit entre le créancier et le débiteur : il crée des effets juridiques.

En définitive, l'on peut proposer la définition doctrinale suivante : le contrat est un accord de deux ou plusieurs volontés en vue de créer des effets juridiques qui consistent dans le fait soit de créer un rapport de droit, donner naissance à une obligation, créer un droit réel, soit de modifier ou d'éteindre un rapport préexistant.[42].

---

[41] KALONGO MBIKAYI, *op. cit.*, p. 37.
[42] N. MASSAGER, *op. cit.*, p. 20.

Section III. Caractère du contrat

Le contrat est un accord de deux ou plusieurs volontés (A) mais exceptionnellement, un accord unilatéral en crée aussi (B).

§1. Principe : Accord de volontés

Le contrat est un accord de volontés (A), ce qui comporte des caractéristiques (B) dans un système d'autonomie de la volonté (C)

A. Enoncé

Il résulte de l'article 1er du code civil, livre III que la volonté des individus ne peut faire naitre une obligation que si elle prend la forme d'un accord entre celui qu'il s'oblige, le débiteur, et celui envers qui il s'oblige, le créancier.

Pour que naisse le rapport juridique, il faut donc le consentement et du créancier et du débiteur au vu du principe libéral.

B. Caractéristique : accord de volontés

La caractéristique du contrat c'est l'accord de volontés, il donne naissance à une obligation. Les parties doivent avoir l'intention de donner à leur engagement des effets juridiques : créer un droit réel, modifier ou éteindre un rapport préexistant. C'est l' « *animus contrahendi* ».

Cela comporte trois conséquences.

D'abord, le contrat est l'œuvre de volontés présentes également libres.

Ensuite le contrat détermine librement entre les parties au contrat les effets du rapport établi la volonté des parties est souveraine, elle tient lieu de loi (art 33, al.1 CCLIII) ; c'est le principe de l'autonomie de la volonté.

Enfin, l'accord de volontés ne produit pas d'effets à l'égard des tiers, l'individu ne pouvant être lié, en dehors de la loi, que par sa volonté (art. 63 CCLIII).

C. De l'autonomie de la volonté

Le contrat a été conçu d'abord sous la doctrine de l'autonomie de la volonté, mais celle-ci a connu des critiques qui ont entrainé des atteintes à l'autonomie de la volonté et a altéré la force obligatoire du contrat.

Mais, le contrat a subi de graves altérations en raison des transformations économiques et sociales et de l'influence du droit public qui tend à restreindre le domaine du droit privé, compte tenu de l'accroissement du rôle de l'Etat (interventionnisme étatique) et des progrès du socialisme[43].

1. Doctrine de l'autonomie de la volonté

C'est une doctrine d'après laquelle la force obligatoire des actes juridiques dépend essentiellement de la volonté des parties : l'acte oblige parce qu'il a été voulu. Le principe de l'autonomie de la volonté a influencé les rédacteurs du code civil Napoléon de 1804 (ce code civil Napoléon a largement inspiré le code civil congolais, livre III, texte de 1888 portant contrat ou obligations conventionnelles).

Il explique plusieurs règles importantes relatives au régime du contrat. C'est ce principe qui a aussi influencé l'article 33 CCLIII.

Selon son contenu, le contrat est, par certains côtés, supérieur à la loi. Sa force obligatoire provient de la volonté, non de la loi. La loi ne joue en principe qu'un rôle supplétif pour régler les questions que les contractants n'ont pas envisagées.

En outre, selon cette théorie, puisque le contrat a été librement consenti, il est nécessairement juste.

Cette autonomie de la volonté se traduit à trois stades [44]:

- liberté de contracter ou de ne pas contracter ;
- liberté des formes du contrat ;
- liberté du contenu : peu importe l'économie et l'équilibre objectif du contrat : « *qui dit contractuel dit juste* » et l'Etat n'a pas à se substituer aux particuliers pour apprécier ni l'équilibre contractuel ni la justice contractuelle.

---

43 L. JULLIOT de la MORANDIERE, *Précis de droit civil T II*, 3ème édition, Paris, Dalloz, 1964, n° 275.

44 BENABENT (A), *op. cit.*, n°25. Lire : NGOMBA TSHILOMBAYI, « *Vers un nouveau droit des baux à loyer, liberté contractuel ou dirigisme contractuel* » in RJZ, supplément annuel 1987, pp 33 à 44.

2. Conséquences de la l'autonomie de la volonté

Ces conséquences sont d'abord la liberté contractuelle, ensuite la force obligatoire du contrat et enfin l'effet relatif des contrats[45].

3. Critiques à la théorie de l'autonomie de la volonté

Deux critiques principales sont avancées.

D'abord, la théorie sous-estime le rôle de la loi : c'est la loi, expression de la volonté générale, qui est au-dessus de la volonté des particuliers. Le contrat qui créé des droits subjectifs n'a de valeur juridique que s'il est conforme à la règle de droit objectif.

Ensuite, la théorie néglige les impératifs de bonne foi et d'équité. La théorie repose sur le postulat que les hommes sont libres et égaux, mais souvent une partie forte impose sa volonté à une partie faible.

4. Atteintes à l'autonomie de la volonté et son déclin

Ces critiques ont porté atteinte au principe de la liberté contractuelle ainsi que celui de la force obligatoire du contrat.

a. Atteinte à la liberté contractuelle

Quant à la liberté contractuelle, il y a atteinte à la liberté de contracter et à la liberté de convenir du contenu du contrat.

En effet, la conclusion de certains contrats est obligatoire. C'est le cas par exemple de la conclusion du contrat d'assurance de responsabilité civile en matière d'utilisation des véhicules automoteurs[46].

Dans certaines hypothèses, si une partie contracte, elle ne peut pas choisir son cocontractant. C'est le cas par exemple du monopole de l'Institut National de Sécurité Sociale (INSS) en matière de sécurité sociale[47].

---

45 F. TERRE, Ph. SIMLER et Y. LEQUETTE, *Droit civil. Les obligations*, Paris, Dalloz, 8ème édition, 2002, p31, n°s 23-26.

46 Loi n°15/005 du 17 mars 2015 portant code des assurances.

47 Décret-loi organique du 29 juin 1961 sur la sécurité sociale, MC.

Des lois imposent ou interdisent certaines clauses, notamment en matière de contrat de travail (durée du travail, etc.)[48].

Législateur s'est en particulier engagé dans une lutte contre les clauses abusives dans les contrats[49]. Le législateur crée des fois des mécanismes pour assurer la protection des consommateurs. C'est ainsi que la loi portant code des assurances a créé l'Autorité de régulation et de contrôle des assurances dont une des missions est d'assurer la protection des droits des assurés et des bénéficiaires des contrats d'assurance[50].

On assiste à une renaissance du formalisme surtout des mentions obligatoires pour mieux éclairer une partie. C'est le cas dans la vente immobilière avec l'exigence de l'acte authentique[51] et le contrat de bail avec l'exigence d'un contrat écrit dans la nouvelle loi réglementant le bail non professionnel[52].

b. Atteinte à la force obligatoire du contrat

De nouvelles lois ont édicté des règles applicables à tous les contrats ou à certains d'entre eux afin de protéger une partie considérée comme faible (contrat de travail).

---

48 Loi portant code du travail.

49 PINDI MBENSA KIFU (G), *Le droit zaïrois de la consommation,* Kinshasa, éd. CADICEC, 1995. Lire aussi : LUTUMBA wa LUTUMBA, « Protection du consommateur en matière des baux à loyer à Kinshasa » in *Revue de droit congolais*, n°003/2000, pp 44 à 64 ; L. KYABOBA KASOBWA, « La protection des consommateurs contre les dangers du crédit immobilier au Zaïre » in *Lettre mensuelle* n°7-8, IRES, Kinshasa, 1988 ; L. KYABOBA KASOBWA, *Législation et règlementation de la protection du consommateur en RDC. Constats et suggestions*, éd. Recherches et Documentation Juridiques Africaines (RDJA), Bruxelles, 2012 ; R. MASAMBA MAKELA, *Droit des affaires*, Kinshasa, Cadicec, 1996, p. 116, n°s 98 et SS.

50 Loi n°15/005 du 17 mars 2015 portant code des assurances, article 396, alinéa 2 ; Lire à ce sujet : T. MWABA KAZADI, « Après la SONAS : la nouvelle Autorité de régulation et de contrôlé des assurances», in *Cahiers Africains des Droits de l'Homme et de la Démocratie*, Université de Kinshasa, Faculté de Droit, CRIDHAC, n°052, vol. III, Juillet-Septembre 2016, p.189-199.

51 Loi du 20 juillet 1973 portant régime général des biens, régime foncier et immobilier et régime des sûretés.

52 Loi n°15/025 du 31 décembre 2015 relative aux baux à loyer non professionnel. Lire à ce sujet : T. MWABA KAZADI, « Analyse critique de la loi n°15.025 du 31 décembre 2015 relative aux baux à loyer non professionnels en droit congolais », *Cahiers Africains des Droits de l'Homme et de la Démocratie*, Université de Kinshasa, Faculté de Droit, CRIDHAC, n°050, vol. I, Janvier-Mars 2016, p. 93-129.

Le code civil lui-même accorde un délai de grâce pour le paiement au débiteur et c'est le juge qui a ce pouvoir (art. 142 CCLIII).

Le code civil prévoit aussi la réduction, même d'office, dans une clause pénale manifestement excessive (art 50 CCLIII).

§2. Exceptions : Absence d'accord de volontés

Le déclin des idées individualistes a amené des restrictions au principe de la création des effets juridiques par l'accord de volontés. L'engagement unilatéral de volonté est admis comme source d'obligation (A). Il est de même de l'acte règle (B).

A. Engagement unilatéral de volonté

Il s'agit de la manifestation de la volonté émanant du débiteur seule : une personne pourrait être obligée du seul fait qu'elle veut l'être, par une simple déclaration unilatérale émanée d'elle, sans qu'il soit besoin du consentement du créancier. Il ne doit pas être confondu avec le contrat unilatéral (donations) qui exige, pour sa formation, l'accord des deux volontés.

Comme engagements unilatéraux l'on peut citer d'une part une annonce par laquelle une personne promet une récompense à celui qui lui rapportera l'objet désigné. L'auteur de l'annonce sera lié par sa seule volonté. D'autre part, le testament, acte unilatéral, produit aussi des effets juridiques[53].

B. Acte de règle

Pour que naisse le rapport juridique, il faut en principe un contrat c'est-à-dire le consentement, et du créancier et du débiteur.

Cependant, certains actes juridiques imposent des obligations à des personnes autres que celles dont il émane ou qui y adhérent expressément. Un contrat intervient et il tend à réglementer par avance, et de façon générale, les conditions auxquelles devront être prises les décisions nécessaires à la vie du groupe, ou auxquelles devront être passés les contrats ultérieurs entre membres appartenant respectivement aux organisations qui ont été parties à l'acte règle.

---

[53] G. LEGIER, *op. cit.*, p. ; Ph. MALAURIE, L.AYNES et Ph. STOFFEL-MUNCK, *op. cit*, n°431, p. 217.

Dans cette catégorie l'on classe :

- Le contrat de société ou d'association, en tant qu'il précise les statuts de la société ou de l'association.

- La convention collective de travail passée entre organisations syndicales, patronales et ouvrières, et réglementant par avance les conditions (salaire, durée de travail, etc.) auxquelles devrons être conclus les contrats individuels de travail entre chaque patron et chaque salarié. Le code du travail définit la convention collective comme un accord écrit, relatif aux conditions et aux relations de travail, conclu entre, d'une part un ou plusieurs employeurs, une ou plusieurs organisations professionnelles d'employeurs et, une ou plusieurs organisations professionnelles de travailleurs, d'autre part.[54] On qualifie ces actes d'acte règle car ils participent dans une certaine mesure de la nature du règlement. Le pouvoir réglementaire uniquement conféré jusqu'ici par le droit public à des individus ou à des corps ayant le caractère d'organes de l'Etat, tend à pénétrer dans le droit privé et à être reconnu, dans certains cas tout au moins, à des individus agissant au nom d'intérêts collectifs ou syndicaux. Ainsi, la convention collective de travail a une nature hybride. C'est à la fois un contrat et un règlement. Lors de sa conclusion, la convention collective de travail est traitée comme un contrat, mais lors de son application, elle est traitée comme un règlement : c'est un acte-règle[55].

---

54 Loi n°16/2002 du 16 octobre 2002 portant code du travail, article 272.

55 MUKADI BONYI, *Droit du travail*, Bruxelles, CRDS, 2008, p. 554, n°540 ; J. MASANGA PHOBA MVIOKI, *Droit du travail*, Paris, l'Harmattan, 2015, p. 247.

CHAPITRE 2
CLASSIFICATION DES CONTRATS

Les contrats sont très variés et les classifications nombreuses[56]. La plupart des distinctions sont faites expressément dans le code civil (section I). D'autres classifications résultent de certaines dispositions du code civil (section II). Une autre classification moderne a vu le jour (section III)[57].

Section I. Classifications expresses du code civil

Cette classification concerne les contrats synallagmatiques et unilatéraux (§1), les contrats à titre onéreux et à titre gratuit (§2), les contrats commutatifs et aléatoires (§3) ainsi que les contrats nommés et innomés (§4).

§1. Contrat synallagmatique et contrat unilatéral

Le contrat synallagmatique (A) est différent du contrat unilatéral (B). Il y'a un intérêt à distinguer les deux (C). Néanmoins, un contrat unilatéral en cours d'exécution peut devenir synallagmatique(D).

A. Contrat synallagmatique

Selon l'article 2 CCLIII, « *le contrat est synallagmatique ou bilatéral lorsque les contractants s'obligent réciproquement les uns envers les autres* ».

Ce qui caractérise donc le contrat synallagmatique c'est la réciprocité des engagements qui en découlent, chacune des parties jouant le double rôle de créancier et de débiteur. L'obligation de l'un a pour contrepartie l'obligation de l'autre.

Dans la vente, le vendeur s'oblige à transférer la propriété et faire délivrance de la chose vendue, l'acquéreur s'oblige réciproquement à en payer le prix. Dans le louage des choses, le bailleur s'engage à procurer la jouissance de la chose et le locataire à en jouir en bon père de famille et à en payer le loyer.

---

56 G. LEGIER, *op. cit.*, pp. 11 et ss.

57 Lire à ce sujet : SOHIER (A), *Droit civil du Congo belge, T.II*, Bruxelles Larcier, 1956. KALONGO MBIKAYI, *op. cit*, pp. 42 et ss. G. LEGIER, *op. cit.*, pp. 11 et ss.

B. Contrat unilatéral

Selon l'article 3 CCLIII, le contrat est unilatéral lorsqu'une ou plusieurs personnes sont obligées envers un ou plusieurs autres, sans que la part de ces dernières il y ait d'engagement. Dans le contrat unilatéral, les obligations ne sont pas réciproques : une seule partie s'oblige à l'égard de l'autre qui est sans engagement.

C'est le cas de certains contrats qui sont unilatéraux : la donation, le donateur s'engage à transférer la propriété et délivrer un bien, sans engagement réciproque du donataire ; le prêt, l'emprunteur est débiteur de la somme prêté, sans que le prêteur soit tenu d'une obligation ; le dépôt ; le mandat, s'ils ne sont pas rémunérés.

Le contrat unilatéral différent de l'acte unilatéral : dans le contrat unilatéral, l'accord de volontés est nécessaire même si c'est une seule partie qui s'oblige tel le cas de la donation; tandis que dans l'acte unilatéral, l'obligation de la seule personne qui s'engage naît de sa seule volonté tel le cas du testament.

C. Intérêt de la distinction

Cet intérêt se manifeste en cas d'inexécution du contrat (1) et de preuve (2).

1. En cas d'inexécution

Dans un contrat synallagmatique, les obligations sont interdépendantes, donc si une partie n'exécute pas son obligation, l'autre peut refuser d'exécuter la sienne : c'est l'exception d'inexécution ou l'*exceptio non adimpleti contractus.*

En outre, en vertu de l'article 82 CCLIII, le créancier de l'obligation inexécutée peut aussi demander la résolution du contrat avec effet rétroactif.

Enfin, en vertu de la théorie des risques, la résolution est même de droit si l'inexécution est causée par un cas de force majeure.

2. Quant à la preuve

L'article 207 CCLIII exige la formalité du double dans les contrats synallagmatiques. Ainsi, les contrats synallagmatiques doivent être établis en autant d'originaux qu'il y a de parties ayant un intérêt distinct, et chaque original doit indiquer le nombre des originaux.

Quant aux contrats unilatéraux, cette formalité du double n'est pas exigée, un exemplaire suffit. Néanmoins, afin d'empêcher des fraudes, l'article 208 CCLIII exige que l'écrit qui constate l'engament d'une partie à payer une somme d'argent ou à livrer un bien fongible doit comporter non seulement sa signature, mais aussi la mention écrite par lui-même, en toutes lettres et en chiffres, de la somme ou de la quantité pour laquelle elle s'engage. En cas de différence, la somme écrite en lettres prévaut.

D. Contrat synallagmatique imparfait

Ce sont des contrats qui sont unilatéraux lors de leur formation, mais deviennent synallagmatiques car ils ont, après coup, fait naître une obligation à la charge du créancier.

Ainsi le dépositaire a fait des dépenses pour assurer la conservation de la chose en dépôt, il peut en exiger le remboursement du déposant, alors qu'à l'origine le contrat n'avait fait naître que les obligations pesant sur lui de veiller à la garde et à la conservation de la chose déposée, et de restituer celle-ci. Il peut en être de même dans le gage, le mandat.

C'est pourquoi, sur base de l'exception *non adimpleti contractus,* le dépositaire, ayant exposé des frais pour la conservation de la chose, peut refuser la restitution de celle-ci tant qu'il n'aura pas obtenu le remboursement des dépenses.

§2. Contrat a titre onéreux et contrat à titre gratuit

Le contrat est aussi à titre onéreux (A) et à titre gratuit (B). Il y a un intérêt à distinguer les deux (C).

A. Contrat à titre onéreux

Selon l'article 6 CCLIII, le contrat à titre onéreux est celui qui assujettit chacune des parties à donner ou à faire quelque chose.

Cette définition du code confond le contrat à titre onéreux avec le contrat synallagmatique[58]. Cela se comprend car les contrats synallagmatiques sont généralement à titre onéreux et les contrats unilatéraux sont généralement à titre gratuit. Mais l'inverse n'est pas vrai

58 KALONGO MBIKAYI, *op. cit.*, p. 45.

car tous les contrats à titre onéreux ne sont pas nécessairement synallagmatiques. L'on peut rencontrer certains contrats unilatéraux qui sont à titre onéreux : c'est le cas du prêt à intérêt, le préteur retire un intérêt et l'emprunteur jouit de l'argent, il y a aussi des contrats synallagmatiques à titre gratuit comme la donation avec charges.

Cette distinction se rattache au but poursuivi par les contractants.

Le contrat est à titre onéreux lorsque chacune des parties a reçu ou reçoit un avantage qui est la contrepartie de celui qu'elle procure à l'autre : c'est du donnant-donnant.

Le caractère onéreux peut appartenir aussi bien à des contrats synallagmatiques parfaits : vente, louange, etc., qu'à des contrats unilatéraux, comme le prêt à l'intérêt.

B. Contrat à titre gratuit

Le contrat à titre gratuit est celui par lequel une partie procure à l'autre un avantage sans rien recevoir en échange (art. 5 CCLIII).

Ce contrat se divise en :

- Contrat à titre gratuit, dans lesquels le contractant qui s'engage, le fait en vue d'enrichir le patrimoine d'autrui : il en est ainsi de la donation entre vifs lorsque le transfert doit se réaliser du vivant du donateur[59], ou encore de l'institution contractuelle, contrat ayant pour objet de donner à une personne tout ou partie des biens qu'on laissera en mourant [60];
- Contrats de services gratuits, dans lesquels le contractant qui s'engage le fait, non en vue d'enrichir autrui, mais de lui rendre service ; tels le prêt à usage ou commodat[61], le prêt d'argent sans intérêt[62], le mandat non salarié[63], le dépôt non rémunéré[64].

C. Intérêt de la distinction

Les droits de mutation sont souvent plus élevés pour les transferts de propriété d'un acte à titre gratuit.

---

59 Article 873 du code de la famille.
60 Article 904 et ss du code de la famille.
61 Articles 448 et ss CCLIII.
62 Articles 465 et ss CCLIII.
63 Article 528 CCLIII.
64 Article 484 CCLIII.

Le contractant est traité de façon moins sévère quant à sa responsabilité lorsque le contrat est à titre gratuit (en matière de dépôt, articles 493 et 494 CCLIII ; en matière de mandat, articles 533, al. 2 CCLIII).

Les contrats à titre gratuit sont présumés faits en considération de la personne. Ainsi, en cas d'erreur sur la personne, la validité du contrat sera affectée.

Les contrats à titre onéreux ont un caractère commercial, alors que la spéculation est n'est pas concevable dans des contrats à titre gratuit[65].

§3. Contrat commutatif et contrat aléatoire

Il s'agit là d'une subdivision des contrats à titre onéreux qui peut être commutatif (A) ou aléatoire (B). Il y a intérêt à distinguer les deux (C).

A. Contrat commutatif

Le contrat commutatif est un contrat à titre onéreux dans lequel la contrepartie que chaque contractant reçoit est d'ores et déjà certaine et déterminée, les parties connaissant dès la conclusion de l'acte l'étendue des prestations qu'elles doivent et des avantages qu'elles retirent (art. 4 al. 2 CCLIII).

B. Contrat aléatoire

Le contrat est aléatoire quand les avantages ou les parties qui en résulteront dépendant d'un évènement incertain (art. 4 al. 2 CCLIII).

Une vente, faite pour un prix déterminé, est un contrat commutatif ; tandis que celle consentie moyennant une rente viagère est un contrat aléatoire, l'émolument à verser par l'acquéreur dépendant de la durée de la vie du vendeur. De même, le contrat d'assurance est un contrat aléatoire car il couvre un risque avec incertitude sur la réalisation de l'évènement envisagé tel l'accident de la circulation ou l'incendie.

C. Intérêt de la distinction

L'intérêt de la distinction apparaît à propos de la théorie de la lésion. La lésion est une cause de réduction (art. 131 bis CCLIII) pour certains

---

[65] G. LEGIER, *op. cit.*, p. 12.

contrats commutatifs. La lésion n'est pas envisageable dans le contrat aléatoire.

§4. Contrat nommé et contrat innommé

Le contrat peut être nommé (A) ou innommé (B). Il y a un intérêt à les distinguer (C).

A. Contrat nommé

C'est le contrat dont la loi définit le régime de manière plus ou moins précise. Dans le code civil, livre III, on trouve des dispositions spéciales relatives aux grandes sortes de contrats [66]: la vente, le louage de choses ou bail[67], le louage d'ouvrage ou contrat d'entreprise, le louange de services ou contrat de travail, le prêt, le dépôt, le mandat, la société. D'autres contrats sont règlementés par des textes particuliers : le bail commercial, les assurances, le crédit-bail. Tous ces contrats sont des contrats nommés.

B. Contrat innommé

Un contrat est innommé lorsque la loi ne prévoit pas de réglementation qui lui est propre (contrat publicité)[68]. Ce sont des contrats qui n'entrent dans aucune catégorie prévue par la loi. L'économie originale de ces contrats est adaptée par les parties à leur situation propre et des fois à leur sujet on parle de contrat « *sui generis* » car il est impossible de les ranger dans une catégorie donnée[69]. Exemple : contrat de publicité.

C. Intérêt de la distinction

Les contrats nommés sont régis principalement par leurs règles propres et subsidiairement par la théorie générale des obligations.

Tandis que les contrats innommés sont régis uniquement par la théorie générale des obligations[70].

---

66 Articles 263 et ss CCLIII.

68 G. LEGIER, *op. cit.*, p. 13.

69 A. BENABENT, *op. cit.*, n°22.

70 KALONGO MBIKAYI, *op. cit.*, p. 42.

Section II. Classification résultant de certaines dispositions du code civil

Ce sont des distinctions non expressément mentionnées par le code civil, livre III, mais qui sont déduites de ses dispositions. Elles concernent les modes de formation du contrat (§1), la considération de la personne du contractant (§2) et les modalités de formation (§3).

§1. Quant aux modes de formation

Les modes de formation concernent le contrat solennel (A), le contrat consensuel (B) et le contrat réel (C).

A. Contrat solennel

Le contrat est solennel lorsque la loi exige pour sa validité que le consentement soit donné en certaines formes particulières, exigées à peine de nullité. C'est le cas du contrat d'hypothèque ou de la vente immobilière, qui doivent être rédigés par acte authentique.

B. Contrat consensuel

Le contrat consensuel se forme par la seule rencontre des volontés, par l'accord des parties. C'est la règle générale d'après le code civil[71].

C. Contrat réel

Le contrat réel est celui qui exige pour sa formation, non seulement l'accord de parties, mais aussi la remise d'une chose (*res*), au débiteur. C'est le cas des contrats ci-après : le commodat ou prêt à usage, le prêt de consommation, le gage avec dépossession et le dépôt.

Le contrat ne sera pas formé tant que la chose n'a pas été remise, la simple promesse de la remettre ne lie pas son auteur.

§2. Quant à la considération de la personne

Le contrat avec intuitus personae (A) ou sans intuitus personae (B).

---

[71] G. LEGIER, *op. cit.*, p. 14.

A. Contrat avec intuitus personae

Le contrat avec *intuitus personae* est celui qui est conclu en considération de la personne du cocontractant. C'est le cas par exemple du contrat avec l'avocat ou avec le médecin.

B. Contrat sans intuitus personae

Le contrat sans *intuitus personae* est celui dans lequel la qualité du cocontractant importe peu. C'est le cas en principe dans le contrat de vente.

C. Intérêt de la distinction

Le contrat conclu avec l'*intuitus personae* peut être annulé pour erreur sur la personne du cocontractant. En outre, il prend fin, en principe, au décès du cocontractant.

§3. Quant aux modalités de formation

Quant aux modalités, le contrat est à exécution instantanée (A) ou à exécution successive (B). Il y a un intérêt à les distinguer (C).

A. Contrat à exécution instantanée

Un contrat est dit à exécution instantanée lorsqu'il donne naissance à des obligations susceptibles d'être exécutées par une seule prestation comme la vente d'un objet, l'échange, le mandat portant sur une seule opération.

B. Contrat à exécution successive

Le contrat est successif est celui qui comporte l'exécution des obligations s'échelonnant dans le temps. C'est le cas des contrats de louage de choses et du contrat de travail.

C. Intérêt de la distinction

L'intervention de la notion de « temps » dans les contrats successifs entraîne des conséquences relatives aux effets de la nullité ou de la résolution du contrat : l'effet rétroactif ne joue pas dans ces contrats en cas de nullité ou de résolution car on ne peut faire abstraction de l'exécution faite pendant un certain temps. C'est pourquoi l'on fait allusion à la résiliation qui opère uniquement pour l'avenir.

En outre, les contrats à exécution successive posent des fois la problématique de la révision du contrat pour le déséquilibre des prestations survenant en cours d'exécution.

Enfin, l'exécution du contrat peut être différenciée quant aux parties : c'est l'hypothèse du contrat exécuté par une partie exécute en un instant, tandis que l'autre fractionne l'exécution de la sienne comme dans le contrat de vente à crédit[72].

Section III. Classifications modernes

La classification moderne classifie les contrats tant selon la liberté de négociation (§1) que selon les effets du contrat (§2)[73].

§1. Quant à la liberté de négociation

Cette distinction est apparue au début du XXème siècle suite au déclin du principe de l'autonomie de la volonté. L'on distingue le contrat de libre discussion (A), le contrat d'adhésion (B) et le contrat type (C).

A. Contrat de libre discussion ou de gré à gré

Le contrat de libre discussion est celui librement négocié par les parties. C'est le contrat normal dans la conception classique libérale où le contrat est l'œuvre de deux parties égales en droit et discutant librement les clauses de leur accord.

B. Contrat d'adhésion

Le contrat d'adhésion est celui qui n'est pas discuté, un contrat où les clauses sont souvent l'œuvre exclusive de l'une des parties, plus puissante économiquement que l'autre ; cette dernière peut seulement adhérer ou ne pas adhérer aux clauses qui lui sont proposées *ne varietur*. Ainsi, le contrat de transport conclu avec une compagnie d'aviation se résume en l'adhésion donnée par le voyageur à des clauses entièrement rédigées à l'avance par la compagnie.

Le danger des contrats d'adhésion est évident : la partie forte impose sa volonté à autrui. D'où l'intervention du législateur pour réglementer

---

72 G. LEGIER, *op. cit.*, p. 15.
73 KALONGO MBIKAYI, *op. cit.*, p. 49.

certains contrats d'adhésion, notamment à propos des contrats de travail[74].

C. Contrat type

Il se peut même que les clauses du contrat d'adhésion ne soient l'œuvre d'aucune des deux parties, il s'agit d'un contrat-type, parfois impératif, rédigé par les agents de l'Etat, soit par organismes professionnels : l'accord de deux parties n'est plus alors que la condition d'application à ces deux particuliers d'un statut obligatoire pour eux.

§2. Quant à l'effet

Le contrat peut produire des effets sur les contractants (A) ou sur un groupe (B).

A. Contrat individuel

Dans la conception classique, les contrats sont individuels, ils ne font naître d'obligations qu'à l'égard de personnes qui y sont intervenues.

B. Contrat collectif

Les contrats collectifs sont conclus par deux ou plusieurs individus et lient une collectivité, les membres d'un groupe plus ou moins important des personnes. C'est le cas de la convention collective de travail[75].

En droit du travail, le code du travail définit la convention collective comme un accord écrit, relatif aux conditions et aux relations de travail, conclu entre, d'une part un ou plusieurs employeurs, une ou plusieurs organisations professionnelles d'employeurs et, une ou plusieurs organisations professionnelles de travailleurs, d'autre part.[76]

Quelle que soit la catégorie du contrat, il requiert des conditions pour sa formation.

---

74 G. LEGIER, *op. cit.*, p. 16.

75 Lire à ce sujet : MUKADI BONYI, *Droit du travail*, Bruxelles, CRDS, 2008 ; MUKADI BONYI, *Droit de la sécurité sociale*, Kinshasa, Ntobo, 1995 : MASANGA PHOBA MVIOKI, *Droit du travail*, Paris, l'Harmattan, 2015.

76 Loi n°16/2002 du 16 octobre 2002 portant code du travail, article 272.

SOUS-TITRE II. FORMATION DU CONTRAT

La formation du contrat suppose que soient remplies certaines conditions de formation du contrat (Chapitre 1) tout en notant que des sanctions de violation de ces conditions de validité sont prévues (Chapitre 2).

CHAPITRE 1.
LES CONDITIONS DE FORMATION DU CONTRAT

Les conditions de formation et de validité du contrat sont énumérées à l'article 8 du CCLIII à savoir : le consentement de la partie qui s'oblige (Section I), la capacité des contractants (Section II), un objet certain et licite (Section III) et une cause également licite (Section IV).

Section I. Consentement

Le consentement est nécessaire dans le contrat (§1). La validité du contrat suppose l'échange des consentements (2) et l'absence de vice des consentements (§3).

§1. Nécessité et forme de consentement

A. Nécessité du consentement

Le consentement des deux parties est nécessaire car le contrat est un acte bilatéral. Pour qu'il y ait contrat, il faut que les deux parties manifestent clairement et librement leur intention et leur volonté de se lier, leur volonté d'accepter tout le contenu de leur contrat.

Mais, il est des exceptions où la libre discussion est restreinte. C'est notamment les cas des contrats d'adhésion, des contrats types et de certaines atteintes à la liberté même de contracter telles que les avant-contrats ou promesses de contracter, les promesses de ne pas contracter, les interdictions légales du refus de contracter et les contrats imposés.

Les avant-contrats ou promesses de contracter (la partie qui promet n'est pas libre, elle doit se réserver pour la personne à laquelle elle a promis de contracter. Cette promesse de contracter peut être, soit une simple offre, soit une promesse unilatérale ou une promesse bilatérale. Et dans ce dernier cas, elle vaut contrat. Il en est ainsi de la promesse réciproque de vente (art. 270 du Code civil congolais). La première hypothèse, simple offre ou pollicitation, est celle d'un acte unilatéral, la deuxième hypothèse vise le cas d'un contrat unilatéral et le troisième cas est un contrat bilatéral[77]. Les promesses de ne pas contracter concernent l'hypothèse où le débiteur s'engage à ne pas contracter avec une personne (contrat d'exclusivité).

77 KALONGO MBIKAYI, *op. cit.*, p. 58.

B. Forme de consentement

La matière des contrats est dominée aujourd'hui par le principe du consensualisme. Ce terme désigne la liberté des formes et s'oppose au consensualisme[78]. C'est-à-dire qu'en règle générale, le contrat naît, sauf lorsqu'il est solennel ou réel, dès qu'il y accord des volontés, dès qu'il y a consensus.

C'est l'adage « *solus consensus obligat* ». Le seul consentement des parties est suffisant pour faire naître une obligation.

Et sauf pour les contrats solennels, le consentement peut prendre n'importe quelle forme : un geste, une parole, un écrit. Mais l'écrit n'est nullement exigé.

Mais Il y a absence d'exigence de quelque forme particulière, il faut tout au moins que ce consentement soit exprimé.

Le consentement a deux éléments: d'une part, un élément interne, la conscience des éléments du contrat envisagé et l'intention, la volonté de le réaliser, et d'autre part un élément externe : la manifestation extérieure de l'intention de contracter, l'expression de la volonté.

En cas de doute, c'est la volonté réelle qui l'emporte.

Il faut noter qu'exceptionnellement, le formalisme est exigé dans certains contrats. Ce sont les contrats solennels, les actes notariés et les cas d'exigence d'un écrit[79]. On assiste à une renaissance du formalisme surtout des mentions obligatoires pour mieux éclairer une partie. C'est le cas notamment dans la vente immobilière avec l'exigence de l'acte authentique[80] et dans le contrat de bail avec l'exigence d'un contrat écrit dans la nouvelle loi réglementant le bail non professionnel[81].

---

[78] BENABENT (A), *op. cit.*, n°101.

[79] BENABENT (A), *op. cit.*, n°s 104 et ss.

[80] Loi du 20 juillet 1973 portant régime général des biens, régime foncier et immobilier et régime des sûretés.

[81] Loi n°15/025 du 31 décembre 2015 relative aux baux à loyer non professionnel. Lire à ce sujet : T. MWABA KAZADI, « Analyse critique de la loi n°15.025 du 31 décembre 2015 relative aux baux à loyer non professionnels en droit congolais », *Cahiers Africains des Droits de l'Homme et de la Démocratie*, Université de Kinshasa, Faculté de Droit, CRIDHAC, n°050, vol. I, Janvier-Mars 2016, p. 93-129.

§2. Echange des consentements

Dans l'échange de consentement, il y a la rencontre de volontés entre l'offrant et le destinataire de l'offre (A). Les parties peuvent dans la plupart des cas, passer par des étapes avant de conclure le contrat (B)[82].

A. Rencontre des volontés

Tout contrat suppose la rencontre d'une offre et d'une acceptation.

1. Offre ou pollicitation

a. Définition de l'offre

L'offre ou pollicitation est une manifestation de volonté unilatérale par laquelle une personne appelée offrant ou pollicitant fait connaître son intention de contracter et les conditions essentielles du contrat. Si l'offre est acceptée, le contrat est conclu[83].

b. Caractères de l'offre

L'offre doit présenter certains caractères[84].

L'offre doit d'abord être suffisamment précise et contenir les éléments essentiels du contrat (dans la vente : l'objet et le prix selon l'article 264 CCLIII), de telle sorte que l'acceptation de ses termes suffise à parfaire le contrat.

L'offre doit ensuite être ferme : l'offrant doit avoir l'intention de s'engager. Mais l'offre peut être ferme tout en étant assortie de certaines réserves, dès lors qu'elles présentent un caractère suffisamment objectif pour ne pas permettre à l'offrant de se dégager librement.

L'offre doit enfin être non équivoque.

L'offre qui ne réunit pas ces caractères est une simple invitation à négocier, c'est-à-dire à ouvrir des pourparlers[85].

---

82 G. LEGIER, *op. cit.*, p.23.
83 G. LEGIER, *op. cit.*, p. 16.
84 KALONGO MBIKAYI, *op. cit.*, p. 63 ; G. LEGIER, *op. cit.*, p. 24.
85 A. BENABENT, *op. cit.*, n° 57.

c. Modalités de l'offre

1° Modes d'expression

L'offre peut être expresse, c'est-à-dire exprimée soit par écrit (lettre, catalogue, menu affiché), soit oralement.

L'offre peut être tacite, c'est-à-dire résulter d'un comportement ou d'une attitude dépourvue d'équivoque. C'est l'hypothèse d'un chauffeur de taxi qui attend des passagers dans son véhicule ; d'un vendeur qui expose ses marchandises.

2° Destinataires

L'offre peut être destinée à une personne déterminée : elle est alors caractérisée par l'*intuitus personae.* L'offre peut aussi être destinée au public (annonces).

Quant aux effets, l'offre faite au public lie l'offrant à l'égard du premier acceptant, de la même façon qu'une offre à personne déterminée. Mais si le contrat présente un aspect d'*intuitus personae*, l'auteur de l'offre se réserve le droit de choisir son cocontractant (offre d'emploi). Il s'agit alors plutôt d'une invitation à des pourparlers.

3° Durée

L'offre peut être assortie d'un délai exprès. Par contre, si elle n'a pas de délai, l'on se réfère à la notion de délai raisonnable, à apprécier en fonction des circonstances et des usages.

d. Effets

L'offre produit les effets.

D'abord, l'offre peut être rétractée tant qu'elle n'a pas été acceptée. Son auteur peut la révoquer librement car le destinataire ne subit aucun préjudice. Mais si elle est déjà parvenue au destinataire, l'offrant n'a pas la liberté totale de la révoquer, il a une obligation de la maintenir pendant un certain temps.

Ensuite, si l'offrant a fixé un délai, il est tenu de maintenir son offre pendant ce délai. Si aucun délai n'a été prévu, les juges généralement recourent à la notion de délai raisonnable d'acceptation pendant lequel la révocation n'était pas possible. Ce délai est apprécié par les juges compte tenu des circonstances[86].

La loi dans certains cas précise un délai pendant lequel l'offre doit être maintenue[87].

L'auteur de l'offre qui la révoque avant l'expiration du délai expressément prévu ou raisonnable commet une faute qui engage sa responsabilité délictuelle (art. 258 CCLIII), et non pas contractuelle, puisque le contrat n'est pas formé. Il peut donc être condamné à payer des dommages et intérêts, mais non à conclure le contrat.

e. Caducité de l'offre

Plusieurs causes peuvent entrainer la caducité de l'offre. Il s'agit de l'expiration du délai (prévu ou raisonnable), du décès ou l'incapacité de l'offrant et de la contre-proposition du destinataire de l'offre.

2. Acceptation de l'offre

a. Définition

L'acceptation est la manifestation de volonté par laquelle une personne donne son accord à l'offre qui lui est faite[88].

b. Caractères et modalités

L'acceptation doit être pure et simple : sinon l'auteur fait des réserves ou en modifie les termes, c'est une contre-proposition ou nouvelle offre, qui rend caduque la première.

Quant aux modalités, la forme de l'acceptation est libre. Elle peut être expresse ou tacite (résulter d'un comportement), à condition de ne pas être équivoque. Elle peut être écrite ou verbale.

Une question particulière mérite d'être posée à ce niveau : peut-on déduire l'acceptation d'un simple silence gardé à la suite d'une offre ? La réponse négative s'impose. En effet, contrairement à l'adage « qui ne dit mot consent », en principe, le silence ne vaut pas acceptation[89]. Jugé en

---

86 Civ. 3e, 20 mai 2009, *Bull. civ.*, III, n°118 ; Civ. 3ème, 28 novembre 1968, *JCP* 1969.II.15797 ; Civ. 3ème, 25 mai 1992, *D.* 1993.493 avec note.

87 Cas en droit français de l'article L.311-8 et L.312-10 du Code de la consommation.

88 G. LEGIER, *op. cit.*, p. 26.

89 A. BENABENT, *op. cit.*, n° 66.

droit français que le silence ne vaut pas à lui seul acceptation » Jugé que le silence ne vaut pas à lui seul acceptation et que l'acceptation d'un contrat, si elle peut être tacite, ne peut résulter que d'actes démontrant avec évidence l'intention d'accepter le contrat proposé[90].

Ce principe souffre d'exception. En effet, le silence vaut acceptation, s'il est circonstancié : c'est le « silence circonstancié ». C'est le cas notamment lorsque les parties étaient déjà en relations d'affaires pour le même type de contrat (réception d'une nouvelle commande, renouvellement contrat antérieur ou modification contrat : il faut protester sinon le silence vaut acceptation) ou lorsqu'un usage professionnel impose à un professionnel de protester s'il veut refuser une offre ou encore quand l'offre est faite dans l'intérêt exclusif du destinataire, on présume qu'il l'accepte sauf cas de donation[91].

Quant au moment de l'acceptation, celle-ci doit avoir lieu immédiatement après l'offre ou pendant le délai imposé par la loi, par l'offre ou par les usages.

c. Effets

En cas d'acceptation, le contrat est conclu, l'offrant et le destinataire de l'offre ne peuvent revenir sur leur décision, sauf nouvel accord.

3. Rencontre des volontés entre personnes éloignées

Lorsque le contrat est conclu entre personnes éloignées, il s'agit de savoir où et quand le contrat a été conclu[92].

a. Intérêts de la détermination du moment et du lieu de la conclusion du contrat

En ce qui concerne le moment, l'intérêt est relatif à la force obligatoire du contrat une fois formé. Les conditions de validité du contrat s'apprécient au jour de la conclusion du contrat. La loi qui régit le contrat est en principe celle qui était en vigueur au jour de sa conclusion.

En ce qui concerne le lieu, l'intérêt est relatif à la compétence du tribunal du lieu de conclusion du contrat en cas de litige. Le lieu généralement admis est celui où l'acceptation est émise[93].

---

90 Civ. I, 16 avril 1996, *Bull. civ.*, I, n°181, Grands arrêts, n°146.
91 A. BENABENT, *op. cit.*, n°66.
92 G. LEGIER, *op. cit.*, p. 27.

b. Solutions

1° Principe

Le principe est que les parties sont libres de décider où et quand le contrat est formé. Mais lorsqu'elles sont muettes sur la question, l'on recourt aux différentes théories élaborées à cet effet par la doctrine et par la jurisprudence.

2° Différentes théories

Deux théories principales s'affrontent : l'émission et la réception[94].

i. Système de l'émission

Le contrat se formerait au moment et au lieu où l'acceptation est émise. Cette théorie a deux variantes : la déclaration et l'expédition.

- **La déclaration de l'acceptation :** la simple coexistence des deux volontés qui coïncident suffit, donc le contrat est formé dès qu'il a été accepté ; c'est la théorie de la déclaration d'acceptation (on retient notamment le moment et le lieu de la signature de la lettre d'acceptation). Mais, à ce moment-là, la volonté d'accepter n'est pas encore suffisamment extériorisée.

- **L'expédition de l'acceptation :** le contrat est formé au moment et au lieu de l'expédition. Cette variante est plus facile à mettre en œuvre, le cachet de la poste fait foi.

ii. Système de la réception

Le contrat n'est formé qu'au moment et au lieu où l'offrant a eu connaissance de l'acceptation. Cette théorie a aussi deux variantes : l'information et la réception.

- **L'information :** il faut que l'offrant ait pris connaissance du fait que l'autre partie a accepté l'offre, c'est-à-dire que les volontés se soient réellement rencontrées : c'est la théorie de l'information. Comme ce moment est également difficile à connaître, le recours à une autre variante est proposé.

---

93 FLOUR, AUBERT et SAVAUX, *Droit civil. Les obligations*, Tome 1, Paris, PUF, 2008, n°160.

94 G. LEGIER, *op. cit.*, p. 28.

- **La réception de l'acceptation :** le contrat est formé au lieu et au moment où l'offrant reçoit la lettre d'acceptation.

iii. Système retenu

Des auteurs pensent qu'une solution uniforme ne s'impose pas et préconisent d'utiliser l'une ou l'autre des théories, en fonction des problèmes posés selon la distinction suivante.

- S'il s'agit seulement de connaître le point de départ des effets d'un contrat dont l'existence n'est pas discutée, il ne serait pas nécessaire que l'offrant ait pris connaissance de l'acceptation : la théorie de l'expédition s'appliquerait.

- Si l'existence même du contrat est en jeu, d'autres distinctions apparaîtraient, notamment :

  - Pour savoir si l'offrant peut révoquer son offre, il faudrait appliquer la théorie de la réception au motif qu'il n'est pas admissible qu'une personne soit engagée sans être informée, c'est-à-dire tant qu'elle n'a pas reçu la lettre d'acceptation (la révocation serait donc possible jusqu'à cette date).
  - Pour savoir si l'offre est caduque, il faudrait appliquer la théorie de l'expédition. En effet, pour que le contrat soit formé, il devrait suffire que le destinataire de l'offre ait accompli ce qui dépendait de lui, c'est-à-dire ait envoyé la lettre d'acceptation avant la survenance de l'évènement qui était de nature à entrainer la caducité dès l'offre.

En définitive, il faut rechercher dans l'intention des parties ou à défaut dans la nature du contrat.

La jurisprudence congolaise s'oriente vers le système de la réception[95].

Jugé en effet que quel que soit l'avancement des pourparlers poursuivis entre parties, un contrat n'est définitivement formé que lorsque l'acceptant a par lui-même ou par un mandataire qualifié, porté son consentement à la connaissance du pollicitant[96]. Dès le moment où dans une convention conclue par correspondance l'acceptation sans réserve parvient au pollicitant, l'accord est conclu définitivement et la notification ultérieure à celui-ci que la convention ne peut être conclue

---

[95] KALONGO MBIKAYI, *op. cit.*, p. 67.
[96] Sentence arbitrale, 22 janvier 1932, *Jur. Col.* 1932,-1933, p. 23.

est inopérante[97]. Une lettre modifiant une pollicitation envoyée télégraphiquement ne peut avoir cet effet que si elle parvient au destinataire avant l'arrivée chez le pollicitant de l'acceptation du destinataire au télégramme[98].

B. Formation par étapes

Les parties passent souvent par des pourparlers et des accords préalables.

1. Pourparlers

Les pourparlers sont une offre de négociation et répondent à un régime juridique[99].

D'abord, les pourparlers peuvent être rompus, puisque les parties ne sont pas encore liées par un contrat.

Ensuite, elles doivent conduire les négociations de bonne foi : chacune doit informer correctement le partenaire, et ne doit pas prolonger les négociations si elle a déjà pris la décision de les rompre.[100]

En troisième lieu, si une partie rompt sans motif légitime et brutalement les pourparlers avancés, en n'ignorant pas que son partenaire a engagé des frais, elle agit de mauvaise foi et commet une faute qui entraine sa responsabilité précontractuelle sur base de l'article 258 CCLIII sur la responsabilité délictuelle car il n'y a pas encore contrat.

Les parties, après les pourparlers, peuvent conclure un contrat ou s'en tenir à un accord préalable.

2. Accords préalables

Les accords préalables sont des accords véritables et ont une force obligatoire. Cependant, étant préalables à la conclusion du contrat, ils sont provisoires[101].

---

97 Léo, 14 mai 1929, *Jur. Col.* 1930-1931, p. 146.
98 Léo, 29 septembre 1925, *Jur. Col.* 1929, p. 84.
99 G. LEGIER, *op. cit.*, p. 29.
100 Ph. MALAURIE, L.AYNES et Ph. STOFFEL-MUNCK, *op. cit.*, n°464, p.237.
101 G. LEGIER, *op. cit.*, p. 30.

a. Accords de principes ou protocoles d'accord

Dans les protocoles d'accord, les parties se mettent d'accord sur les éléments essentiels du contrat. Elles vont poursuivre les discussions sur des bases acquises et de bonne foi la discussion. La rupture sans raison sérieuse justifie la condamnation à des dommages et intérêts (responsabilité contractuelle, puisqu'un accord a été conclu), mais non la condamnation à conclure le contrat définitif.

b. Pacte de préférence

Le pacte de préférence est la convention par laquelle une personne s'engage, pour le cas où elle se déciderait à ventre un bien, à faire d'abord une offre à l'autre partie, selon des conditions déjà déterminées ou proposées par un tiers. Le bénéficiaire dispose d'un droit de préemption (*proeemptor* : premier acheteur).

c. Promesse unilatérale de contrat

La promesse unilatérale est un contrat par laquelle une personne s'engage pendant un certain temps à conclure avec une autre un contrat à des conditions déterminées. Le bénéficiaire de la promesse a un droit d'option. C'est le cas de la promesse unilatérale de vente ou d'achat. Le bénéficiaire de la promesse lèvera l'option s'il accepte de conclure le contrat définitif.

La promesse unilatérale est un contrat unilatéral alors que l'offre est une simple manifestation unilatérale de volonté. Etant un contrat, la capacité et le consentement du promettant s'apprécient au jour de la promesse.

Souvent la promesse est assortie d'une clause de dédit, appelée clause d'indemnité pour immobilisations, destinée à compenser le préjudice subi par le promettant qui s'est engagé à ne pas vendre son bien à une autre personne pendant la durée de l'option. En vertu de cette clause, le bénéficiaire promet de verser, ou verse, dès le jour de la conclusion de la promesse, une somme d'argent qui sera conservée par le promettant, en cas de refus d'acheter[102].

---

[102] G. LEGIER, *op. cit.*, p. 29.

d. Promesse synallagmatique

La promesse synallagmatique est une convention par laquelle les deux parties s'engagent réciproquement à conclure le contrat[103]. Par exemple, la promesse synallagmatique de vente : l'une s'engage à vendre, l'autre à acheter (art. 270 CCLIII).

Elle se distingue de la promesse unilatérale où une seule partie est liée alors que dans la promesse synallagmatique, les deux parties sont liées.

Par contre, la distinction avec le contrat définitif n'est pas facile. Si le contrat définitif est consensuel, la rencontre des volontés dans la promesse suffit pour lier définitivement les parties et la réitération de leur accord dans un acte postérieur comme un acte notarié, peut être analysé comme une simple modalité d'exécution. C'est ainsi que l'article 270 CCLIII dispose que la promesse synallagmatique de vente vaut vente[104]. Au contraire, si la conclusion du contrat exige une formalité, la distinction avec le contrat définitif est plus nette : la promesse synallagmatique ne vaut pas contrat définitif, mais entraine simplement obligation d'accomplir la formalité requise.

§3. Vices de consentement

Les vices de consentement sont l'erreur (A), le dol (B), la violence (C) et la lésion (D).

A. Erreur

L'erreur doit être définie avant d'en donner le régime juridique selon ses classifications.

1. Définition

L'erreur est toute fausse représentation de la réalité qui a conduit une personne à contracter, alors qu'elle ne l'aurait pas fait si elle avait connu la réalité. L'article 10 CCLIII prévoit deux cas d'erreurs susceptibles d'entrainer la nullité du contrat : l'erreur sur la substance et l'erreur sur la personne.

---

103 G. LEGIER, *op. cit.*, p. 30.

104 Lire à ce sujet : MULUMBA KATCHY, *Droit civil. Les contrats spéciaux*, Kinshasa, CREFIDA, 2015, p. 64.

Mais la doctrine donne une autre classification des erreurs. Les auteurs opposent les erreurs, vices du consentement, à des erreurs obstacles, c'est-à-dire qui ont empêché la rencontre des volontés[105]. Il existe aussi des erreurs indifférentes[106].

2. Classification des erreurs

a. Erreurs obstacles

Ces erreurs entraînent la nullité absolue du contrat. On les subdivise en trois catégories.

- L'erreur sur la nature même du contrat (l'un croit conclure une vente, l'autre pense seulement la donation).
- L'erreur sur l'objet du contrat (l'un croit acheter une maison, l'autre pense ventre des parts de société immobilière).
- L'erreur sur la cause (à propos d'un acte unilatéral : un homme reconnaît un enfant en croyant qu'il en est le père).

b. Erreurs vice de consentement

Ces erreurs entrainent la nullité relative du contrat. Elles sont subdivisées en trois catégories.

- L'erreur sur la substance : le mot substance est interprété largement : il s'agit non seulement de la matière même dont la chose est faite (l'achat de bijoux en argent en croyant qu'ils sont en or), mais aussi de toute qualité substantielle, c'est-à-dire une qualité que les parties ont eue principalement en vue (par exemple l'achat d'une copie, en croyant qu'il s'agit du tableau d'un peintre célèbre).

- L'erreur sur la personne : cette erreur porte sur l'identité du cocontractant ou sur certaines qualités du cocontractant que l'autre partie juge déterminantes. Il peut s'agir notamment la compétence, de la solvabilité ou des qualités morales

- L'erreur de droit n'est pas une cause de nullité, en raison de l'adage « nul n'est censé ignorer la loi ». Mais selon l'opinion dominante, l'erreur de droit peut être une cause de nullité pour deux raisons : l'ignorance d'une règle de droit peut, de la même manière que

---

105 BENABENT (A), *op. cit.*, n°76; G. LEGIER, *op. cit.*, p. 32.

106 KALONGO MBIKAYI, *op. cit.*, p. 69.

l'ignorance d'un élément de fait, être à l'origine d'une erreur : sur le plan psychologique, son effet est identique. L'adage interdit à une personne d'échapper à une règle de droit en invoquant son ignorance, mais il ne constitue pas un obstacle à l'annulation du contre lorsqu'une partie a donné son consentement en méconnaissance d'une règle juridique. L'erreur de droit entraine de toute façon une erreur de fait dans la mesure où elle conduit à se tromper sur l'objet de la convention. Si cette erreur présente les caractères exigés pour justifier l'annulation du contrat, elle doit produire les mêmes effets qu'une erreur purement de fait (un héritier cède ses droit en se trompant sur l'étendue de sa part successorale, l'erreur sur le droit successoral aboutit à une erreur sur la consistance de sa part).

c. Erreurs indifférentes

Il s'agit des erreurs qui n'ont aucune incidence sur le contrat. Il en existe deux sortes. L'erreur sur une qualité non substantielle du contrat et l'erreur sur la personne dans un contrat où la considération sur la personne n'a aucune incidence.

B. Dol

La définition, les éléments constitutifs et les sanctions du dol seront examinés.

1. Définition

Le dol est une tromperie ou toute manœuvre frauduleuse, toute tromperie, toute artifice mensonger employée pour induire une personne en erreur afin qu'elle contracte. Le dol provoque l'erreur qui vicie le consentement. C'est un délit civil[107].

Le demandeur doit prouver par tout moyen les manœuvres et l'intention de tromper.

2. Eléments constitutifs

Il faut qu'une tromperie entraine une erreur. En principe, la tromperie doit émaner du cocontractant.

[107] KALONGO MBIKAYI, *op. cit.*, p. 77.

a. La tromperie

La tromperie a un élément intentionnel et un élément matériel.

L'élément intentionnel consiste à induire l'autre partie en erreur. Ainsi, une simple négligence ne suffit pas.

L'élément matériel selon l'article 16 CCLIII consiste en des manœuvres (qui peuvent aussi constituer l'infraction d'escroquerie)[108]. Jugé que le dol suppose l'existence d'une manœuvre frauduleuse destinée à tromper. Il s'agit d'une machination, d'un artifice coupable, d'une mise en scène ou simplement d'une combinaison visant à surprendre ou à tromper la confiance d'autrui, au moyen d'éléments extérieurs ou matériels de nature à rendre vraisemblables les allégations de l'auteur. Comme élément moral, le dol suppose la mauvaise foi, la malveillance ou l'intention de nuire à autrui. Le dol ne se présume pas, il doit être prouvé (art. 17 CCLIII)[109].

Ces manœuvres peuvent être :

- Un mensonge ; mais une exagération habituelle dont le public a conscience n'est pas un dol (c'est un *bonus dolus*). Exemple : une personne raisonnable ne peut pas se tromper face à certaines exagérations courantes dans la publicité ;
- Ou même d'une réticence dite dolosive[110]. La réticence dolosive est le fait de garder le silence sur une information que l'on connait et devrait communiquer. Elle constitue un dol, cause de nullité lorsqu'elle a pour dessein délibéré d'amener quelqu'un à contracter en le trompant, ce qui suppose que le contractant silencieux soit tenu à une obligation de renseignement[111].

b. La tromperie doit avoir provoqué l'erreur

- Peu importe le type d'erreur. Même une erreur indifférente, c'est-à-dire dans des cas où l'erreur ne suffirait pas pour entrainer l'annulation du contrat, elle est constitutive de dol et peut entraîner la nullité du

---

[108] G. LEGIER, *op. cit.*, p. 35.

[109] CSJ, 30 novembre 1983, cité par KATUALA KABA KASHALA, LUMBALA ILUNGA(V) et MUANZA KATUALA, *Arrêts de principe et autres principales décisions de la Cour Suprême de Justice*, Kinshasa, éditions Batena Ntambua, p. 134.

[110] KALONGO MBIKAYI, *op. cit.*, p. 77.

[111] Ph. MALAURIE, L.AYNES et Ph. STOFFEL-MUNCK, *op. cit.*, n°509, p. 259.

contrat. L'erreur provoquée doit avoir déterminé la victime à contracter : c'est le dol principal.

- Le dol peut aussi être incident c'est-à-dire celui malgré lequel la victime aurait quand même contracté, mais à des conditions plus désavantageuses. Dans ce cas, le contrat ne serait pas annulable et la victime ne pourrait réclamer que des dommages et intérêts.

- Le caractère déterminant est apprécié *in concreto* : le juge tient compte notamment de l'âge et de l'expérience de la victime.

c. Le dol doit émaner du cocontractant et non d'un tiers

Le dol ne doit émaner que d'une partie au contrat. C'est la différence avec la violence. Néanmoins, le dol du tiers est toutefois cause d'annulation dans certains cas[112] :

- Lorsque l'acte est unilatéral : dans ce cas, il n'y a pas de cocontractant, et donc pas de risque d'imposer l'annulation du contrat à une partie innocente ; de plus, si on n'admettait pas l'annulation pour dol du tiers, cette sanction ne pourrait jamais s'appliquer à un acte unilatéral ;
- En matière de donation, car le consentement du donateur qui s'oblige sans contrepartie doit être entièrement libre ;
- Si le cocontractant est complice du tiers, mais, dans ce cas, le dol émane aussi de ce cocontractant ;
- Lorsque le dol émane du représentant du cocontractant puisque le représentant n'est pas un véritable tiers.

3. Sanctions

Le dol a pour sanction la nullité relative du contrat. Cette nullité est demandée par la victime. En outre, la sanction peut être aussi la condamnation de l'auteur du dol à des dommages et intérêts, puisqu'il a commis une faute (art. 258 CCLIII). Si la victime préfère que le contrat subsiste, elle peut limiter sa demande à des dommages et intérêts sur base de l'article 258 CCLIII sur la responsabilité délictuelle.

C. Violence

La définition, les éléments constitutifs et la sanction de la violence seront examinés.

---

112 G. LEGIER, *op. cit.*, p. 35.

1. Définition

La violence est la contrainte exercée sur la volonté d'une personne pour l'amener à contracter. Comme le dol, elle est constitutive d'un délit civil. C'est plus précisément par crainte qu'elle inspire que le consentement est vicié. La violence est soit morale, soit physique et elle entraîne une absence de consentement[113]. Il faut noter que le consentement a lieu mais à la suite d'une coercition (*coactus voluit sed voluit* ». C'est un consentement forcé[114].

2. Eléments constitutifs

- D'abord la violence doit être déterminante, c'est-à-dire suffisamment grande pour faire impression sur une personne raisonnable et l'inciter à contracter. L'article 12 al. 1 CCLIII, parle de la crainte d'exposer sa personne ou sa fortune à un mal considérable[115]. L'appréciation de la gravité s'effectue en tenant compte des circonstances (âge, sexe, condition des personnes, art. 12 al. 2 CCLIII). La violence est cause d'annulation, non seulement lorsqu'elle est employée directement contre la personne du contractant, mais encore lorsqu'elle est employée indirectement contre son conjoint, l'un de ses descendants, ou ascendants (art. 13 CCLIII).La victime de la violence est ordinairement une personne physique, mais ça peut être aussi une personne morale (dont le consentement est exprimé par des représentants, personnes physiques vis-à-vis desquelles la menace peut avoir effet).La crainte doit exister au moment de la conclusion du contrat. C'est un « mal présent », dispose l'art. 12, al. 1 CCLIII, une menace dont la réalisation est à échéance relativement lointaine n'est pas prise en compte.

- La violence doit ensuite être injuste et illégitime, c'est-à-dire que son auteur recourt à une voie de fait. La menace d'utiliser une voie de droit (la menace d'un procès par un créancier qui réclame son dû) est légitime, mais s'il y a abus dans l'usage du droit, la menace devient illégitime (un créancier veut se faire consentir plus que ce à quoi il a droit). De même, est légitime la simple crainte révérencielle envers un ascendant, puisqu'elle est inspirée par le respect, mais encore faut-il

113 G. LEGIER, *op. cit.*, p. 36.
114 KALONGO MBIKAYI, *op. cit.*, p. 79.
115 G. LEGIER, *op. cit.*, p. 36.

qu'elle ne soit pas accompagnée d'une véritable violence (art. 14 CCLIII).

- La violence peut enfin émaner du cocontractant ou d'un tiers. C'est la différence avec le dol : elle ne peut pas s'expliquer d'un point de vue psychologique, puisque le dol, comme la violence d'un tiers, porte atteinte à l'intégrité du consentement de la victime. La différence s'explique par le fait que le trouble provoqué par la violence est plus grave. En principe, elle doit émaner d'une personne, mais parfois la violence découlant d'évènements exploités par le cocontractant est retenue comme une cause d'annulation par la jurisprudence. C'est le cas de contrats conclus sous l'emprise de la nécessité, (le capitaine d'un navire en perdition promet de payer la somme exorbitante qu'exige quelqu'un pour lui prêter assistance).

D. Lésion

La lésion a été introduite dans le code civil, livre III en 1959. Ce texte détermine le champ d'application quant aux personnes et aux contrats concernés. Il en est de même des conditions d'application et de la sanction.

1. Définition

La lésion consiste dans le préjudice pécuniaire résultant pour l'une des parties contractantes, de la disproportion entre l'avantage qu'elle a obtenu et celui qu'il a conféré à son cocontractant. Ce déséquilibre économique sera donc sanctionné[116]. On n'envisage la lésion que du jour de la formation du contrat. Un déséquilibre qui apparait après la formation du contrat de longue durée pose le problème différent de la révision du contrat[117].

2. Base légale

La lésion comme vice de consentement n'a pas été prévue initialement dans le code civil, livre III par le décret du 30 juillet 1888. C'est plus tard, par décret du 29 août 1959 que le législateur a introduit dans le titre 1er du livre III du code civil, un chapitre IX bis intitulé « De la lésion » et constitué par l'article 131 bis CCLIII.

---

116 Vigneron (R), « *La lésion en droit civil congolais. Essai d'interprétation du décret du 29 août 1959* », *RJC*, 1965.

117 BENABENT (A), *op. cit.*, n°166.

Cet article dispose :

« *Sans préjudice de l'application des dispositions protectrices des incapables ou relatives à la validité des conventions, si, par une opération de crédit, d'un contrat de prêt ou de tout autre contrat indiquant une remise de valeur mobilière, quelle que soit la forme apparente du contrat, le créancier abusant des besoins, des faiblesses, des passions ou de l'ignorance du débiteur, s'est fait promettre pour lui-même ou pour autrui un intérêt ou d'autres avantages excédant manifestement l'intérêt normal, le juge peut, sur la demande du débiteur, réduire ses obligations à l'intérêt normal* ».

« *La réduction s'applique aux paiements effectués par le débiteur, à condition que la demande soit intentée dans les trois ans à dater du jour du paiement* ».

Il y a lieu de noter que cet article 131 bis a été pris à l'occasion de l'introduction de l'article 96 bis dans le code pénal, livre II sur l'infraction d'usure. L'usure est un prêt effectué à un taux excédant le taux légal[118].

3. Contrats soumis à l'article 131 bis

La lésion ne se conçoit que dans les contrats à titre onéreux car dans les contrats de bienfaisance, il n'y a pas par définition, avantage que d'un seul côté[119]. De même, la lésion ne se conçoit pas dans le contrat aléatoire car « l'aléa chasse la lésion »[120]. Il s'agit des contrats spécifiés à l'article 131 bis CCLIII :

- **Opération de crédit** : il s'agit des opérations telles l'escompte, l'ouverture de crédit, le report, le compte courant et la vente à tempérament.
- **Contrat de prêt :** ce contrat est réglementé aux articles 447 et suivants du code civil, livre III. Mais la lésion ne concerne que le prêt consenti à titre onéreux et pas le prêt à titre gratuit.
- **Contrat indiquant une remise de valeur mobilière**

Par valeur mobilière, il faut entendre le meuble incorporel tel que défini à l'article 4 de la loi du 20 juillet 1973, les droits réels immobiliers autres que la propriété et les créances mobilières (les titres au porteur et les billets de banque).

---

118 MULUMBA KATCHY, *op. cit.*, p. 161.
119 KALONGO MBIKAYI, *op. cit.*, p. 85.
120 BENABENT (A), *op. cit.*, n°172.

Par contrat indiquant, il faut entendre tant les contrats réels que les contrats translatifs bilatéralement que sont : les contrats réels à titre onéreux, les contrats de vente de meuble corporel ou incorporel, mobilière ou immobilière, le contrat d'échange s'il porte une valeur mobilière, le partage sur une valeur mobilière et le contrat de société.

4. Conditions d'application de l'article 131 bis

L'article 131 bis prévoit une condition objective et une condition subjective. Ces deux conditions sont cumulatives.

a. Condition objective

La condition objective consiste dans le fait que les avantages procurés au cocontractant ou à un tiers en faveur duquel celui-ci aurait stipulé doivent excéder l'intérêt normal.

Cela suppose une double évaluation :

- les avantages promis qu'il faut confronter avec ceux de l'intérêt normal et qui peuvent varier selon les circonstances ;
- l'excès des avantages stipulé sur les avantages jugés normaux doit être manifeste. Le juge a donc un pouvoir d'appréciation très large en se basant sur le prix du marché.

b. Condition subjective

Les avantages doivent être soutirés en abusant :

- soit des besoins du débiteur dans les cas de besoins urgents d'une impérieuse nécessité ;
- soit des faiblesses et des passions : le débiteur doit être dans état de manque d'énergie ou de force morale nécessaire pour résister à une passion ou à un désir ;
- soit de l'ignorance du débiteur : le débiteur doit être dans un défaut d'instruction ou d'inexpérience pour comprendre la portée exacte du contrat. Le terme abusé implique la mauvaise foi dans le chef du créancier.

Jugé que l'usure résulte de l'abus de faiblesses, des passions, des besoins ou de l'ignorance du débiteur qui, en raison d'une opération de crédit, d'un contrat de prêt ou de tout autre contrat indiquant une remise de valeur mobilière quelque soit la forme apparente du contrat, promet au prêteur ou à autrui un intérêt ou d'autres avantages excédant manifestement l'intérêt normal[121]. De même, celui qui invoque une lésion doit apporter la preuve qu'il a subi une contrainte ou commis une erreur, ou que son contractant a employé des manœuvres dolosives[122].

5. Sanctions

a. Sanction

La sanction de la lésion est la réduction des obligations à l'intérêt normal selon l'article 131 bis, alinéa 2 CCLIII. Jugé que le taux d'intérêt conventionnel est déterminé par les parties. Mais le principe de l'autonomie de la volonté n'est pas absolu. L'intérêt qui va à l'encontre de la règle des bonnes mœurs doit être réduit par le juge à un intérêt conforme à la morale[123].

b. Action en réduction

La réduction peut être demandée soit par voie d'action soit par voie d'exception.

c. Extinction

La demande en réduction doit être intentée dans les trois ans à dater du jour du paiement. Après ce délai, il y a extinction de l'action en réduction.

Section II. Capacité

La capacité doit être définie (§1) avant d'en donner les sortes (§2) et le régime (§3).

§1. Définition

La capacité est l'aptitude d'une personne à acquérir des droits et à les exercer[124]. La capacité est le principe et l'incapacité est l'exception. C'est ce qui ressort de l'article 23 CCLIII qui dispose que « *Toute personne peut contracter, si elle n'en a pas été déclarée incapable par la loi* ».

---

121 CSJ, RC 509, 10 décembre 1986, *inédit.*

122 L'shi, 10 décembre 1968, *RJC* 1969, p. 55.

123 Elis, 17 décembre 1932, *RJCB* 1933, p. 20.

124 G. LEGIER, *op. cit.*, p. 39.

§2. Sortes d'incapacités

Les incapacités sont d'une part générales et spéciales (A) et d'autre part de jouissance et d'exercice (B). [125]

A. Incapacité générale et incapacité spéciale

L'incapacité générale porte sur tous les actes. Les incapacités spéciales sont limitées à certains actes et à certaines personnes.

B. Incapacité de jouissance et incapacité d'exercice

L'incapacité de jouissance est l'inaptitude à être sujet de droits, à être titulaire de droits, à en jouir[126]. Elle est plus radicale que l'incapacité d'exercice car elle prive l'individu du principe même d'être titulaire des droits ou du droit envisagé[127].

L'incapacité d'exercice suppose la capacité de jouissance mais dont on est privé d'exercer[128]. Elle empêche l'incapable d'exercer seul ses droits. Il ne peur les exercer que par l'intermédiaire d'un représentant (cas du mineur représenté par ses parents) ou assisté d'une autre personne (cas du curateur qui assiste le prodigue).

§3. Régime d'incapacités d'exercice

L'article 215 du code de la famille dispose que sont incapables aux termes de la loi : les mineurs, les majeurs aliénés interdits, les majeurs faibles d'esprit, prodigues, affaiblis par l'âge ou infirmes placés sous curatelle[129].

Ces personnes énumérées à l'article 215 du code de la famille sont sous les régimes de la représentation (A) et de l'assistance (B). Il faut noter que la loi n°16/008 du 15 juillet 2016 modifiant et complétant le code de la famille a supprimé l'article 448 du code de la famille qui

---

[125] Lire à ce sujet : AMISI HERADY, *Droit civil, Volume I, Les personnes, les incapacités, la famille*, Kinshasa, Editions de l'Université Protestante au Congo, 4ème édition 2016, pp. 197 et s ; G. KABWA KABWE, *Droit civil congolais. Les personnes, les incapacités, Tome I*, Kinshasa, Publications des Facultés de Droit des Universités du Congo, 2016, pp. 125 et s.

[126] AMISI HERADY, *op. cit.*, p. 199, n°182.

[127] KALONGO MBIKAYI, *op. cit.*, p. 99.

[128] G. KABWA KABWE, *op. cit.*, p. 129, n°273.

[129] Loi n° 87-010 du 1er août 1987 portant code de la famille, *J.O.*, n° spécial août 1987.

limitait la capacité de la femme mariée par le régime de l'autorisation. A ce jour, l'autorisation maritale est supprimée[130].

A. Régime de la représentation

1. Définition

La représentation est la substitution d'une personne capable à une personne incapable dans l'exercice du droit. Le représentant agit en lieu et place de l'incapable. Mais les effets juridiques de l'acte concernent le représenté et non le représentant.

2. Personnes concernées

a. Mineur d'âge

Selon l'article 219 du code de la famille, le mineur d'âge est l'individu de l'un ou l'autre sexe qui n'a pas encore l'âge de dix-huit ans accomplis. La loi portant protection de l'enfant définit aussi l'enfant. Elle désigne le mineur par le terme « enfant ». L'enfant est selon l'article 2 point 1 toute personne âgée de moins de dix-huit ans[131]. Ainsi, la représentation du mineur dans la formation du contrat est assurée par les personnes qui exercent sur lui l'autorité parentale ou tutélaire selon l'article 221 du code de la famille. Il s'agit donc de ses père et mère (art. 317 du code de la famille) ou du tuteur s'il n'a ni père ni mère pouvant exercer sur lui l'autorité parentale (art. 222 du code de la famille).

b. Personnes placées sous l'interdiction

Il s'agit des aliénés mentaux que l'article 300 du code de la famille définit comme les personnes qui sont dans un état habituel de démence ou d'imbécillité même lorsque cet état présente des intervalles lucides.

La représentation de l'aliéné interdit dans la formation du contrat est assurée par le tuteur nommé par le tribunal (art. 303 du code de la famille). Il est à noter que l'interdiction est judiciaire (article 304 alinéa 2 du code de la famille).

Néanmoins, par dérogation, les actes passés par l'aliéné non interdit ou avant son interdiction sont annulables, pour autant que la démence

---

[130] Loi n°16/008 du 15 juillet 2016 modifiant la loi n°87-010 du 1er août 1987 portant code de la famille.

[131] Loi n°09/001 du 10 janvier 2009 portant protection de l'enfant.

ou l'imbécilité existât notoirement au moment où ces actes ont été passés (article 306 du code de la famille).

3. Sanctions des actes irréguliers

Selon les articles 294 et 305 du code de la famille, les actes accomplis par les incapables ci-dessus irrégulièrement sont nuls de nullité relative. Cette nullité ne peut être demandée que par les père et mère, le tuteur, le curateur, les héritiers du mineur pour le mineur (art. 295 du code de la famille) ou par le tuteur de l'interdit ou l'interdit lui-même (art. 305 du code de la famille).

L'action en nullité se prescrit par dix ans à dater de la majorité du mineur (art. 295 du code de la famille) ou à dater de la main levée de l'interdiction pour l'interdit (art. 305 du code de la famille).

B. Régime de l'assistance

1. Notion

Dans le régime d'assistance, l'incapable passe l'acte mais en présence de l'assistant qui a un pouvoir de veto.

2. Personnes concernées

Les personnes concernées sont énumérées à l'article 310 du code la famille, placées sous curatelle c'est-à-dire placées sous l'assistance d'un curateur (art. 310 du code la famille). Ce sont des majeurs incapables. Il faut une décision judiciaire car le curateur est nommé par le tribunal de paix (art. 312 du code de la famille).

a. Faibles d'esprit

Les faibles d'esprit sont des personnes, qui sans être atteintes d'une altération de la faculté mentale, n'ont pas assez d'intelligence ou de lucidité pour une bonne gestion de leurs affaires[132].

b. Prodigues

Les prodigues sont des personnes caractérisées par une tendance à dépenser exagérément en dilapidant leurs revenus. Il y a dilapidation des

---

132 AMISI HERADY, *op. cit.*, p. 294, n°266.

revenus et absence de justification raisonnable des dépenses excessives[133].

c. Affaiblis par l'âge et infirmes

Les affaiblis par l'âge sont des vieillards dont l'âge a altéré les facultés mentales[134]. Tandis que les infirmes sont ceux qui ont subi une altération des facultés corporelles si cette altération est susceptible d'empêcher l'expression de la volonté.[135]

3. Sanctions des actes irréguliers

Selon l'article 314 du code de la famille, le régime de nullité des actes accomplis irrégulièrement par les personnes placées sous curatelle est le même que pour l'interdit. Il s'agira donc de la nullité relative. Cette nullité ne peut être demandée que par le curateur ou la personne placée sous curatelle elle-même.

L'action en nullité se prescrira ainsi par dix ans à dater de la main levée de l'interdiction (art. 305 et 314 du code de la famille)

Section III. Objet

La notion de l'objet est à préciser (§1) tout en notant qu'il doit exister et être déterminer (§2).

§1. Notion de l'objet

L'objet de l'obligation est, d'une part, la prestation due (exemple payer le prix, livrer la chose et, d'autre part, la chose même sur laquelle porte le contrat[136] (art. 28 CCLIII). La prestation peut consister à donner, à faire ou à ne pas faire quelque chose. Ainsi, dans la vente, l'objet ce n'est pas tant la chose vendue que les prestations engendrées par la vente que sont le transfert de la propriété et la livraison de la chose, d'une part et le paiement du prix, d'autre part[137].

§2. Caractères de l'objet

L'objet doit exister (A), être déterminé (B) et être licite (C).

133AMISI HERADY, *op. cit.*, p. 294, n°267.
134 AMISI HERADY, *op. cit.*, p. 296, n°268.
135 AMISI HERADY, *op. cit.*, p. 294, n° 266. AMISI HERADY, *op. cit.*, p. 297 269.
136 G. LEGIER, *op. cit.*, p. 41.
137 KALONGO MBIKAYI, *op. cit.*, p. 102.

A. Existence de l'objet

La prestation doit exister et être possible. Ainsi, le contrat est nul lorsque, au moment de la conclusion :

- la chose n'existe pas ;
- la chose n'existe plus (vente de la chose qui a péri, art. 278 CCLIII),
- le cocontractant n'a pas de droit sur la chose qu'il veut céder (nullité de la vente de la chose d'autrui, article 276 CCLIII) ;
- il y a impossibilité absolue d'exécuter la prestation à moins que le débiteur demande à un tiers de l'exécuter à sa place[138]. Jugé qu'il est en principe admis qu'est nulle comme vente de la chose d'autrui, la vente de biens successoraux à laquelle fait procéder seul un des héritiers[139].

Il faut noter que la chose future peut être l'objet d'une obligation (art. 29 CCLIII). C'est le cas de la vente d'un immeuble à construire.

B. Détermination de l'objet

La détermination de la chose concerne le corps certain, la chose de genre et la qualité de la chose[140].

1. Corps certain

Le corps certain doit être déterminée ou du moins déterminable, sous peine de nullité du contrat. S'il s'agit d'un corps certain, sa détermination ne pose pas de problème particulier, il suffit de le désigner.

Jugé qu'une obligation n'est nulle pour manque d'un objet certain formant la matière de l'engagement que s'il y a incertitude ne permettant pas d'établir à quoi les parties se sont engagées[141].

2. Chose de genre

S'il s'agit d'une chose de genre, il faut que le genre soit déterminé et que sa quantité soit au moins déterminable. C'est le principe qu'énonce l'art. 28, al. 2 CCLIII : « *la quantité de la chose peut être incertaine, pourvu qu'elle puisse être déterminée* ».

---

138 G. LEGIER, *op. cit.*, p. 42.
139 CSJ, 27 juin 1984, *RJZ* 1978, p. 88.
140 G. LEGIER, *op. cit.*, p. 42.
141 Elis, 22 janvier 1916, *Jur. Col.*, p. 296.

3. Qualité de la chose

Mais la qualité ne doit pas nécessairement être déterminée, et si elle ne l'est pas, le débiteur devra livrer une chose de qualité moyenne (art. 144 CCLIII).

C. Licéité de l'objet

La licéité de l'objet a deux aspects. D'une part, l'objet doit être dans le commerce (art. 27 CCLIII). Ne sont pas dans le commerce : les choses dangereuses (drogues), les choses non susceptibles d'appropriation de par leur nature, car elles appartiennent à tous, (l'air, la mer), les biens du domaine public de l'Etat (art. 9 et 10 loi du 20 juillet 1973)[142]. D'autre part, l'objet ne doit porter atteinte ni à l'ordre public ni aux bonnes mœurs.

La sanction de manque d'un de ces caractères est la nullité relative.

Jugé que la sanction pouvant résulter du fait que l'objet d'un contrat n'est pas déterminé et est indéterminable ou qu'il n'est pas possible est la nullité relative ; elle ne peut être appliquée d'office par le juge[143].

Section IV. La cause

L'article 8 CCLIII subordonne la validité du contrat à l'existence (§1) et à la licéité de la cause de l'obligation (§2).

§1. Existence de la cause

La notion de cause une fois précisée (A), il faut analyser sa licéité (B).

A. Notion de la cause

La cause est la quatrième condition de formation du contrat énoncée à l'article 8 CCLIII. La cause a fait l'objet de controverse entre les causalistes et les anti-causalistes.

Selon les causalistes, la cause est le but immédiat et déterminant en vue duquel le débiteur s'engage envers le créancier[144]. Ainsi, la cause est différente du consentement qui est la volonté de s'engager alors que la

---

142 KALONGO MBIKAYI, *op. cit.*, p. 106 ; G. LEGIER, *op. cit.*, p. 46.
143 Léo, 16 octobre 1956, *RJCB* 1957, p. 89.
144 KALONGO MBIKAYI, *op. cit.*, p. 109.

cause est le but poursuivi par la volonté qui s'engage : l'objet c'est ce à quoi in s'engage, la cause, ce pourquoi on s'engage.

Selon les anti-causalistes, la cause n'est pas nécessaire comme condition de formation du contrat car le consentement, l'objet et la capacité suffisent.

Cependant, les anti-causalistes ne sont pas parvenus à faire disparaître la notion de cause. Ils ont permis d'aboutir à la conception moderne qui est une conception dualiste de la cause qui inclut les éléments objectifs et les éléments subjectifs de la cause. Ainsi, les éléments subjectifs entrent en ligne de compte dans la recherche des motifs poursuivis pour apprécier le caractère illicite ou immorale de l'obligation. Tandis que les éléments objectifs servent à protéger l'équilibre, l'équivalence voulue entre parties[145].

La cause est aussi différente des motifs. Les motifs sont les mobiles lointains, indirects de l'obligation alors que la cause est le mobile immédiat et direct. Les motifs et mobiles sont variables tandis que la cause est toujours la même dans les contrats de même espèce[146]. C'est dire que la cause varie selon le type de contrat[147].

B. Identité de la cause dans les contrats de même espèce

1. Contrat synallagmatique et contrat unilatéral

Dans les contrats synallagmatiques, la cause de l'obligation de chaque partie réside dans l'existence de l'obligation de l'autre. Ainsi, la cause de l'obligation du vendeur de livrer la chose est l'obligation incombant à l'acquéreur de payer le prix. La cause traduit l'interdépendance des obligations.

Dans les contrats unilatéraux, il n'y a pas de contrepartie attendue. La cause réside alors dans une opération antérieure : c'est le fait d'avoir reçu déjà quelque chose[148].

Dans le cas particulier d'un contrat unilatéral réel comme le prêt ou le dépôt, c'est la remise antérieure de la chose par le prêteur ou le déposant. Cette remise est la cause de l'obligation de restituer, incombant à

145 KALONGO MBIKAYI, *op. cit.*, p. 112.
146 KALONGO MBIKAYI, *op. cit.* p. 110.
147 G. LEGIER, *op. cit.*, p. 51.
148 KALONGO MBIKAYI, *op. cit.*, p. 110.

l'emprunteur ou au dépositaire. Ainsi, la cause de l'obligation de l'emprunteur de restituer le prêt est le fait d'avoir reçu la chose prêtée.

2. Contrat aléatoire

Dans les contrats aléatoires, l'existence ou l'étendue de la contreprestation est incertaine. La cause est l'existence de l'aléa à condition qu'il soit réel. C'est le cas du contrat d'assurance[149].

3. Contrat à titre onéreux et contrat à titre gratuit

Dans le contrat à titre gratuit, la cause de l'obligation est l'intention libérale (*animus donandi)*. Tandis que dans le contrat à titre onéreux, l'obligation de chaque partie a pour cause, d'une façon générale, l'avantage qu'elle espère obtenir du contractant[150].

C. Effets juridiques de la cause

L'obligation peut avoir une fausse cause ou manquer de cause. Des sanctions sont prévues dans ces cas[151].

1. Absence de cause

L'absence de cause varie selon chaque type de contrat. Dans les contrats synallagmatiques, c'est l'absence de contre-prestation réelle. Une contrepartie dérisoire équivaut à une absence de contre-prestation. Dans les contrats unilatéraux, c'est l'absence de la remise antérieure de la chose. Dans les contrats à titre gratuit, c'est l'absence de l'intention libérale.

L'absence de la cause lors de la formation du contrat entraîne la nullité absolue du contrat en vertu de l'article 30 CCLIII.

2. Fausse cause

La fausse cause se retrouve dans deux cas : la cause erronée et la cause simulée[152].

---

149 BENABENT (A), *op. cit.*, n°182.
150 KALONGO MBIKAYI, *op. cit.*, p. 110.
151 G. LEGIER, *op. cit.*, p. 52
152 KALONGO MBIKAYI, *op. cit.*, p. 115.

a. Cause erronée

C'est le cas où un débiteur croyait en l'existence d'une cause qui n'existait pas. Cela ramène à l'hypothèse d'absence de cause. C'est le fait d'assurer une chose dans l'ignorance qu'elle l'est déjà. La fausse cause équivaut à l'erreur sur la cause et constitue un vice de consentement. C'est le cas d'une personne qui souscrit une reconnaissance de dette au profit d'une autre en croyant, qu'elle lui devait quelque chose ; d'une personne qui assure une maison contre l'incendie en ignorant qu'elle a déjà incendié.

b. Cause simulée

Dans la cause simulée, les parties donnent à leur contrat une cause autre que la cause véritable. On déguise une donation sous l'apparence d'une vente. La simulation étant admise à l'article 203 CCLIII, la cause simulée n'est pas une cause d'annulation du contrat.

c. Cas du billet non causé

L'article 31 CCLIII règlemente l'hypothèse du billet non causé en disposant que « *la convention n'est pas moins valable, quoique la cause n'en soit pas exprimée* ». C'est l'exemple d'un contrat qui n'exprime pas la cause de l'obligation.

D. Preuve de la cause

La preuve de la cause diffère selon que la cause est non exprimée ou exprimée[153].

1. Cause non exprimée ou billet non causé

C'est l'hypothèse du billet non causé qui évoque le cas d'un contrat où la cause existe bel et bien mais les parties ne l'ont pas mentionnée. Selon l'article 31 CCLIII, « *la convention n'est pas moins valable quoique la cause n'en soit pas exprimée* ».

En cas de billet non causé, l'existence de la cause n'a pas à être prouvée, elle est présumée. En conséquence, si le débiteur prétend qu'il s'est engagé en l'absence de cause ou sur une fausse cause, il doit le prouver par tout moyen. L'article 31 CCLIII a pour rôle de donner la valeur à un contrat qui n'exprime pas la cause et lui donner une valeur

153 G. LEGIER, *op. cit.*, p. 52

probante. Le créancier qui produit un billet non causé est donc dispensé de la preuve de la cause.

Il faut signaler que le billet non causé n'est pas un acte abstrait. Le billet non causé a une cause tandis que l'acte abstrait n'a pas de cause et est nul[154].

2. Cause exprimée

En cas de cause exprimée, les parties peuvent démontrer que la cause exprimée ne correspond pas à la réalité soit que la cause n'existe pas soit que la cause exprimée n'est pas la véritable cause.

En principe, la preuve contraire à ce qui est exprimée dans un écrit doit se faire par écrit.

§2. Licéité de la cause : cas de la cause illicite ou immorale

L'obligation est nulle lorsque la cause est illicite ou immorale (art. 30 et 32 CCLIII) et la notion de la licéité doit être précisée (A). Certaines règles président à la preuve de la cause illicite ou immorale (B) et des sanctions sont prévues en cas de cause illicite ou immorale (C).

A. Notion

Selon l'article 30 CCLIII, l'obligation sur une cause illicite ne peut avoir aucun effet. La cause est illicite lorsque les parties ont voulu frauder une loi impérative ou l'ordre public[155].

L'ordre public est l'ensemble des lois et des principes auxquels la volonté privée ne peut déroger. Le caractère d'ordre public peut être expressément déclaré dans la loi elle-même ou résulter de ses termes (la loi prohibe formellement telle clause ou convention). Il peut aussi être implicite c'est-à-dire que les juges attribuent à un texte un caractère d'ordre public lorsqu'ils estiment que son respect est indispensable pour assurer la protection d'intérêts supérieurs.

La cause est immorale lorsqu'elle porte atteinte aux bonnes mœurs (vente d'une maison de tolérance). Les bonnes mœurs sont des normes de moralité publique, telle qu'elle est entendue à une époque donnée.

---

154 KALONGO MBIKAYI, *op. cit.*, p. 116.
155 G. LEGIER, *op. cit.*, p. 53.

Elles concernent surtout la morale sexuelle, le respect de la personne humaine et de sa liberté. Les bonnes mœurs évoluent dans le temps.

La jurisprudence fait application des cas de cause illicite et immorale : le trafic d'influence[156], la spéculation sur le change et le trafic de devises[157].

B. Preuve de l'illicéité ou de l'immoralité

La licéité est présumée. Il appartient donc au débiteur qui veut se libérer de prouver l'illicéité ou l'immoralité.

La preuve se fait par tout moyen[158].

C. Sanction de la cause illicite ou immorale

La sanction en cas de cause illicite ou immorale est la nullité absolue du contrat selon l'article 30 CCLIII[159].

Mais cette nullité peut être paralysée par deux adages[160].

- *Nemo auditur propriam suam turpitudinem allegans* : nul ne peut être entendu invoquant sa propre turpitude. On refuse au demandeur de solliciter en justice l'annulation du contrat car le juge doit chasser du prétoire une partie à un acte illicite ou immoral. Ainsi, le contrat immoral ne sera pas annulé. Jugé que la nullité des conventions qui ont pour objet de frauder une loi d'ordre public est absolue et que celui qui a poursuivi un but immoral ou illicite ne peut jamais en demander l'exécution en justice ; soit se prévaloir d'un effet quelconque de la convention à l'égard de l'autre partie[161].

- *In pari causa turpitudinis cessat repetitio* : en cas de turpitude, il n'y a pas de répétition, la partie ne pourra pas obtenir la restitution de ce qu'il a payé. Selon donc cet adage, en cas d'égale immoralité des deux parties à un contrat, l'action en répétition est irrecevable[162]. Jugé qu'une partie qui demande l'annulation d'un contrat auquel elle a délibérément

---

156 Léo, 18 novembre 1930, *RJCB* 1931, p. 335.
157 Elis, 2 février 1924, *Jur. Kat, II*, p. 83.
158 G. LEGIER, *op. cit.*, p. 54.
159 KALONGO MBIKAYI, *op. cit*, p. 119.
160 Ph. LE TOURNEAU, *La règle « Nemo auditur »*, Paris, LGDJ, 1970.
161 Elis, 17 septembre 1938, *RJCB* 1955, p. 208.
162 A. BENABENT, *op. cit*, n°233.

participé pour cause illicite n'est pas fondé à introduire une demande reconventionnelle en paiement des dommages-intérêts[163].

Dans les deux hypothèses, il appartient au juge d'examiner chaque cas d'espèce pour décider des sanctions des conditions de formation du contrat.

---

163 L'shi, 13 août 1971, *RJZ* 1972, p. 64.

CHAPITRE 2
LES SANCTIONS DES CONDITIONS DE FORMATION DES CONTRATS : THEORIE DES NULLITES

En cas de non-respect des règles relatives à la formation des contrats, la sanction est la nullité (section I) qui est soit relative soit absolue (section II). Le contrat une fois annulé, cette nullité produit des effets (section III).

Section I. Nullité du contrat

La notion de la nullité doit être donnée (§1) avant de la distinguer avec d'autres notions (§2).

§1. Notion

La nullité est l'anéantissement rétroactif du contrat qui sanctionne une imperfection concomitante à sa formation[164]. Il s'agit donc d'une sanction juridique si les conditions de formation du contrat (art. 8 CCLIII) ne sont pas réunies.

La nullité est judiciaire, la nullité n'est prononcée que par un tribunal. Avant cela, le contrat est seulement annulable[165].

Devant le tribunal, la partie qui invoque la nullité peut agir par voie d'action soit par voie d'exception.

§2. Distinction avec les notions voisines

La nullité est différente de l'inopposabilité (A), de la caducité (B) et de la résolution (C), de la révocation (D) et de la résiliation(E).

A. Inopposabilité

L'inopposabilité est l'inefficacité à l'égard des tiers d'un contrat valablement conclu, notamment parce que soit les formalités de publicité ou d'opposabilité n'ont pas été accomplies (vente d'immeuble) soit les parties ont caché leur accord réel derrière un acte apparent (simulation) soit elles ont conclu leur accord en fraude des droits des tiers. Alors que la nullité suppose un contrat non valable.

---

164 BENABENT (A), *op. cit.*, n°25, G. LEGIER, *op. cit.*, p. 62.
165 KALONGO MBIKAYI, *op. cit.*, p. 123.

L'imperfection de l'acte inopposable n'affecte pas les relations entre parties, seuls les tiers peuvent l'ignorer[166].

B. Caducité

Il y a caducité lorsqu'il y a un évènement postérieur et indépendant de la volonté des parties qui entraîne l'anéantissement d'un contrat valablement conclu. C'est le cas d'un legs (testament) qui devient caduc si la chose sur laquelle il porte a disparu du vivant du testateur.

C. Résolution

La résolution est l'anéantissement avec effet rétroactif d'un contrat synallagmatique valablement conclu si une partie n'exécute pas ses obligations. Ainsi, l'autre partie peut en demander la résolution judiciaire (art. 82 CCLIII).

D. Révocation

C'est l'acte par lequel les deux parties mettent volontairement fin au contrat (art. 33 al. 2 CCLIII).

E. Résiliation unilatérale

Il y a résiliation unilatérale lorsqu'une partie met fin à un contrat à exécution successive.

Section II. Catégories de nullités

La nullité est soit absolue soit relative (§1) et les deux, différentes l'une de l'autre (§2).

§1. Critères de distinction entre nullité absolue et nullité relative

Il existe deux catégories de nullité : la nullité absolue et la nullité relative. Deux critères ont été retenus pour définir les deux catégories[167].

A. Critère de gravité du vice

Il y a nullité absolue quand le contrat est atteint d'un vice grave qui affecte même son existence, quand il manque un élément essentiel de sa validité : absence de consentement ou de cause.

---

166 Ph. MALAURIE, L.AYNES et Ph. STOFFEL-MUNCK, *op. cit.*, n°669, p. 335.
167 G. LEGIER, *op. cit.*, p. 63.

Il y a nullité relative lorsque le contrat est seulement atteint d'un vice (erreur, dol).

Ce critère a été critiqué car il y a des vices qui entrainent la nullité absolue du contrat telle l'erreur-obstacle.

B. Critère du but de la règle violée ou la nature des intérêts en jeu

Si la règle violée avait pour but la protection d'un intérêt général, la nullité est absolue. Mais si le but était la protection d'un intérêt privé, notamment de l'un des contractants, la nullité est relative[168].

Mais des fois dans la jurisprudence, certaines règles d'ordre public sont sanctionnées de nullité relative telles les vices de consentement, les incapacités d'exercice (art. 294 et 314 du code de la famille). D'autre règles de protection privée sont sanctionnées de nullité absolue car relevant de la prise en compte de l'intérêt général telle la cause immorale, l'objet immoral.

§2. Intérêt de la distinction entre nullité absolue et nullité relative

Cette distinction s'opère quant aux personnes pouvant agir en nullité (A), quant à la possibilité de confirmation de la nullité (B) et quant aux délais de prescription[169] (C).

A. Quant aux personnes pouvant agir en nullité

Les personnes pouvant agir en nullité diffèrent selon qu'elles invoquent la nullité absolue ou la nullité relative.

1. Nullité relative

Seule peut agir en nullité la personne que la loi a voulu protéger telle la victime de l'erreur vice de consentement ou du dol. Jugé que la nullité de la vente de la chose d'autrui étant relative, une partie étrangère à la vente litigeuse n'a pas qualité pour en demander l'annulation[170].

Jugé aussi que la nullité de la vente de la chose d'autrui, en l'occurrence, l'immeuble litigeuse, n'est pas absolue, ne peut être

168 A.BENABENT, *op. cit.*, n°s 207 et ss.
169 G. LEGIER, *op. cit.*, pp. 64 et ss.
170 CSJ, RC 1101, 27 juillet 1988, *inédit.*

invoquée que par l'acheteur seul, parce qu'elle est une anticipation de l'action en garantie[171].

Jugé de même que la sanction pouvant résulter du fait que l'objet d'un contrat n'est pas déterminé et est indéterminable ou qu'il n'est pas possible est la nullité relative ; elle ne peut être appliquée d'office par le juge[172].

2. Nullité absolue

Toute personne ayant un intérêt peut demander la nullité absolue. Il s'agit de :

- De chaque partie, même celle qui est responsable de la nullité, et de ses successeurs ;

- Des tiers qui peuvent justifier d'un intérêt, (l'acquéreur d'un immeuble loué, qui doit en principe respecter le bail, peut en demander l'annulation pour cause illicite ou immorale).

- Du ministère public ou du juge dans les cas d'atteinte à l'ordre public. Ils peuvent soulever cette nullité même pour la première fois en cassation. Jugé que la nullité d'une convention pour cause illicite ou contraire à l'ordre public doit être soulevée d'office par le juge[173].

B. Quant à la possibilité de confirmation

La confirmation résulte d'un acte par lequel la personne qui pouvait invoquer la nullité y renonce (art. 216 CCLIII). La partie couvre une nullité relative. La confirmation est différente de la ratification qui est l'acceptation d'un acte accomplie par un gérant.

La possibilité de confirmation diffère selon qu'il s'agit de la nullité relative ou de la nullité absolue.

1. Nullité relative

La confirmation est possible en matière de nullité relative. Deux conditions doivent être réunies.

---

171 CSJ, 30 mai 1996, *RAJZ* 1996, pp. 45-46.
172 Léo, 16 octobre 1956, *RJCB* 1957, p. 89.
173 L'shi, 13 août 1971, *RJZ* 1972, p. 64.

Condition de fond : il faut que d'une part l'auteur de la renonciation ait connaissance du vice (il a la volonté de couvrir le vice) et que d'autre part ce vice ait disparu au moment de la confirmation.

Condition de forme, il y a absence de condition de forme particulière. La renonciation peut être expresse ou tacite (résulter de l'exécution volontaire du contrat). Si la renonciation est expresse, il faut un écrit qui mentionne d'abord l'obligation à confirmer, ensuite le motif de la nullité et enfin l'intention de réparer le vice.

Quant à l'effet de la confirmation, le contrat qui était annulable est considéré comme valable dès l'origine. Il y a effet rétroactif à la différence de la réfaction. La confirmation est un acte unilatéral, la réfaction est un acte bilatéral.

2. Nullité absolue

La confirmation de la nullité absolue n'est pas possible, mais les parties peuvent, une fois la cause de nullité disparue, refaire l'acte.

La confirmation est différente de la réfaction. En effet, l'acte refait résulte d'un nouvel accord de volontés exprès ou tacite. Exemple, une vente est nulle parce qu'aucun prix n'a été fixé, mais si l'acquéreur reçoit la marchandise et paie le prix qui lui est demandé à ce moment-là, il y a un nouvel accord tacite. En outre, la réfaction n'entraine pas d'effet rétroactif.

Parfois, lorsque la validité d'un acte est subordonnée à une autorisation administrative, une autorisation tardive permet de le régulariser.

C. Quant aux délais de prescription de l'action en nullité

La prescription est un mode d'extinction de l'action en nullité résultant de son non exercice endéans un certain délai.

Les délais diffèrent selon qu'il s'agit de la nullité absolue ou de la nullité relative. Mais d'autres délais s'appliquent aux deux catégories.

1. Nullité absolue

Le délai de prescription est de 30 ans, à dater du jour du contrat (art. 647 CCLIII).

2. Nullité relative

Le délai de prescription est de 10 ans, à dater du jour où le vice a disparu (art. 196 CCLIII), exemple le jour où l'erreur ou le dol a été découvert.

3. Exceptions

Mais qu'il s'agisse de nullité absolue ou relative, il faut signaler ce qui suit :

- De nombreux textes prévoient des prescriptions plus courtes (3 ans en cas de réduction pour lésion) ;
- La prescription ne concerne que l'action en nullité : elle ne peut pas être opposée à celui qui invoque la nullité par voie d'exception, c'est-à-dire en défense à une demande du créancier : on dit que si l'action en nullité est temporaire, les exceptions de nullité sont perpétuelles (*quae temporalia sunt ad agendum perpetua sunt ad excipiendum*). Cette règle se justifie par deux raisons. D'une part, elle permet de déjouer la manœuvre d'une personne qui attendrait l'expiration du délai de prescription pour exiger l'exécution d'un acte annulable : grâce à la perpétuité de l'exception, le défendeur pourra toujours lui opposer la nullité. D'autre part, lorsqu'une partie soulève l'exception de nullité, c'est par hypothèse dans cas où le contrat n'a pas été exécuté ; par conséquent, en demander la nullité ne remet pas en question des situations acquises par l'exécution des obligations, et on conçoit que l'exception soit perpétuelle. En revanche, lorsque le contrat a été exécuté, l'action en nullité, dont l'effet est de remettre en cause des situations acquises, doit être enfermée dans un délai, qui est un facteur de sécurité juridique. Il faut noter que cette exception ne s'applique pas aux délais préfix qui sont automatiques et que rien ne peut allonger[174].

Section III. Effets de la nullité

La nullité entraîne l'anéantissement du contrat (§1), dont l'étendue doit être précisée (§2). Cet anéantissement a un effet rétroactif (§3)[175].

§1. Anéantissement du contrat

Le contrat est anéanti, il est nul. La nullité est judiciaire.

---

174 Ph. MALAURIE, L.AYNES et Ph. STOFFEL-MUNCK, *op. cit.*, n°708, p. 347.
175 G. LEGIER, *op. cit.*, pp. 66 et ss.

Parfois il produit les effets d'un autre acte dont il réunit les conditions de validité : c'est ce que l'on appelle la conversion par réduction ; par exemple, une lettre de change irrégulière peut valoir comme reconnaissance de dette.

§2. Etendue de la nullité

La nullité peut être totale et concerner tout le contrat ou partielle et concerner seulement l'une des clauses du contrat. La nullité d'une clause n'entraîne pas nécessairement la nullité du contrat.

§3. Rétroactivité

La nullité a en principe un effet rétroactif (A) mais certains tempéraments sont apportés à ce principe (B).

A. Principe

Le contrat est anéanti :

- tant pour l'avenir : les prestations promises ne peuvent plus être exigées ;
- que pour le passé : les choses doivent être remises dans l'état où elles se trouvaient avant la conclusion de l'acte ; ce qui entraîne des obligations de restitution. Par exemple, si une vente est annulée après son exécution, l'acheteur doit restituer la chose et le vendeur lui rembourser le prix.

B. Tempéraments

Ces tempéraments concernent le contrat à exécution successive, le contractant de bonne foi, le cas du contrat à cause immorale et les droits des tiers[176].

1. Contrat à exécution successive

Si un contrat à prestations successives (bail, contrat de travail) est annulé en cours d'exécution, il n'est pas possible de faire abstraction des prestations déjà accomplies : l'occupant a joui de l'immeuble, le salarié a effectué un travail. Le juge accorde alors une indemnité au propriétaire

[176]KALONGO MBIKAYI, *op. cit.*, p. 119, G. LEGIER, *op. cit.*.

ou au salarié, calculée en équité et qui peut différer du loyer ou du salaire qui avait été convenu[177].

2. Contractant de bonne foi

La rétroactivité ne joue pas au profit du contractant de bonne foi, c'est-à-dire qui ignorait le vice, cause de l'annulation. Il a le droit de conserver les fruits (revenus de la chose ou intérêts d'une somme d'argent) qu'il a perçus jusqu'au jour de la demande en nullité[178].

3. Adage nemo auditor propriam suam turpitudinem allegans

Lorsque annulation est fondée sur une cause immorale, les restitutions sont interdites. Cependant, deux adages non consacrées par la législation viennent paralyser l'application de la sanction de la nullité[179].

a. Fondement dans l'adage

L'adage « *nemo auditur propriam suam turpitudinem allegans* » (nul ne peut invoquer sa propre turpitude pour agir en justice) est consacré par la jurisprudence.

Cet adage empêche seulement les restitutions, mais n'interdit évidemment pas l'action en nullité, puisque son objectif est justement de priver d'effet la turpitude.

- Cette règle peut aboutir à une injustice : la partie, qui n'a pas exécuté sa prestation, mais a reçu celle de l'autre, n'est pas tenue à la restituer.
- Néanmoins, la règle a un effet préventif car elle incite les parties à ne pas conclure de contrat immoral.

b. Domaine

En principe, la règle ne s'applique qu'aux contrats immoraux (cas du vendeur d'une maison de tolérance qui n'a pas à rembourser le prix en cas d'annulation de la vente). Elle ne s'applique pas aux contrats illicites tel le cas de l'accord destiné à frauder le fisc.

---

177 Loi n°15/2002 du 16 octobre 2002 portant code du travail, JO, n° spécial du 16 octobre 2002. Lire : MUKADI BONYI, Droit du travail, *op. citi.*, p. 431 n°430 et p. 499, n°474 ; J. MASANGA PHOBA MVIOKI, *op. cit.*, p. 189 et p. 197.

178 Loi du 20 juillet 1973.

179 KALONGO MBIKAYI, *op. cit.*, p. 119.

Jugé que l'adage « *nemo auditur* » ne peut recevoir son application que si le demandeur a agi de façon fautive[180].

4. Droits des tiers

A l'égard des tiers, l'annulation du contrat avec effet rétroactif peut avoir des conséquences néfastes, étant entendu que nul ne peut transmettre plus de droits qu'il n'en a lui-même.

Pour garder son bien, le sous-acquéreur d'un meuble peut, s'il est de bonne foi, se prévaloir de l'art. 658 CCLIII qui dispose : « *En fait de meuble, possession vaut titre* ».

En outre, le tiers peut aussi se prévaloir de la théorie de l'apparence s'il a commis une erreur légitime, le contrat conclu devant produire des effets.

---

180 TGI.Kin/Gombe, 5 décembre 1996, *RAJZ* 1996, p. 1971.

SOUS-TITRE III. LES EFFETS DU CONTRAT

Les effets du contrat seront analysés tant à l'égard des parties (Chapitre 1) qu'à l'égard des tiers (Chapitre 2).

CHAPITRE 1
EFFETS DU CONTRAT ENTRE PARTIES

Le contrat a une force obligatoire entre les parties (section I). Le contenu de cette force obligatoire est précisé en cas de simulation du contrat (section II). Le principe de la force obligatoire guide le juge dans l'interprétation du contrat (section III) et dans le rapport entre le contrat et la loi (section 4).

Section I. Force obligatoire du contrat

Le principe de la force obligatoire doit être posé (§1). Il en résulte des conséquences : le contrat ne peut pas être unilatéralement révoqué (§2) et les contrats doivent être exécutés de bonne foi (§3)[181].

§1. Principe de la force obligatoire

Selon l'article 33, al. 1 CCLIII, « *les conventions légalement formées tiennent lieu de loi à ceux qui les ont faites* ». C'est le principe de la force obligatoire du contrat entre parties. Les parties doivent respecter le contrat valablement formé. Elles doivent exécuter les obligations qui en découlent : « *pacta sunt servanda* » qui signifie « les accords doivent être exécutés »[182]. C'est la conséquence logique du principe de l'autonomie de la volonté et la conception individualiste du contrat. La parole donnée doit être respectée[183].

Jugé que la convention avenue entre parties faisant la loi qui les régit dans l'interprétation et l'exécution de leurs obligations, l'arrêt qui méconnait ce principe prévu à l'article 33 du code civil livre III doit être cassé sur ce point[184].

§2. Interdiction de la révocation unilatérale

Il s'agit de l'irrévocabilité du contrat par une seule partie. Le code civil pose le principe de cette interdiction (A) et certaines exceptions sont admises (B).

---

181 G. LEGIER, *op. cit.*, p. 71 ; Ph. MALAURIE, L.AYNES et Ph. STOFFEL-MUNCK, *op. cit*, n°s 746 et ss 6, pp.362 et ss.

182 BENABENT (A), *op. cit.*, n° 11.

183 KALONGO MBIKAYI, *op. cit.*, p. 138.

184 CSJ, 3 avril 1976, *Bull. Arr.*, 1977, p. 67.

A. Principe

Selon l'article 33, al. 2 CCLIII, l'interdiction est affirmée tout en acceptant que les conventions ne peuvent être révoquées que d'un commun accord ou pour les causes que la loi autorise[185].

1. Portée de l'interdiction

Ainsi, une partie ne peut, par une manifestation unilatérale de volonté, mettre fin au contrat.

2. Révocation par consentement mutuel : mutuus dissensus

Le code civil à son article 33 al. 2 n'autorise que la révocation de commun accord entre parties. C'est le *mutuus dissensus*, qui est un accord de volonté en vue de mettre fin au contrat. Les parties sont ainsi déliées de leurs obligations et ce nouveau contrat ne produit pas d'effet rétroactif. Ainsi, les contrats conclus par les parties restent irrévocables pour elles tant qu'elles n'ont pas été amenées à en modifier les éléments par un nouvel accord de volontés[186].

Le *mutuus dissensus* est à distinguer de l'annulation qui anéantit rétroactivement un contrat atteint d'un vice au moment de la formation. Il est aussi à distinguer de la réfaction du contrat qui a un effet rétroactif.

B. Exceptions

La révocation unilatérale peut être permise par les parties ou par la loi.

1. Révocation permise par les parties

Les parties ont la faculté de prévoir dans le contrat que l'une d'elles pourra revenir sur son engagement, souvent à la condition de payer à l'autre une somme d'argent, fixée forfaitairement, à tire d'indemnité. Cette somme est appelée dédit ou, sur tout contrat de droit de la vente, arrhes. Celui qui a versé les arrhes peut se libérer en le perdant, l'autre peut le faire en restituant le double. Le dédit et les arrhes sont à soigneusement distinguer d'un acompte, qui est un paiement partiel, accompli en exécution d'un engagement ferme de payer la totalité. Il est parfois difficile de déterminer à quel titre une somme a été versée lors de la conclusion du contrat.

---

185 G. LEGIER, *op. cit.*, p. 51

186 CSJ, 20 novembre 1976, *BA* 1977, p. 189.

2. Résiliation autorisée par la loi

La loi permet la résiliation unilatérale dans certaines hypothèses dérogeant ainsi au principe de l'art. 33, al. 2 CCLIII.

Divers cas de dérogations légales peuvent se distinguer. Tout contrat à exécution successive, qui a été conclu pour une durée indéterminée, peut être résilié unilatéralement, sinon l'engagement risquerait de devenir perpétuel, ce qui est prohibé (généralisation de la règle énoncée dans l'art. 428, al. 2 CCLIII).

Dans certains contrats à exécution successive, conclus avec l'*intuitus personae*, la résiliation unilatérale est possible à tout moment, même si une durée a été convenue (mandat, art 544 CCLIII et dépôt, art. 508 CCLIII).

§3. Exécution de bonne foi

Cette obligation est formulée de l'article 33 al. 3 CCLIII. Les parties doivent faire preuve de loyauté et de coopération dans l'exécution du contrat[187].

A. Obligation de loyauté

L'obligation de loyauté concerne tant le débiteur que le créancier.

De la part du débiteur, la loyauté implique une exécution conforme à son engagement et à la probité. Il faut une exécution honnête et complète de l'obligation[188].

De la part du créancier, c'est l'absence de manœuvres qui rendraient plus difficile l'exécution de la prestation de l'autre partie. C'est le cas par exemple d'un bailleur qui envoie une sommation en sachant que le locataire est en vacances.

B. Obligation de coopération

L'obligation de coopération commande à chaque partie d'agir au mieux des intérêts de son cocontractant. Il s'agit notamment du devoir de donner les informations concernant l'exécution du contrat : c'est l'obligation de renseignement.

---

[187] G. LEGIER, *op. cit.*, p. 75.
[188] A. BENABENT, *op. cit.*, n°285.

Section II. Simulation

La simulation est réglementée à l'article 203 CCLIII. L'on examinera la notion de la simulation (§1), sa validité (§2) et ses effets (§3) seront examinés.

§1. Notion

La notion comprend la définition (A) et les manifestations de la simulation (B), les conditions (C) et la preuve (D).

A. Définition

La simulation est l'opération par laquelle les parties conviennent de cacher leur accord réel, appelé contre lettre, derrière un acte apparent. Le véritable contrat entre parties est la contre-lettre. En effet, il est admis que les parties doivent respecter le contenu réel du contrat (art. 34 CCLIII). Mais il se peut que les parties cachent leur véritable volonté sous l'apparence d'un contrat apparent ou ostensible : c'est la simulation.

B. Manifestations de la simulation

La simulation peut porter sur [189]:

- l'existence même du contrat. Par exemple, un débiteur aux abois vend fictivement ses biens pour éviter une saisie : l'acte apparent est la vente, et la contre lettre stipule que cette vente est fictive ;
- la cause sur la nature du contrat : on parle alors d'acte déguisé. Exemple : les parties concluent un acte apparent de vente mais, dans une contre lettres, elles stipulent que le prix ne sera pas versé (donation déguisée) ;
- l'objet du contrat : exemple : le prix réellement convenu est différent du prix mentionné dans l'acte apparent ;
- la personne même d'une partie : c'est l'interposition de personne. Exemple : quelqu'un veut faire une donation à un bénéficiaire qui est incapable, en vertu de la loi, de la recevoir, il s'adresse alors à un donataire apparent appelé le prête nom qui s'engage à transmettre le bien au véritable bénéficiaire.

---

[189]KALONGO MBIKAYI, *op. cit.*, p. 141 ; G. LEGIER, *op. cit.*, p. 83..

C. Conditions

La simulation suppose la réunion de trois conditions[190] :

- D'abord un mensonge concerté, c'est-à-dire les parties doivent être d'accord sur le contrat caché. Le mensonge d'une seule partie peut constituer un dol mais non une simulation.

- Ensuite, le contrat secret doit être contemporain du contrat apparent ; c'est-à-dire à la même période. Si les parties font un contrat postérieur, c'est un contrat qui modifie l'accord antérieur, et non une contre lettre.

- Enfin, le contrat apparent ne doit pas révéler l'accord secret, sinon il n'y aurait pas de véritable simulation.

D. Preuve

La contre lettre est un accord de volontés, donc les règles de preuve des actes juridiques lui sont applicables et un écrit est en principe nécessaire (art. 203 CCLIII).

§2. Validité

Souvent la simulation cache une fraude, mais ce n'est pas toujours le cas[191].

La simulation n'est pas en elle-même une cause de nullité : le contrat secret est valable s'il réunit les conditions de validité des contrats.

Si le contrat secret ne réunit pas ces conditions telle illicéité de la cause, il est nul et, en principe, le contrat apparent ne produit pas d'effet, puisqu'il ne reflète pas la volonté réelle des parties.

§3. Effets de la contre-lettre

Les effets diffèrent selon qu'il s'agit des parties (A) ou des tiers (B)[192].

A. Entre parties

Entre les parties, la contre lettre produit tous ses effets, si elle est valable.

---

190 KALONGO MBIKAYI, *op. cit.*, p. 140 ; G. LEGIER, *op. cit.*, p. 83.
191 G. LEGIER, *op. cit.*, p. 84.
192 G. LEGIER, *op. cit.*, p. 84.

B. A l'égard des tiers

1. Principe de solution

En principe, les contre lettres n'ont pas d'effet à l'égard des tiers (art. 203 CCLIII).

Mais les tiers peuvent s'en prévaloir s'ils y ont intérêt. C'est le cas d'un créancier chirographaire qui a intérêt à se prévaloir de la contre-lettre. Exemple un débiteur qui, par un contrat apparent, a vendu un bien, reconnait que cette vente est fictive (la vente, en effet, diminue le gage du créancier). La preuve de la simulation se fait par tous moyens.

2. Notion de tiers au regard de l'article 203 CCLIII

Sont considérés comme tiers, au sens de l'article 203 CCLIII :

- les ayants causent à titre particulier ;
- et les créanciers chirographaires auxquels la contre-lettre pourrait nuire.

Ne sont pas tiers, au sens de l'article 203 CCLIII :

- les ayants cause à titre universel car ils sont continuateurs des parties : la contre-lettre leur est opposable.

Section III. Effets du contrat à l'égard du juge

§1. Notion

La notion de l'interprétation doit être précisée (§1) avant d'en donner les méthodes (§2).

§2. Interdiction de modification du contrat par le juge

Le juge ne peut pas modifier le contrat des parties[193]. Il doit le respecter, sa seule faculté est d'accorder des délais de grâce (art. 142, al. 2 CCLIII). Il lui est néanmoins permis d'interpréter le contrat selon certaines méthodes. Jugé que la convention avenue entre parties faisant la loi qui les régit dans l'interprétation et l'exécution de leurs obligations,

193 A. BENABENT, *op. cit.*, n°292.

l'arrêt qui méconnait ce principe prévu à l'article 33 du code civil, livre III, doit être cassé sur ce point[194].

§3. Interprétation du contrat par le juge

L'interprétation du contrat est l'opération par laquelle on en précise le sens, en cas de lacune, d'ambiguïté ou de contradiction. A défaut d'accord entre les parties, l'interprétation est effectuée par le juge[195].

Les articles 54 et suivants du code civil, livre III donnent au juge certaines directives d'interprétation avec comme principe la recherche de la volonté des parties (A), à défaut, il recourt à d'autres règles (B).

A. Recherche de la volonté des parties

Selon l'article 54 CCLIII, on doit dans les conventions rechercher quelle a été la commune intention des parties contractantes plutôt que de s'arrêter au sens littéral des termes.

Le juge doit donc rechercher l'intention commune et non l'intention d'une partie. L'intention commune est celle que les parties avaient au moment de la conclusion du contrat, mais leur comportement ultérieur peut être de nature à révéler cette intention[196]. Jugé que dans les conventions, il ne faut pas tant s'arrêter au sens littéral des termes qu'à la commune intention des parties contractantes[197].

L'intention réelle doit l'emporter sur le sens littéral. En particulier, en cas de contradiction entre une clause manuscrite et une clause imprimée, la première l'emporte, car elle est supposée révéler la volonté réelle[198].

B. Autres règles : complément de la volonté des parties

- Première règle : lorsqu'une clause est « susceptible de deux sens », l'un permettant de lui faire produire des effets, alors que l'autre la prive de toute efficacité, on doit plutôt retenir le premier (art. 55 CCLIII). C'est sans doute ce premier sens que les parties avaient adopté.

---

194 CSJ, 3 avril 1976, *BA* 1977, p. 65 ; CSJ, 20 janvier 1982, *RJZ* 1982, p. 53 ; L'shi, 21 avril 1972, *RJZ* 1973, p. 70.
195 G. LEGIER, *op. cit.*, p. 69.
196 G. LEGIER, *op. cit.*, p. 69.
197 L'shi, 1er décembre 1970, *RJC* 1971, p. 33 ; L'shi, 1er juillet 1969, *RJC* 1969, p. 302.
198 G. LEGIER, *op. cit.*, p. 69.

- Deuxième règle : quand deux sens, qui permettent de donner effet à la clause, sont possibles, on doit prendre celui « qui convient le plus à la matière du contrat » (art. 56 CCLIII). C'est évidemment ce sens qui parait le plus conforme à la commune intention des parties.

- Troisième règle : afin de déceler la volonté des parties, il faut aussi tenir compte, lorsqu'il en existe, des usages du lieu où le contrat a été conclu (art. 57 et 58 CCLIII).

- Quatrième règle : toutes les clauses de conventions s'interprètent les unes par les autres, en donnant à chacune le sens qui résulte de l'acte entier (art. 59 CCLIII). Les clauses doivent être interprétées non pas isolément, mais par référence à l'ensemble de l'acte.

- Cinquième règle : si le doute subsiste, le contrat s'interprète contre celui qui a stipulé et en faveur de celui qui a contracté l'obligation (art. 60 CCLIII). L'expression « celui qui a stipulé » a deux significations possibles : dans la conception traditionnelle, cette personne est le créancier, par opposition à « celui qui a contracté l'obligation », c'est-à-dire le débiteur. Mais la formule est parfois comprise comme visant celui qui a rédigé le contrat, qui peut être selon les circonstances, le créancier ou le débiteur. On considère alors que l'acte doit s'interpréter contre lui, puisqu'il lui appartenait de mieux le rédiger. Jugé que quand le contrat n'est ni ambiguë ni à double sens, il n y a pas lieu à application de l'article 60, livre III du code civil[199].

Section IV. Force obligatoire du contrat et loi

Le contrat est différent de la loi (§1) et les deux des rapports entre eux (§2)[200].

§1. Différence entre contrat et loi

Le contrat est subordonné à la loi car il doit, pour sa validité, être légalement formé et respecter le prescrit de l'article 8 CCLIII.

Les parties doivent invoquer et prouver le contrat tandis qu'il n'y a pas lieu à prouver la loi.

---

[199] L'shi, 3 août 1973, *RJZ* 1973, p. 266.
[200] KALONGO MBIKAYI, *op. cit.*, p. 144.

§2. Contrat et loi

Il faut distinguer selon qu'il s'agit de la loi impérative (A) ou de la loi supplétive (B).

A. Loi impérative

La loi impérative a une force supérieure au contrat et ce dernier doit s'y conformer.

B. Loi supplétive

Le contrat peut déroger à la loi supplétive, les parties pouvant ainsi suppléer par leur volonté qui les liera au nom de la force obligatoire du contrat entre parties tout en notant que cette force obligatoire ne concerne pas les tiers.

CHAPITRE 2.
EFFETS DU CONTRAT A L'EGARD DES TIERS.

Le principe en cette matière est énoncé à l'article 63 CCLIII : « *les conventions n'ont d'effet qu'entre les parties contractantes ; elles ne nuisent point au tiers, et elles ne lui en profit que dans le cas prévu par l'article 21 CCLIII* ».

C'est ce qu'on appelle le principe de l'effet relatif des contrats. Cela signifie plus précisément que le contrat ne peut créer de rapport d'obligation qu'entre les parties contractantes et qu'il ne peut pas rendre les tiers ni créanciers ni débiteurs (section I). Cependant, ce principe connait quelques exceptions (section II)[201].

Section I. Effet relatif des contrats à l'égard des tiers

Le contrat étant un accord de volontés il est normal que seuls ceux qui l'ont conclu soient liés quant aux droits de créance, car les droits réels, créés ou transmis par un contrat, sont attachés à la chose et produisent leurs effets à l'égard de tous (sous réserve éventuellement du respect de certaines règles de publicité)[202].

L'effet relatif des contrats est la cet effet relatif concerne les tiers au contrat (§2) et non les parties au contrat (§1).

§1. Personnes non visées a l'article 63 ccliii : parties au contrat

L'article 63 du CCLIII distingue les parties et les tiers. Le contrat produit des droits et des obligations à l'égard, d'une part, des personnes qui sont parties au moment de la naissance du contrat, c'est-à-dire qui l'ont conclu, soit directement, soit par représentation (A) et, d'autre part, des personnes qui prennent la place des parties (B).

A. Parties présentes et représentées

1. Parties présentes

Les parties au contrat sont d'abord les personnes ayant donné personnellement leur consentement à la formation du contrat[203]. Elles ne sont évidemment pas des tiers. Il peut s'agir de la personne physique ou de la personne morale. Chaque personne morale a sa personnalité

201 G. LEGIER, *op. cit.*, p. 76.
202 G. LEGIER, *op. cit.*, p. 76.
203 G. LEGIER, *op. cit.*, p. 76.

juridique propre et est seule partie au contrat qu'elle conclut et non les associés[204].

2. Cas de représentation : le représenté

Le représenté est partie au contrat Le représentant n'est pas partie mais c'est le représenté qui est partie au contrat.

La représentation est un mécanisme par lequel une personne représentée fait conclure un contrat pour son compte par un intermédiaire ou représentant[205].

C'est une technique très utile qui permet la conclusion des contrats au nom d'une personne qui n'est pas présente ou qui est incapable. Seul le représenté est partie au contrat. La représentation a sa source soit dans la loi (cas des parents, des tuteurs représentants légaux des enfants mineurs), dans la volonté des parties (cas du contrat de mandat) ou dans une décision de justice. Il y a aussi l'hypothèse du mandat apparent avec l'application de la théorie de l'apparence : le mandat est décédé ou le mandataire est révoqué sans que les tiers le sachent[206].

a. Conditions de la représentation[207]

1° Le représentant doit avoir le pouvoir d'engager les biens d'autrui

Ce pouvoir peut découler de la loi (le tuteur peut engager les biens de l'incapable), d'un jugement (habilitation en justice) et d'un contrat, appelé mandat. Par ce contrat de mandat, une personne, le mandant, charge son cocontractant, le mandataire, qui accepte la mission d'accomplir pour elle et en son nom, un ou plusieurs actes juridiques, à des conditions plus ou moins précises (mandat de vendre ou d'acheter art. 526 CCLIII).

2° le représentant doit avoir l'intention d'agir pour le compte du représenté

b. Effets

Les effets varient en fonction du caractère parfait ou imparfait de la représentation[208].

---

204 A. BENABENT, *op. cit.*, n° 244.
205 G. LEGIER, *op. cit.*, p. 76.
206 KALONGO MBIKAYI, *op. cit.*, p. 198.
207 G. LEGIER, *op. cit.*, pp. 76-77.

1°Cas de la représentation parfaite : le représentant agit au nom et pour le compte du représenté.

La représentation est dans ce cas parfaite car elle produit immédiatement tous ses effets :

- le contrat conclu par représentation crée des droits et des obligations à l'égard du représenté [209];
- il n'en produit aucun envers le représentant qui, par rapport à ce contrat, reste un tiers. Mais, si le représentant a dépassé ses pouvoirs, il est personnellement tenu des obligations qu'il a souscrites en dehors de sa mission. Le dépassement des pouvoirs sera aussi opposable au représenté en cas de mandat apparent, c'est-à-dire lorsque le cocontractant pouvait croire légitimement, compte tenu des circonstances, à la réalité des pouvoirs du représentant.

2° Cas de la représentation imparfaite : le représentant agit pour le compte du représenté, mais en son nom personnel :

La représentation est alors imparfaite (contrat de commission). Ses effets se déroulent en deux temps[210] :

- d'abord, seul le représentant est partie au contrat ;
- ensuite, il doit transférer ses droits au représenté qui en devient partie.

c. Cas particulier du contrat avec soi-même

1° Un représentant agit à la fois pour le compte de deux représentés, double représentation. Exemple : un mandataire, chargé de vendre la maison de A et d'en acheter une pour le compte de B, vend celle du premier au second).

2° Une personne peut agir à la fois pour elle-même et comme représentant d'une autre. (Le mandataire, chargé de vendre la maison de son mandant, l'achète pour lui-même).

De telles opérations peuvent être dangereuses pour les personnes représentées, aussi la loi en interdit certaines en droit comparé (droit

---

208 KALONGO MBIKAYI, *op. cit*, p. 198 ; G. LEGIER, *op. cit.*, p. 77.

209 Ph. MALAURIE, L.AYNES et Ph. STOFFEL-MUNCK, *op. cit.*, n° 804, p. 421.

210 Ph. MALAURIE, L.AYNES et Ph. STOFFEL-MUNCK, *op. cit.*, n° 806, p. 422

français, un tuteur ne peut pas acheter un bien de l'incapable ; un mandataire ne peut pas acheter celui qu'il est chargé de vendre)[211].

B. Personnes ayant acquis ultérieurement la qualité de parties au contrat

1. Cas de transmission à cause de mort : ayant cause universel ou à titre universel

C'est l'hypothèse d'une personne qui était tiers lors de la conclusion du contrat mais qui en devient partie à la suite du décès du de cujus.

L'ayant cause en général est une personne qui a acquis un droit ou une obligation d'une autre.

Tandis que l'ayant cause universel est celui qui a vocation à recevoir tout le patrimoine de son auteur ; c'est le cas de l'héritier légal et du légataire universel (celui qui, en vertu d'un testament, a vocation à recueillir la totalité des biens du testateur). L'ayant cause à titre universel quant à lui est un légataire qui a vocation à recueillir une partie de la succession. Il succède à l'universalité ou à une quote-part de l'universalité du patrimoine du défunt[212].

En principe, les droits et obligations de l'auteur se transmettent à ses ayants cause universels et à titre universel. Donc les contrats qu'il a conclus produisent leurs effets à leur égard. Ils sont censés continuer la personne du défunt. L'article 22 CCLIII dispose que « *chacun est censé avoir stipulé pour soi ou pour ses héritiers* ».

Exceptionnellement, il ne devient pas partie au contrat :

- Si les contractants avaient prévu le contraire ;
- Si le contrat est conclu *intuitu personae*, il doit prendre fin au décès d'un contractant. Selon le cas, l'*intuitus personae* concerne une seule partie (exemple l'avocat ou l'artiste peintre) ou les deux (dans le mandat, le mandant et le mandataire). Le décès de la partie dont la personnalité avait été prise en considération met fin au contrat.

---

211 G. LEGIER, *op. cit.*, p. 77.
212 G. LEGIER, *op. cit.*, p. 77.

2. Cas de cession de contrat : cessionnaire

La cession de contrat peut provenir d'un accord de volonté entre le cédant et le cessionnaire ou résulter de la loi. Exemple de cessions imposées par la loi [213]:

- L'acquéreur d'un immeuble loué est tenu de respecter le bail authentique (art. 399 CCLIII) ;
- Le cessionnaire est substitué au cédant, c'est-à-dire il recueille ses droits et assume ses obligations (art. 352 et s CCLIII).

§2. Personnes visées à l'article 63 ccliii : les tiers penitus extranei

La question est celle de savoir qui est tiers au sens de l'article 63 CCLIII (A) et si le contrat leur est opposable (B).

A. Principe

Le contrat ne fait naître ni droit ni obligation à l'égard des tiers.

Les tiers proprement dits sont ceux qui n'ont aucun lien de droit avec les parties, qui ne sont notamment pas créanciers de l'une d'elles : ce sont des tiers absolus ou tiers *penitus extranei*[214]. Ces personnes sont totalement étrangères au contrat et aux contractants, c'est-à-dire quelles n'en sont pas les ayants cause ni les créanciers. Ce sont les vrais tiers au contrat.

B. Exception

Exceptionnellement, le contrat est opposable aux tiers en tant que fait social et le tiers peut invoquer le contrat. C'est l'opposabilité des effets externes du contrat alors que les effets internes ne concernent que les parties.

1. Opposabilité du contrat aux tiers par les parties

Si le contrat contient un droit réel, il est opposable à tous. En ce qui concerne les droits de créance, les tiers sont tenus de les respecter.

Donc si, en connaissance de cause, un tiers se rend complice de la violation par un débiteur de ses obligations contractuelles, il commet une faute qui engage sa responsabilité. Par exemple, un tiers se rend complice

213 G. LEGIER, *op. cit.*, p. 77.
214 A. BENABENT, *op. cit.*, n° 247.

de la violation par un commerçant d'une obligation contractuelle de non concurrence ; un patron débauche l'employé d'un concurrent et le conduit à rompre le contrat de travail qui le lie à cet employeur.

Pour que la responsabilité du tiers soit engagée, il faut qu'il ait eu connaissance du contrat à la violation duquel il participe.

La responsabilité du tiers est délictuelle (art. 258 CCLIII) car il n'est pas partie au contrat.

2. Faculté d'invoquer le contrat par les tiers

Le tiers peut faire état d'un contrat comme élément de preuve : cet acte auquel il est étranger sert alors de renseignement de nature à éclairer la décision du juge.

Il peut se prévaloir d'un contrat dont la mauvaise exécution lui a causé un dommage. Exemple, si un accident est provoqué par une machine vendue, atteinte d'un vice de fabrication, la victime à la possibilité, lorsqu'elle est un tiers au contrat de vente, d'invoquer le vice et d'engager la responsabilité délictuelle du fabricant.

§3. Personnes se trouvant dans une situation intermédiaire

Il s'agit de l'ayant cause à titre particulier(A) et du créancier chirographaire(B).

A. Ayant cause à titre particulier

1. Notion

L'ayant cause à titre particulier est celui qui acquiert un bien ou un droit déterminé[215]. C'est celui auquel l'auteur ne transmet qu'un ou plusieurs droits déterminés. C'est le cas par exemple d'un acheteur, d'un donataire, d'un légataire particulier auxquels l'ancien propriétaire a transmis le bien. Il est différent de l'ayant cause universel ou à titre universel car il n'acquiert ni l'ensemble ni une quote part de l'ensemble des droits et obligations d'un contractant.

---

[215] G. LEGIER, *op. cit.*, p. 79.

2. Situation par rapport au contrat

En principe, l'ayant cause à titre particulier est un tiers au regard de l'article 63 CCLIII. Ainsi, les obligations nées sur la tête de l'ancien propriétaire ne se transmettent pas en principe à ses ayants cause à titre particulier, puisque ceux-ci ne peuvent devenir débiteurs sans leur consentement. Par exemple, si l'ancien propriétaire qui avait chargé un tiers d'effectuer des réparations sur la chose vendue ne les a pas payées, sa dette n'est pas transmise à l'acquéreur du bien, sauf stipulation contraire dans le contrat de vente. Exceptionnellement, la loi peut imposer la transmission de droits et obligations à un ayant cause à titre particulier c'est dans ce sens que les droits et obligations résultant d'un bail authentique se transmettent à l'acquéreur de l'immeuble (art. 399 CCLIII).

Cependant, il y a certaines exceptions :

D'abord, la situation des droits réels. Si l'ancien propriétaire avait constitué un droit réel, par exemple une servitude sur un immeuble, ce droit réel se transmet nécessairement avec la chose : il est donc opposable à l'acquéreur, c'est-à-dire à l'ayant cause à titre particulier[216]. C'est l'hypothèse d'un contrat passé par son auteur antérieurement à la transmission du bien ou du droit que l'ayant cause à titre particulier a acquis de lui et ayant pour objet la création, l'extinction ou la modification de ce droit lui-même ou portant sur ce bien. C'est l'exemple d'un immeuble grevé d'une servitude ou encore des garanties qui accompagnent une créance[217].

Ensuite, pour certains droits de créance, l'ayant cause peut se prévaloir des droits, réels ou personnels, qui sont des accessoires du bien transmis. Exemple, en cas de ventes successives, le droit pour un acquéreur de mettre en œuvre la garantie due par son vendeur passe au bénéfice du sous-acquéreur[218].

216G. LEGIER, *op. cit.*, p. 79.
217 KALONGO MBIKAYI, *op. cit.*, p. 182.
218 G. LEGIER, *op. cit.*, p. 79.

B. Créanciers chirographaires

1. Notion

Les créanciers chirographaires sont les créanciers qui ont un droit de gage général sur tous les biens de leur débiteur (art. 245 de la loi du 20 juillet 1973) qui leur permet , si ce dernier n'exécute pas son obligation , de le faire saisir ses biens, de les faire vendre et se faire payer sur le prix de la vente[219]. Ils ne bénéficient pas d'une sûreté (telle une hypothèque) pour garantir le recouvrement de leur créance.

2. Situation par rapport au contrat

Les créanciers chirographaires sont des tiers par rapport aux contrats conclus par leur débiteur.

Néanmoins, il faut noter que les contrats conclus par le débiteur peuvent diminuer leur droit de gage général. C'est pourquoi, la loi leur accorde une protection au travers de certaines actions. Il s'agit de l'action paulienne et de l'action oblique, les deux étant prévues aux articles 64 et 65 du CCLIII ainsi que des actions directes.

C'est donc « une catégorie de tiers *sui generis* » de tiers car ils peuvent attaquer les conséquences des contrats conclus par leurs débiteurs par l'action oblique ou l'action paulienne[220].

Section II. Exceptions au principe de l'effet relatif des contrats l'égard des tiers

Les exceptions au principe de l'effet relatif des contrats sont la stipulation pour autrui (§1), la promesse de portefort (§2) et les contrats collectifs (§3).

§1. Stipulation pour autrui

A. Définition et hypothèse

C'est l'opération, convenue dans un contrat, par laquelle une personne le stipulant, obtient de son cocontractant, le promettant, un

---

[219] M.T. KENGE NGOMBA TSHILOMBAYI, *Droit civil. Les sûretés*, *op. cit*, p. 5.
[220]KALONGO MBIKAYI, *op. cit.*, p. 184.

engagement au profit d'un tiers bénéficiaire. Ce tiers étranger devient créancier sans avoir été partie au contrat[221].

Elle déroge au principe de l'article 63 CCLIII, car le contrat qui lui sert de support fait naître un droit au profit d'un tiers, en l'absence de toute représentation. Sa validité est reconnue par l'article 21 CCLIII.

C'est une institution qui a connu un essor considérable et qui sert à expliquer plusieurs mécanismes tels[222] :

- L'assurance sur la vie : le stipulant est le souscripteur du contrat d'assurance et s'engage à verser des primes. En contrepartie, l'assureur (promettant) promet de payer, au décès de l'assuré, une somme à un tiers.

- L'assurance pour le compte de qui il appartiendra : un expéditeur de marchandises souscrit une assurance pour le compte de qui il appartiendra, par laquelle le propriétaire d'une chose l'assure non seulement à son profit mais au profit des propriétaires successifs par exemple pendant le temps où une marchandise voyagera[223].

- La donation avec charges : le donataire (promettant) s'engage envers le donateur (stipulant) à faire quelque chose au profit d'un tiers.

B. Conditions d'existence et de validité

D'abord, la stipulation est soumise aux conditions générales de validité des contrats (art. 8 CCLIII : consentement, capacité, objet et cause licite)[224].

Ensuite, les parties doivent avoir l'intention de stipuler pour autrui : exemple, un vendeur demande à l'acquéreur de verser le prix à un tiers. Cette intention ne se présume pas et doit être établie selon les modes de preuve ordinaires des contrats. Dans le doute, on est censé avoir stipulé pour soi-même ou ses héritiers (art. 22 CCLIII).

En principe, la stipulation pour autrui est interdite à l'article 19 CCLIII. Mais, l'article 21 CCLIII ne l'admet que dans des cas exceptionnels :

---

221 G. G. LEGIER, *op. cit.*, pp. 79 et ss ; KALONGO MBIKAYI, *op. cit*, p. 188 et ss.
222 G. LEGIER, *op. cit.*, p. 80.
223 Elis, 7 février 1956, *RJCB* 1956, p. 193.
224 G. LEGIER, *op. cit.*, p. 80.

- Lorsque telle est la condition que l'on a fait à une personne : donation avec charges (*donatio sub modo*) ;
- Lorsqu'elle est la condition d'une stipulation que l'on fait pour soi-même : exemple un vendeur stipule que le prix sera en partie pour lui et en partie pour un tiers.

C. Conditions de consolidation du droit du tiers

La stipulation pour autrui doit produire des effets à l'égard du tiers et que le droit du tiers soit consolidé. Pour cela, deux conditions doivent être remplies : l'une est négative, l'absence de révocation et l'autre positive, l'acceptation de ce tiers bénéficiaire.

1. Absence de révocation de la stipulation

La condition négative consiste dans l'absence de révocation de la stipulation par le stipulant jusqu'à ce que le tiers ait accepté[225]. Des questions ci-après de posent.

- Personne qui peut révoquer : le stipulant ou ses héritiers.

- Moment de la révocation : la révocation se fait à tout moment aussi longtemps que le bénéficiaire de la stipulation n'a pas accepté.

- Modalités de la révocation : la révocation peut être expresse ou tacite à condition d'être sans équivoque.

- Effets de la révocation : la stipulation subsiste et tourne au profit du stipulant ou de ses héritiers, sauf si le stipulant a désigné un autre bénéficiaire.

2. Acceptation par le bénéficiaire

L'acceptation par le bénéficiaire est la condition positive. Le tiers à la faculté d'accepter ou de décliner la stipulation faite à son profit. Des questions ci-après de posent.

- Personne qui peut accepter : le bénéficiaire ou, après son décès, ses héritiers. Le bénéficiaire doit être déterminable. Le bénéficiaire peut être futur, c'est le cas des enfants à naitre.

---

[225] G. LEGIER, *op. cit.*, p. 81.

- Moment de l'acceptation : l'acceptation de fait à tout moment, à condition que le stipulant n'ait pas révoqué la stipulation.

- Modalités de l'acceptation : elle peut être expresse ou même tacite, à condition d'être sans équivoque.

- Effets de l'acceptation : la stipulation devient irrévocable.

3. Effets de la stipulation pour autrui

Ces effets concernent les différents rapports entre parties.

- **Rapports entre stipulant et promettant :** les rapports entre le stipulant et le promettant sont définis par le contrat et en vertu de l'article 33 CCLIII : le promettant doit exécuter son contrat. Le stipulant a également la faculté d'agir contre le promettant afin de défendre les intérêts du tiers : il peut prendre des mesures conservatoires pour protéger le droit des tiers et même exiger l'exécution de l'obligation du promettant envers le tiers[226].

- **Rapports entre bénéficiaire et promettant :** le bénéficiaire a un droit direct contre le promettant et peut agir directement contre lui pour le contraindre à exécuter son obligation. Il a une action directe à l'encontre du promettant[227]. Ce droit est né lors de la stipulation, il est donc antérieur à l'acceptation. Comme le droit du tiers est issu du contrat, son étendue et ses modalités en dépendent : le promettant peut donc opposer au tiers les clauses du contrat (exemple : clauses limitatives de responsabilité) et les dispositions légales qui le régissent.

- **Rapports entre le stipulant et le tiers :** le stipulant peut révoquer la stipulation tant que le tiers bénéficiaire n'a pas encore accepté. Le tiers a la faculté d'accepter ou pas la stipulation. Cette acceptation rend la stipulation irrévocable. Elle consolide le droit né au moment de la stipulation.

§2. Promesse de pour autrui et promesse de porte-fort

Le code civil livre III interdit la promesse pour (A) mais admet la promesse de porte fort (B).

---

[226] G. LEGIER, *op. cit.*, p. 82.

[227] L'shi, 17 mai 1967, *RJC* 1969, p. 217 ; Elis, 7 février 1956, *RJCB* 1956, p. 193 ; Léo, 14 mai 1957, *RJCB* 1957, p. 365.

A. Prohibition de la promesse pour autrui

L'article 19 CCLIII dispose : « On ne peut s'engager que pour soi-même ». Il n'est pas possible d'engager autrui par contrat, car nul, ne peut devenir débiteur d'obligation contractuelle sans avoir donné son consentement (à moins d'être un ayant cause du contractant)[228].

Si une personne ne peut pas créer un engagement à la charge d'une autre, il lui est tout au moins possible de promettre que le tiers s'engagera : c'est la promesse de porte-fort.

B. Validité de la promesse de porte-fort

1. Principe

La validité de cette promesse est admise à l'article 20 CCLIII. Une personne s'engage à l'égard de son cocontractant à faire en sorte qu'un tiers s'oblige : le promettant est obligé, mais le tiers n'a pas d'obligation tant qu'il ne donne pas son consentement. La promesse de porte-fort est un engagement personnel du porte-fort à l'égard de son cocontractant.

Le tiers peut s'obliger à un fait matériel (dégager une route, participer à une compétition) ou à un acte juridique positif ou négatif (conclusion d'un contrat)[229].

2. Hypothèses de promesse de porte-fort

La promesse de porte-fort est utilisée dans certaines hypothèses. Il s'agit des [230]:

- Cas où il est impossible d'obtenir l'engagement du tiers ;
- Cas d'éloignement du tiers, le porte-fort promet que le tiers ratifiera (cas de vente d'un immeuble en copropriété) ;
- Cas d'incapacité du tiers : qui ratifiera lors de la disparition de l'incapacité, exemple à la majorité.

3. Effets

Le promettant est tenu d'une obligation de faire qui est de résultat. Ce résultat peut ou ne pas être atteint[231].

---

228 G. LEGIER, *op. cit.*, p. 82.
229 G. LEGIER, *op. cit.*, p. 82.
230 G. LEGIER, *op. cit.*, p. 82.

a. Si le résultat n'est pas atteint

Si le résultat n'est pas atteint, c'est-à-dire que l'engagement du tiers n'est pas obtenu, la responsabilité du promettant est engagée, il sera tenu à des dommages et intérêts.

Sur ce point, la promesse de porte-fort est à distinguer de la promesse de bons offices, par laquelle le promettant s'engage seulement à faire tout son possible pour que le tiers consente (obligation de moyens). Celui qui a promis ses bons offices n'est donc responsable que si sa faute est prouvée. Dans la promesse de porte-fort, le porte-fort n'engage pas le tiers mais il promet d'obtenir personnellement l'engagement du tiers ou son fait. C'est pourquoi il est tenu d'une obligation de résultat. Cette promesse de porte-fort est aussi différente de la caution car cette dernière exécute l'obligation du débiteur défaillant.

b. Si le résultat est atteint

Si le résultat est atteint, c'est-à-dire le tiers ratifie le contrat, deux conséquences en découlent :

- Le promettant est libéré car a exécuté son obligation. Sauf clause contraire, il s'est seulement engagé à ce que le tiers consente, donc il n'est pas responsable si ce tiers, après avoir accepté, n'exécute pas son obligation.

- Le tiers est rétroactivement engagé et lié dès le jour où le contrat de porte-fort a été conclu : c'est par cette rétroactivité que la promesse de porte-fort déroge au principe de l'effet relatif des contrats.

C. Contrats collectifs

Dans certains domaines comme en droit du travail, des accords collectifs (cas des conventions collectives de travail) s'appliquent à des personnes qui ne les ont pas conclus et leur attribuent des droits et des obligations[232].

Qu'il s'agisse des parties au contrats ou des cas exceptionnels des tiers auxquels s'applique le contrat, la non-exécution du contrat entraine certaines conséquences.

---

[231] G. LEGIER, *op. cit.*, pp. 82 et ss.
[232] Article 272 du code du travail.

CHAPITRE 3
CONSEQUENCES DE L'INEXECUTION DU CONTRAT

Lorsque le débiteur n'exécute pas son obligation contractuelle, plusieurs voies s'offrent au créancier. Il peut soit procéder à l'exécution forcée en nature (section I). soit faire engager la responsabilité contractuelle du débiteur en exigeant des dommages et intérêts (section II) soit, au vu de certaines particularités concernant les contrats synallagmatiques dont l'interdépendance des obligations, suspendre l'exécution de son obligation ou demander la résolution du contrat (section III).

Section I. Exécution forcée en nature

La notion (§1), le domaine (§2) et les moyens de contrainte seront analysés (§3).

§1. Notion

L'exécution forcée en nature est l'exercice par le créancier d'un moyen de contrainte contre son débiteur ayant pour but de le forcer à s'exécuter[233].

§2. Domaine

L'exécution forcée en nature a pour domaine de prédilection l'obligation de donner (A), mais est exclue pour d'autres obligations (B).

A. Principe : obligation de donner

Le domaine de l'exécution forcée en nature est celui des obligations de donner et en particulier des obligations de somme d'argent. Vu le caractère de fongibilité de la monnaie, le créancier peut obtenir l'exécution du paiement par des saisies pratiquées sur le patrimoine du débiteur.

B. Cas d'exclusion

Mais l'exécution forcée en nature présente des difficultés pour les obligations de ne pas faire et de faire.

---

233 G. LEGIER, *op. cit.*, p. 94.

1. Obligation de ne pas faire

L'exécution forcée en nature est exclue pour les obligations de ne pas faire selon le principe énoncé dans l'article 40 CCLIII : « *Toute obligation de faire ou de ne pas faire se résout en dommages et intérêts, en cas d'inexécution de la part du débiteur* ». En effet, l'inexécution d'une obligation de ne pas faire est par hypothèse définitive. Le créancier ne peut envisager que la responsabilité contractuelle.

2. Obligation de faire

La même difficulté d'exécution forcée en nature se présente pour les obligations de faire selon toujours l'article 40 CCLIII qui dispose « Toute obligation de faire ou de ne pas faire se résout en dommages et intérêts, en cas d'inexécution de la part du débiteur ».

Cependant, la doctrine et la jurisprudence ont admis quelques restrictions à ce principe de non-exécution forcée pour les obligations de faire. C'est ainsi qu'une distinction a été établie.

Si l'exécution de l'obligation met en jeu la liberté individuelle du débiteur, l'exécution forcée en nature est exclue. C'est le cas d'un peintre qui refuse d'effectuer un portrait promis dans le contrat, d'un médecin qui refuse d'opérer. Mais si l'exécution de l'obligation ne met pas en jeu la liberté individuelle, l'exécution forcée est possible. C'est le cas de l'obligation de livrer la chose.

§3. Moyens de contrainte

La contrainte peut être directe (A) ou indirecte (B).

A. Moyens de contrainte directe

Ces moyens sont la saisie des biens, la destruction des constructions et l'exécution par un tiers de la prestation du débiteur[234].

1. Saisie des biens du débiteur

La saisie des biens du débiteur aboutit à la vente forcée. Dans ce cas, le créancier se fait payer sur le prix de la vente.

---

234 G. LEGIER, *op. cit.*, p. 95.

2. Destruction de ce qui a été construit

Dans l'hypothèse des obligations de ne pas faire, le créancier peut obtenir la destruction de ce qui a été fait en violation d'une obligation de ne pas faire (art. 41 CCLIII). Le créancier d'une obligation de ne pas faire peut exiger que ce qui a été fait en contravention à l'engagement soit détruit, par exemple, imposer la démolition d'un ouvrage édifié en violation d'une clause interdisant une construction. Si le débiteur refuse, le créancier doit se faire autoriser par justice à détruire l'ouvrage, aux frais du débiteur. La destruction peut se faire soit par le débiteur soit par un tiers mais aux frais du débiteur.

3. Exécution par un tiers

Il s'agit de l'exécution par une autre personne que le débiteur qui se pratique souvent dans les obligations de faire. Le créancier d'une obligation de faire inexécutée peut être autorisé par justice à la faire accomplir par un tiers aux dépens du débiteur (art. 42 CCLIII). Le créancier va ainsi obtenir la prestation que le débiteur a refusé d'exécuter.

B. Moyen de contrainte indirecte : astreinte

L'astreinte doit être définie avant d'en donner les caractères[235].

1. Notion

L'astreinte est un procédé de contrainte et elle frappe le débiteur dans sa partie sensible, le portefeuille, pour l'inciter à s'exécuter[236].

L'astreinte est la condamnation par le juge du débiteur qui refuse de s'exécuter à payer au créancier une somme égale a tant par jour, et ce pour toute la durée de l'inexécution ou du retard d'exécution.

2. Caractère

D'abord, l'astreinte est comminatoire c'est-à-dire que contrairement aux dommages et intérêts, elle ne répare pas le dommage subi, mais elle contraint le débiteur à s'exécuter. C'est un moyen de pression.

Ensuite, l'astreinte est indéterminée car on ne saurait déterminer à l'avance le temps de la résistance du débiteur. Les dommages et intérêts

---

235 KALONGO MBIKAYI, *op. cit*, p. 164.

236 Ph. MALAURIE, L.AYNES et Ph. STOFFEL-MUNCK, *op. cit*, n°1363, p. 723.

par contre sont fixés une fois pour toute par le juge en tenant compte du principe de la réparation intégrale du dommage.

Enfin, l'astreinte est provisoire : le juge peut réviser le montant de l'astreinte, il peut l'augmenter ou le réduire.

Section II. Responsabilité contractuelle

La notion (§1), les conditions (§2) et la mise en œuvre (§3) seront être examinés.

§1. Notion

La responsabilité contractuelle est l'obligation pour le débiteur de réparer le dommage par une partie au contrat par l'inexécution ou la mauvaise exécution des obligations nées du contrat[237].

Il y a une distinction entre la réparation et l'exécution. Cela permet de distinguer la responsabilité contractuelle de l'exécution forcée.

L'exécution forcée tend à procurer au créancier cela même à quoi il a droit et l'on parle de la réparation en nature avec l'aide des différents moyens de contrainte. Tandis que la responsabilité contractuelle répare le préjudice suite à l'inexécution du contrat. Cette réparation se fait sous la forme d'équivalent pécuniaire par l'allocation des dommages et intérêts[238].

§2. Conditions

La responsabilité contractuelle suppose la faute contractuelle du débiteur (A), le dommage subi par le créancier (B) et un lien de causalité entre la faute et le dommage (C).

A. Faute contractuelle : inexécution de l'obligation contractuelle

1. Notion

La faute contractuelle consiste dans l'inexécution d'une obligation née du contrat. L'inexécution peut consister en une inexécution totale (exemple : le vendeur ne livre rien), en une exécution partielle (exemple : le vendeur livre la moitié des marchandises), en exécution défectueuse

---

237 A. BENABENT, *op. cit.*, n°403.
238 A. BENABENT, *op. cit.*, n°403-1

(exemple : le vendeur livre des marchandises détériorées) ou en une exécution tardive (exemple : le vendeur livre les marchandises en retard)[239].

2. Preuve de l'inexécution

La preuve de l'inexécution incombe au créancier. Néanmoins, il y a lieu de distinguer entre la preuve de l'obligation de moyens et celle de résultat.

a. Obligation de moyens

L'article 36 CCLIII dispose que « *L'obligation de veiller à la conservation de la chose soumet celui qui en est chargé à y apporter tous les soins d'un bon père de famille* ».

Cette disposition met en exergue l'obligation des moyens et le régime de la preuve des obligations de moyens se présente comme suit :

- La responsabilité du débiteur n'est engagée que s'il a commis une faute : on dit qu'il est tenu d'une obligation de moyens ou de diligence ;
- Le créancier doit prouver cette faute du débiteur ;
- La faute est appréciée in abstracto, c'est-à-dire par rapport à un modèle abstrait, l'homme normalement prudent et avisé : le bon père de famille.

b. Obligation de résultat

L'article 45 CCLIII énonce que « *Le débiteur est condamné, s'il y a lieu, au paiement des dommages et intérêts, soit en raison de l'inexécution de l'obligation, soit en raison du retard dans l'exécution, toutes les fois qu'il ne justifie pas d'une cause étrangère qui ne peut pas lui être imputée, encore qu'il n'y ait aucune mauvaise foi de sa part* ».

Cette disposition met en exergue l'obligation de résultat et le régime de la preuve des obligations de moyens se présente comme suit : Le débiteur est de plein droit responsable en cas d'inexécution ou de retard :

- L'inexécution fait présumer la faute du débiteur. Le créancier doit simplement prouver cette inexécution, c'est-à-dire que le résultat promis n'est pas atteint ;

---

239 G. LEGIER, *op. cit.*, p. 86 ; Ph. MALAURIE, L.AYNES et Ph. STOFFEL-MUNCK, *op. cit.*, n°s 939 et ss, pp. 501 et ss.

- Le créancier n'a pas à prouver la faute du débiteur ;
- Pour se dégager de sa responsabilité, le débiteur doit établir une cause étrangère qui ne lui est pas imputable tel le cas de force majeure.

3. Causes d'exonération du débiteur

Les causes d'exonération sont la force majeure, le fait du créancier, le fait d'un tiers et l'absence de faute.

a. Force majeure

L'article 46 CCLIII exonère le débiteur lorsque l'inexécution provient d'une force majeure ou d'un cas fortuit. On distingue parfois le cas fortuit, qui serait un évènement interne à l'activité ou l'entreprise du débiteur (exemple : incendie de ses locaux), de la force majeure qui lui serait totalement étrangère (tremblement de terre). Mais, en général, les deux expressions sont souvent employées indifféremment.

La force majeure peut être un évènement de la nature ou le fait d'un tiers y compris l'administration (on parle de fait du prince). Elle présente certains caractères et produit des effets.

1° Caractères

L'évènement constitutif de la force majeure doit être :

- **Irrésistible ou insurmontable :** C'est le caractère essentiel de la force majeure. L'irrésistibilité de l'évènement est constitutive de la force majeure, lorsque sa prévision ne permettait pas d'en empêcher les effets et que le débiteur avait pris toutes les mesures requises pour éviter sa réalisation. L'irrésistibilité est l'impossibilité d'exécuter l'obligation. Elle s'apprécie par référence aux capacités d'un homme normalement diligent, « évènement normalement irrésistible ». Le débiteur d'une chose de genre qui a été détruite peut rarement se libérer par la force majeure, car elle estime qu'il a toujours la possibilité de la remplacer (*genera non pereunt*).

- **Imprévisible :** L'imprévisibilité s'apprécie au jour de la conclusion du contrat par référence à la prévoyance d'un homme raisonnable : la jurisprudence parle couramment d'évènements normalement imprévisibles. Tout dépend des circonstances, par exemple, une intempérie était prévisible, mais non sa violence.

- **Extérieur :** L'évènement doit être extérieur, non imputable au débiteur, ni aux personnes dont il doit répondre. Exemple : le débiteur n'est pas exonéré lorsque son employé a commis une faute, même imprévisible et irrésistible. Jugé que la force majeure, constituant une circonstance absolument indépendante de la volonté de l'auteur du recours, il appartient à celui qui l'invoque de la prouver[240]. Jugé que c'est au débiteur qu'il appartient d'établir le défaut d'imputabilité en prouvant la survenance d'un cas fortuit ou de force majeure[241].

2° Effets

- Le débiteur est libéré de son obligation.
- Si l'impossibilité d'exécution n'est que momentanée, l'obligation du débiteur n'est pas éteinte, et son exécution est seulement suspendue. La suspension du contrat est parfois prévue par la loi lorsqu'un évènement déterminé se produit, même s'il ne revêt pas les caractères de la force majeure. Exemple : est suspendue l'exécution du contrat de travail, en cas de maladie du salarié (voir code du travail).

b. Fait du créancier

Le fait du créancier fautif ou non exonère totalement le débiteur lorsqu'il a été la cause exclusive de son dommage. La faute du créancier peut avoir concouru, avec celle du débiteur, à la réalisation du dommage : le débiteur est alors partiellement exonéré et un partage de responsabilité est prononcé. En ce cas, seule la faute du créancier est prise en compte. Le fait non fautif qui n'aurait contribué que pour partie à la réalisation du dommage n'a pas d'incidence sur la réparation.

c. Faits d'un tiers

Si le fait d'un tiers a les caractères de force majeure, le débiteur est exonéré de sa responsabilité contractuelle. Si le fait d'un tiers n'a pas les caractères de force majeure, le débiteur n'est pas exonéré dans ses rapports avec le créancier. Le tiers et le débiteur seront tenus *in solidum* envers le créancier.

---

240 CSJ, 8 janvier 1970, *RJC*, n°1, 1970, pp. 17-18.

241 Léo, 13 novembre 1926, *Jur. Col.* 1929, p. 159.

d. Absence de faute

- Si l'obligation est de résultat, le débiteur est responsable même lorsqu'il n'a pas commis de faute : la preuve de l'absence de faute n'a aucun effet exonératoire.

- Si l'obligation est de moyens, la responsabilité du débiteur n'est engagée que lorsque sa faute a été prouvée : l'absence de faute n'est donc pas une cause d'exonération, c'est tout simplement de défaut d'une condition indispensable à la mise en jeu de sa responsabilité.

En définitive, la preuve de l'absence de faute n'est une cause d'exonération que dans les cas de responsabilité fondée sur une présomption de faute : le débiteur peut s'en dégager en prouvant qu'il a été diligent.

B. Dommage ou préjudice

L'inexécution n'entraine pas de plein droit une obligation de réparation « s'il y a lieu », (selon l'art. 45 CCLIII). Il faut aussi que le créancier ait subi un dommage. La preuve, les caractères et les catégories seront analysés[242].

1. Preuve

a. En cas d'inexécution

En général, l'inexécution, surtout si elle est totale, fait présumer le dommage, mais le créancier doit en prouver l'étendue.

b. En cas de retard dans l'exécution

Le simple retard dans l'exécution ne fait pas présumer le dommage : le créancier devra le prouver, sauf s'il s'agit d'une somme d'argent (les intérêts de retard lui sont alors de plein droit accordés, en principe à dater de la sommation de payer, art. 51 CCLIII, al. 2 et 3). Le dommage et son montant, faits juridiques, se prouvent par tout moyen.

---

[242] G. LEGIER, *op. cit.*, pp. 91 et ss.

2. Catégories de dommages

a. Matériel

Il s'agit de l'atteinte au patrimoine du créancier. Le créancier peut selon le prescrit de l'article 47 CCLIII, réclamer réparation de la perte éprouvée ou *damnum emergens* (par exemple, le prix qui avait été payé pour acheter des marchandises, par la suite perdues au cours d'un transport) et du gain manqué ou *lucrum cessans* (par exemple, bénéfice qui pouvait résulter de leur revente).

Jugé que la défenderesse est tenue à réparer intégralement le préjudice causé en tenant compte de la perte subie et du gain dont a été privé la demanderesse[243].

b. Corporel

Le dommage corporel est l'atteinte à l'intégrité physique de la victime.

c. Moral

Il s'agit de l'atteinte à l'honneur ou aux sentiments de la victime. C'est le cas des proches parents d'un passager décédé au cours d'un transport qui peuvent réclamer au transporteur réparation au préjudice résultant de la perte d'un être cher.

3. Caractères du dommage

a. Certain

Un préjudice certain, même futur (prolongation certaine d'un état de choses actuel), est réparable. Mais un préjudice simplement éventuel ne l'est pas.

b. Direct (art. 49 CCLIII)

Il faut un lien suffisant de causalité avec l'inexécution. Des fois, il est difficile de faire la démarcation entre le préjudice direct qui est réparable et préjudice indirect qui est non réparable.

---

243 Tricom-Gombe, RCE 1370, 21 décembre 2010, inédit, cité par LUTUMBA wa LUTUMBA (G.O.), *Code commercial annoté*, p. 52.

c. Prévisible (art. 48 CCLIII)

1° Principe

Le débiteur ne doit réparer que le dommage qu'il avait pu prévoir lors de la conclusion du contrat. Cette condition propre à la matière contractuelle est en général expliquée par l'idée que les conséquences de l'inexécution d'un contrat dépendent de ce que les parties ont voulu et de ce qu'elles ont pu raisonnablement prévoir. Si donc le dommage s'étend au-delà de ce qui était normalement prévisible, le débiteur n'est pas tenu de réparer la fraction qu'il ne pouvait pas prévoir.

2° Exception (art. 48 CCLIII)

La réparation s'étend au dommage imprévisible lorsque l'inexécution provient d'un dol du débiteur.

- Au sens de l'article 48 CCLIII, le dol est la faute intentionnelle commise dans l'exécution du contrat. Exemple : un refus d'exécution sans raison légitime et en sachant que le créancier va subir un préjudice. Le dol dans l'exécution du contrat est à distinguer du dol dans sa conclusion. La jurisprudence assimile au dol la faute lourde.

- La faute lourde, à la différence du dol, n'est pas intentionnelle mais elle est plus grave qu'une faute ordinaire : c'est une faute grossière. Exemple, si de nombreux vols se sont déjà produits chez un dépositaire, il commet une faute lourde en ne prenant pas des mesures pour les éviter.

Comme le dol, la faute lourde entraîne la réparation du dommage même imprévisible. C'est l'application de l'adage « *culpa latadolo aequiparatur* ».

C. Lien de causalité

Le lien de causalité résulte de l'article 49 CCLIII in fine qui dispose que les dommages et intérêts ne comprennent que « *ce qui est une suite immédiate et directe de l'inexécution de la convention* ».

§3. Mise en œuvre

A. Mise en demeure

Il y a lieu de donner la notion de la mise en demeure avant d'en déterminer le rôle, le domaine et les effets.

1. Notion

L'article 44 CCLIII exige la mise en demeure préalable du débiteur. La mise en demeure est un acte par lequel le créancier somme le débiteur d'exécuter son obligation[244].

2. Rôle

Si, après la mise en demeure, le débiteur n'exécute pas son obligation, sa carence est établie. En conséquence, à dater de la mise en demeure [245]:

- Le créancier peut réclamer des dommages et intérêts ou, si l'exécution est encore possible, des intérêts de retard ;
- Il peut aussi demander soit la résolution du contrat pour inexécution, soit son exécution forcée ;
- Quand une obligation a pour objet un corps certain, les risques de la force majeur sont à la charge du débiteur (art. 37, al. 2, CCLIII), c'est-à-dire que, si la chose est détruite par force majeure avant sa livraison, le débiteur qui aurait dû la livrer ne pourra pas invoquer cet évènement pour se libérer.

3. Forme

L'article 38 CCLIII dispose que le débiteur est constitué en demeure soit par une sommation, ou par un autre acte équivalent, soit par l'effet de la convention, lorsqu'elle porte que, sans qu'il soit besoin d'acte et par la seule échéance du terme.

L'essentiel est que l'intention du créancier d'obtenir l'exécution soit manifeste.

---

[244] G. LEGIER, *op. cit.*, p. 93.

[245] G. LEGIER, *op. cit.*, p. 93.

4. Domaine

Il y a des cas où la mise en demeure est utile et des cas où elle est inutile.

a. Mise en demeure inutile

La mise en demeure est inutile lorsque l'exécution n'est plus possible ou lorsque le débiteur refuse de s'exécuter[246].

1° L'exécution n'est plus possible

L'exécution n'est plus possible, notamment parce que :

- Le débiteur a violé son obligation de ne pas faire (art. 43 CCLIII). Toutefois, la mise en demeure reste utile pour demander la cessation du trouble, par exemple, lorsque le débiteur a installé un commerce au mépris d'une clause de non concurrence ;
- L'obligation ne pouvait être exécutée que dans un certain temps que le débiteur a laissé passer (art. 44 CCLIII), par exemple, un artiste n'a pas participé au spectacle pour lequel il avait été engagé.

2° Refus d'exécuter par le débiteur

La mise en demeure n'est plus possible si le débiteur déclare au créancier qu'il n'exécutera pas la prestation.

b. Mise en demeure utile

La mise en demeure est utile en cas de retard et en cas de nécessité d'information du débiteur.

1° En cas de retard

L'échéance du terme n'entraine pas de plein droit un préjudice au créancier ainsi doit-il adresser au débiteur une mise en demeure avant de pouvoir lui réclamer des dommages et intérêts moratoires, c'est-à-dire destinées à réparer le dommage découlant du retard (*mora,* en latin). Par exemple, s'il s'agit d'une somme d'argent, les intérêts ne courent qu'à compter de la sommation de payer (art. 51, al. 3 CCLIII). Toutefois une clause du contrat peut dispenser de la mise en demeure.

---

246 G. LEGIER, *op. cit.*, p. 93.

2° En cas de nécessité d'information du débiteur

Lorsqu'il faut que le débiteur soit informé de la volonté du créancier d'exiger l'exécution, soit parce qu'aucune échéance n'avait été convenue dans le contrat, soit parce qu'il ignore même l'existence ou le montant de sa dette.

B. Réparation du dommage

L'effet de la responsabilité contractuelle est l'attribution des dommages et intérêts au créancier, victime de l'inexécution. C'est une réparation par équivalent accordée par le juge. Les parties peuvent aussi prévoir par des clauses conventionnelles d'attribution des dommages et intérêts.

1. Réparation par équivalent : les dommages et intérêts

Les dommages et intérêts sont compensatoires ou moratoires.

a. Dommages et intérêts compensatoires

Ils sont destinés à compenser le préjudice découlant de l'inexécution totale ou partielle de l'obligation. Ces dommages et intérêts tiennent lieu d'exécution.

Jugé que le créancier à qui est offerte l'exécution directe des obligations d'un contrat n'est pas fondé à réclamer leur exécution par équivalent ni des dommages et intérêts compensatoires du préjudice résultant de l'inexécution directe ou des dommages et intérêts[247].

1° Montant

Le montant des dommages et intérêts compensatoires doit couvrir la totalité du dommage réparable, mais ne pas l'excéder.

2° Date d'évaluation du dommage

Le dommage doit être évalué au jour du jugement définitif de condamnation, afin que le créancier ne subisse pas les effets de l'érosion monétaire.

---

247 1ère inst. Elis, 8 septembre 1938, *RJCB* 1939, p. 145.

3° Production d'intérêts

Pour inciter le débiteur à un paiement rapide, la loi fait produire des intérêts à la créance de réparation (art. 51, al. 1 CCLIII).

Point de départ des intérêts : la créance produit des intérêts à partir du jour du prononcé du jugement, même en l'absence de demande ou d'une disposition spéciale du jugement. Toutefois le juge peut déterminer autrement le point de départ.

Montant des intérêts : ils sont calculés en fonction du taux fixé par le juge. Selon la jurisprudence, le taux est de 6% en matière civile et de 8% en matière commerciale.

b. Dommages et intérêts moratoires dans les obligations de sommes

L'obligation de sommes d'argent est toujours susceptible d'exécution forcée. En cas d'inexécution, le créancier n'aura souffert que du retard[248]. Ainsi, il n'aura droit qu'à des dommages et intérêts moratoires.

Ces intérêts de retard ou dommages et intérêts moratoires, sont calculés forfaitairement. Il s'ensuit que le créancier n'a pas à prouver son préjudice (art. 51, al. 2, CCLIII).

1° Calcul des dommages et intérêts moratoires

Les dommages et intérêts résultant du retard dans l'exécution d'une somme d'argent « *ne consistent jamais que dans la condamnation aux intérêts au taux fixé par le juge* » (art. 51, al. 1er, CCLIII). Le taux est ainsi judiciaire.

2° Point de départ des intérêts

Les intérêts courent à dater de la mise en demeure, sauf dans les cas où la loi les fait courir de plein droit. C'est le cas de l'article 537 CCLIII pour les sommes que le mandataire a employées à son usage.

3° Anatocisme ou capitalisation des intérêts

Les intérêts produisent à leur tour des intérêts (capitalisation des intérêts ou anatocisme) si cette capitalisation a été demandée en justice et accordée par un jugement ou décidée par les parties dans une convention

---

248 Ph. MALAURIE, L.AYNES et Ph. STOFFEL-MUNCK, *op. cit.*, n°968, p. 521.

spéciale (art. 52 CCLIII). La capitalisation des intérêts est donc permise en droit congolais.

Cependant, il y a une exception. Contrairement à l'article 51 CCLIII, l'article 52 CCLIII dispose que les revenus échus tels que les fermages et loyers produisent des intérêts non pour une année entière, mais du jour de la demande ou de la convention[249].

C. Aménagement conventionnel des dommages et intérêts

Les parties peuvent prévoir des clauses qui aggravent, excluent ou limitent leur responsabilité. Elles peuvent aussi prévoir d'avance un montant forfaitaire des dommages et intérêts à devoir en cas d'inexécution (clause pénale)[250].

1. Clauses qui aggravent, exonèrent ou limitent la responsabilité

a. Clauses aggravant la responsabilité

Une partie accepte qu'une obligation qui pèse sur elle soit plus lourde. C'est le cas par exemple d'une partie qui accepte que son obligation de moyens se transforme en obligation de résultat ou bien le débiteur s'engage à réparer les dommages découlant de la force majeure en général ou de certains cas de force majeure (voir les articles 423 et 424 CCLIII sur les baux à ferme). Son obligation est alors dite de garantie. Ces clauses sont valables.

b. Clauses exonératoire ou limitative de la responsabilité

i. Définition

La clause de non responsabilité ou exonératoire de responsabilité est celle dont l'objet est d'affranchir le débiteur de sa responsabilité. La clause limitative n'écarte pas la responsabilité, mais limite le montant de la réparation en instaurant un maximum.

ii. Avantages et inconvénients

Les clauses qui écartent ou limitent la responsabilité présentent une utilité mais ont aussi des inconvénients.

---

[249] A. WEILL, *Droit civil. Les obligations*, Paris, Dalloz, 3ème édition 1980, n° 443.
[250] G. LEGIER, *op. cit.*, pp. 97 et ss.

Comme utilité : le contractant, dont la responsabilité est conventionnellement écartée ou réduite, fait payer ses services moins chers.

Comme inconvénients : elles peuvent inciter le débiteur à une certaine négligence et privent le créancier de tout ou partie de l'indemnisation de son dommage.

iii. Validité

En vertu de la liberté contractuelle, ces clauses sont en principe valables.

Néanmoins, elles ne doivent pas faire échec au principe selon lequel il faut exécuter de bonne foi les conventions (art. 33, al 3 CCLIII). Donc, elles sont inefficaces en cas de dol (faute intentionnelle) ou de faute lourde et n'exonèrent le débiteur qu'en cas de faute légère. En outre, la clause ne doit pas contredire l'obligation principale du contrat, sous peine d'être jugée non écrite. Ainsi une société de transport ne peut se prévaloir d'une clause limitative de responsabilité, si elle effectue la livraison avec retard.

La validité des clauses exonératoires ou même limitatives de responsabilité est toutefois discutée, lorsqu'elles concernent les dommages causés à l'intégrité physique de la personne ; dans ce cas, les tribunaux les considèrent parfois comme non écrites.

2. Clauses pénales

a. Définition et validité

Les clauses pénales évaluent par avance et forfaitairement l'indemnité (peine) qui sera due par le débiteur en cas d'inexécution. La clause pénale est à distinguer de la clause du dédit, par laquelle, le bénéficiaire d'une promesse unilatérale de vente s'engage, pour le cas où il déciderait de ne pas acheter, à verser au promettant une somme destinée à l'indemniser du fait que cette personne a dû immobiliser son bien pendant un certain temps. Cette clause de dédit n'est pas une clause pénale, puisque celui qui doit l'indemnité n'était pas obligé d'acheter et n'a donc pas failli à ses obligations contractuelles[251].

---

[251] G. LEGIER, *op. cit.*, p. 99.

La clause pénale est en principe valable (art. 50, al. 1, CCLIII).

b. Conditions d'application

1° L'inexécution de l'obligation. Jugé que la clause pénale insérée dans un contrat de bail et prévoyant la rupture du bail et la débition de plein droit par le preneur de l'indemnité convenue à défaut de paiement des loyers, est applicable au cas de non-paiement des loyers échus au cours de la procédure en obtention de concordat et après la déclaration de faillite[252]. Ainsi, la clause pénale n'est applicable que si l'inexécution est imputable au débiteur[253].

2° La mise en demeure, sauf dispense résultant de l'accord des parties (art. 128 CCLIII). Jugé que au cas où, par une clause pénale, les parties ont fixé d'avance l'indemnité qui serait due par l'une d'elle par suite de la violation de ses engagements, le juge ne peut modifier le taux des dommages-intérêts ainsi fixés ; il se borne à vérifier si le défendeur a violé ses engagements et à le condamner au paiement des dommages-intérêts fixés par la clause. Le demandeur n'a pas à établir un préjudice ; une mise en demeure n'est pas nécessaire si la clause stipule que les dommages-intérêts seront dus par le seul fait de l'infraction ou sans mise en demeure[254].

3° L'interdiction de demander à la fois l'exécution forcée et la peine convenue (art. 127 CCLIII) : le créancier doit choisir.

c. Mise en œuvre

i. Caractère forfaitaire

La clause pénale a un caractère forfaitaire. Si les conditions d'application sont réunies, la peine est due, sans que le créancier ait à établir l'existence et le montant de son dommage[255].

ii. Pouvoir de révision du juge

Le juge a un pouvoir de révision de la clause pénale. Il peut « modérer ou augmenter la peine qui avait été convenue, si elle est manifestement excessive ou dérisoire » (art. 50, al. 2 CCLIII). Comme condition de la

---

252 Léo, 13 novembre 1926, *Jur. Col.* 1929, p. 159.
253 Léo, 13 novembre 1926, *Jur. Col.* 1929, p. 159.
254 1ère Inst. Léo, 7 avril 1926, *Jur. Kat. III*, p. 202.
255 G. LEGIER, *op. cit.*, p. 99.

révision, il faut une disproportion importante et flagrante entre la peine convenue et le préjudice réel.

Le juge peut réviser d'une part même d'office (art. 50, al. 2, CCLIII) et, d'autre part, même si une clause interdit la révision.

Quant à l'étendue de la révision, le juge peut réduire ou augmenter la peine, mais non la supprimer. Il en fixe souverainement le chiffre, mais le montant du préjudice reste une limite, c'est-à-dire un plancher. S'il réduit la peine (il ne peut aller plus bas que le préjudice réel), ou un plafond, s'il augmente (il ne peut aller plus haut). Lorsque l'engagement a été exécutée en partie, la peine peut être réduite, à proportion de l'intérêt que cette exécution partielle a procuré au créancier (art. 129 CCLIII).

Section II. Règles particulières aux contrats synallagmatiques

L'interdépendance des obligations caractérise les contrats synallagmatiques : chaque partie ne s'engage qu'en considération de la prestation promise par l'autre. Exemple : dans la vente, le vendeur ne s'engage que parce que l'acheteur s'est engagé à payer le prix, et réciproquement.

Ainsi, trois conséquences en découlent en cas d'inexécution par une partie: d'abord, l'autre partie peut suspendre l'exécution de son obligation ; c'est l'exception d'inexécution (§1) ; ensuite, elle peut aussi demander en justice la résolution du contrat (§2) ; enfin, si l'exécution est impossible en raison d'une force majeure, chaque contractant est libéré (§3).

§1. Exception d'inexécution

La définition (A), les caractères (B), le domaine (C), les conditions (D), les effets (E) et la mise en œuvre (F) seront analysés.

A. Définition

L'exception d'inexécution ou *exceptio non adimpleti contractus* est le droit accordé à chaque contractant de refuser d'exécuter son obligation tant que l'autre n'accomplit pas la sienne. A celui qui réclame l'exécution de ce qu'elle doit, elle répond : « donnant donnant », « trait pour trait », « droit pour doit »[256].

[256] Ph. MALAURIE, L.AYNES et Ph. STOFFEL-MUNCK, *op. cit.*, n° 858, p. 449.

B. Caractères

D'abord, c'est un moyen de pression sur le débiteur et une garantie pour le créancier[257].

Ensuite, sa mise en œuvre n'exige pas l'autorisation du juge (c'est une sorte de peine privée), mais celui-ci peut être amené ultérieurement à contrôler si l'exception n'a pas été utilisée abusivement.

Enfin, elle a un caractère provisoire : le créancier suspend provisoirement l'exécution de son obligation, qui n'est pas éteinte. S'il apparaît que le débiteur n'accomplira pas sa prestation, il appartient alors au créancier de demander en justice soit l'exécution forcée, soit la résolution du contrat, avec éventuellement des dommages et intérêts.

C. Domaine

Plusieurs articles du code civil livre III en font des applications particulières. Exemple : elle est prévue au profit du vendeur qui n'a pas été payé (art. 289 CCLIII), du dépositaire qui n'a pas reçu le salaire convenu (art. 511 CCLIII)[258].

Jugé que le vendeur est fondé à suspendre les livraisons quand l'acheteur se refuse à acquitter le montant des fournitures déjà livrées[259].

D. Conditions

1. Connexité

Les obligations doivent être connexes, c'est-à-dire avoir pour source le même contrat synallagmatique.

2. Simultanéité

Les obligations sont à exécuter simultanément. C'est le cas dans la vente au comptant, l'acheteur est tenu de payer au moment où le vendeur lui livre la chose, donc si l'un n'exécute pas son obligation, l'autre est en droit de suspendre l'exécution de la sienne.

---

257 G. LEGIER, *op. cit.*, p. 100.

258 MULUMBA KATCHY, *op. cit.*, p. 59 et pp. 171-172.

259 Léo, 30 juin 1931, *RJCB* 1933, p. 151 ; Elis. 29 juin 1946, RJCB 1946, p. 165.

Dans les hypothèses où, en vertu du contrat, une partie doit exécuter son obligation avant l'autre (le vendeur à crédit qui doit livrer la chose avant d'être payé), cet ordre chronologique l'empêche d'invoquer l'exception.

3. Inexécution

Il faut qu'une partie n'exécute pas son obligation, quelle qu'en soit la cause (faute ou force majeure).

4. Proportionnalité

Il faut une certaine proportion entre la riposte du créancier (qui suspend l'exécution de son obligation) et l'inexécution de l'obligation de son débiteur.

L'exception n'est donc offerte qu'au créancier de bonne foi : un contractant n'a pas le droit de refuser d'exécuter son obligation, si l'inexécution de l'autre partie est minime ou porte sur une obligation accessoire. Exemple : le locataire ne peut pas refuser de payer le loyer lorsque le bailleur n'effectue pas des réparations d'importance secondaire.

En cas d'inexécution partielle, le créancier est en droit de refuser d'exécuter sa prestation soit partiellement, soit même totalement, à condition que la riposte ne soit pas disproportionnée.

Il n'y a pas d'autre condition (mise en demeure ou demande en justice), car l'exception est simplement un moyen défensif qui permet à une partie de refuser l'exécution lorsque l'autre la réclame.

E. Effets

Les effets de l'exception sont provisoires : elle entraîne la suspension de l'exécution de l'obligation[260].

Mais l'obligation doit être exécutée, dès que le, cocontractant accomplit la sienne.

---

260 G. LEGIER, *op. cit.*, p. 102.

F. Mise en œuvre

L'originalité de l'exception d'inexécution est que sa mise en œuvre est de pouvoir être décidé par le cocontractant lui-même, sans l'autorisation du juge. De ce fait, c'est un moyen de justice privée, qui constitue une sorte de légitime défense[261].

§2. Résolution du contrat pour inexécution

Le droit de demander la résolution découle de l'interdépendance des obligations, chaque obligation ayant pour cause l'obligation de l'autre. L'on examinera le droit d'option du créancier(A), le domaine (B), les conditions (C) et les effets (D).

A. Droit d'option du créancier

Lorsqu'une partie manque à ses obligations, l'autre peut réclamer la résolution, c'est-à-dire l'anéantissement du contrat[262]. Selon l'article 82 CCLIII, « *la condition résolutoire est toujours sous entendue dans les contrats synallagmatiques, pour le cas où l'une des deux parties ne satisfera point à son engagement* ».

L'alinéa 2 de l'article 82 CCLIII offre au créancier une option : soit demander la résolution, soit exiger l'exécution, si elle est encore possible[263].

Jugé que est fondé et entraine cassation de l'arrêt attaqué, le moyen tiré de la violation de l'article 82 CCLIII en ce que le juge d'appel a dit recevable et fondée l'action reconventionnelle formée par le défendeur en cassation alors qu'il n'avait pas payé l'entièreté du prix et que la disposition susvisée réserve le choix au vendeur le choix soit d'obtenir l'exécution forcée, soit la résolution du contrat contre la partie qui n'a pas exécuté ses engagements[264].

---

261 A. BENABENT, *op. cit.*, n°387.

262 G. LEGIER, *op. cit.*, p. 102.

263 KALONGO MBIKAYI, *op. cit.*, p. 202.

264 CSJ, 23 juillet 1987, *Bull. Arr.* 2002, p.357.

B. Domaine

1. Principe

La résolution pour inexécution concerne les contrats synallagmatiques. Ce sont notamment les contrats de vente, de bail. Il en est de même du contrat de travail[265].

2. Exception

La résolution de certains contrats unilatéraux est également possible[266]. Exemple du prêt à intérêts : si l'emprunteur ne paie pas les intérêts, le prêteur peut exiger le remboursement immédiat du capital.

La notion de cause, explique cette extension : le prêteur a, au moment du contrat, exécuté sa prestation (la remise de la chose), dont la cause réside dans l'engagement de l'emprunteur de payer les intérêts et plus tard de restituer le capital. Si l'emprunteur ne satisfait pas à son engagement de verser les intérêts, l'obligation du prêteur n'a plus de cause : le prêteur peut donc exiger la restitution immédiate.

De même, le débiteur qui a remis un bien en gage à son créancier peut en, exiger la restitution quand le créancier en abuse (voir Acte uniforme OHADA portant sûretés).

C. Conditions

Les conditions de la résolution sont l'inexécution de l'obligation, la mise en demeure et le caractère judiciaire de la résolution.

1. Inexécution de l'obligation

Il faut que le débiteur ne satisfasse pas à son engagement, selon l'art.82 CCLIII. L'inexécution peut être totale ou partielle ou même l'exécution peut être tardive.

Mais il convient de signaler que la gravité de la sanction (extinction du contrat) soit proportionnée à l'importance de l'inexécution, donc les juges refusent la résolution si l'inexécution invoquée est mineure.

---

265 MUKADI BONYI, Droit du travail, *op. cit*, p. 393, n°401.

266 G. G. LEGIER, *op. cit.*, p. 102.

En général, le mécanisme de la résolution judiciaire n'a été prévu que pour le cas où l'inexécution est imputable au débiteur. Jugé que l'action en résolution n'appartient logiquement qu'à la partie lésée, c'est-à-dire celle qui s'est exécutée et qui n'a pas eu d'exécution en retour. Elle n'appartient donc pas à l'auteur de l'inexécution fautive[267]

2. Mise en demeure

Il faut qu'il y ait mise en demeure du débiteur. Cette mise en demeure est indispensable et détermine l'action en résolution[268].

Il n'y a pas de forme en la matière. L'on admet généralement que l'assignation vaut mise en demeure.

Elle peut aussi être faite par la lettre recommandée.

3. Caractère judiciaire de la résolution

La résolution produit des effets plus graves que l'exception d'inexécution : le contrat est anéanti ; d'où, en principe, la nécessité d'une décision de justice[269].

a. Principe : nécessité du recours au juge (art. 82 CCLIII)

1° Portée

Le principe est que le recours au juge est obligatoire selon l'article 82 CCLIII. La résolution n'opère pas de plein droit. Jugé que la résiliation d'une convention de vente sans accord des parties ni décision de justice n'est pas valide et viole les articles 33 et 82 du CCLIII[270]. De même, la seconde vente ne pouvait produire tous les effets alors qu'il n'y a eu, pour rendre valable la rupture de la première convention, ni accord des parties ni décision de justice au sens des articles 33 et 82 CCLIII[271].

---

267 1ère inst. Elis, avril 1949, *RJCB* 1949, p. 150.

268 L'shi, 14 janvier 1969, *RJC* 1969, p. 270.

269 F. ILUNGA LUBUMBASHI, « Du pouvoir du juge dans la résolution des contrats synallagmatiques », in *Cahiers Africains des Droits de l'Homme et de la Démocratie*, Université de Kinshasa, Faculté de Droit, n°050, vol. I, janvier-mars 2016, pp. 143 et ss ; G. LEGIER, *op. cit.*, p. 103.

270 CSJ, 3 avril 1976, *Bull. Arr.*, 1976, p. 65.

271 CSJ, 20 novembre 1976, RC 117 cité par KATUALA KABA KASHALA, LUMBALA ILUNGA (V) et MUANZA KATUALA, *op. cit.*, p. 221.

2° Raisons du recours au juge

- La résolution a des conséquences plus graves que l'exception d'inexécution, puisqu'elle met fin au contrat.

- Le juge doit vérifier si les conditions de la résolution sont réunies.

3° Pouvoir souverain du juge

Le juge a un large pouvoir d'appréciation. Si l'inexécution est établie, il peut :

- Prononcer la résolution. Si chaque contractant a commis une faute, la résolution peut être prononcée aux torts réciproques ;
- La prononcer en condamnant en outre le débiteur à des dommages et intérêts ;
- Condamner le débiteur à des dommages et intérêts sans prononcer la résolution, notamment en cas d'inexécution partielle, ce qui aboutit à diminuer indirectement la prestation due par le créancier ; le même résultat est atteint par la réfaction du contrat, c'est-à-dire la réduction du prix, technique surtout utilisée à propos de la vente commerciale ;
- Accorder au débiteur un délai de grâce. Tant que la résolution n'a pas été définitivement prononcée, le débiteur a encore, selon les circonstances, la possibilité d'exécuter valablement son obligation. Toutefois, dans le cadre de son pouvoir d'appréciation, le juge peut estimer que cet agissement tardif ne permet pas d'échapper à la résolution. Jugé que la résolution de la vente d'immeuble est prononcée de suite si le vendeur est en danger de perdre la chose et le prix. Si ce danger n'existe pas, le juge peut accorder un délai. Ce délai passé sans que l'acquéreur ait payé, la résolution de la vente sera prononcée[272].

b. Exception : résolution non judiciaire

En dehors du cas où les parties sont d'accord pour mettre fin au contrat *(mutuus dissensus)*, la résolution résulte alors d'un nouveau contrat, on distingue trois séries d'hypothèses[273].

---

[272] CSJ, RC 438, 26 janvier 1989 inédit cité par KATUALA KABA KASHALA, LUMBALA ILUNGA(V) et MUANZA KATUALA, *op. cit.*, p. 282.
[273] G. LEGIER, *op. cit.*, p. 104.

1° Résiliation unilatérale autorisée dans certaines conditions par la loi

La loi peut autoriser elle-même qu'une partie puisse rompre unilatéralement le contrat (art. 33 CCLIII)

2° Contrats à durée indéterminée

Raison de la faculté de résilier unilatéralement : éviter que l'engagement ne devienne perpétuel. Mais le droit de rompre ne doit pas être exercé abusivement (sauf circonstances particulières), un préavis est nécessaire. En outre, dans certains contrats, la loi exige le respect de conditions spécifiques, destinées à protéger une partie (licenciement d'un salarié, congé donné à un locataire).

3° Contrats fondés sur l'intuitus personae

Raison : dans ces contrats, la prise en considération de la personne du contractant étant déterminante, il est normal que la partie qui a placé sa confiance en l'autre puisse résilier l'acte si cette confiance a disparu. La loi accorde expressément une faculté de résiliation unilatérale à certains contractants, au mandant (art. 545 CCLIII).

Le droit de rompre unilatéralement peut être exercé pour n'importe quel motif, mais sans abus.

4° Clauses résolutoires convenues lors de la conclusion du contrat

Les clauses résolutoires sont valables, sauf exceptions légales. Ce sont les clauses de style et les pactes commissoires[274].

- La clause de style se borne à dire que le contrat sera résolu en cas d'inexécution : c'est un simple rappel de l'art. 82 CCLIII, ce qui ne dispense donc pas du recours au juge, ni d'une mise en demeure pour constater l'inexécution. En définitive, elle ne sert à rien et le juge garde son pouvoir d'appréciation[275].

- Le pacte commissoire exprès simple déroge à l'article 82 CCLIII. Ce pacte stipule que « la résolution aura lieu de plein droit » : le recours au juge est nécessaire, mais ses pouvoirs sont limités. Le juge se contente de prononcer la résolution, celle-ci doit être prononcée en justice, il est

[274] KALONGO MBIKAYI, *op. cit.*, p. 206 ; G. LEGIER, *op. cit.*, p. 104.
[275] KALONGO MBIKAYI, *op. cit.*, p. 206.

tenu de la prononcer. L'obligation de mise en demeure se maintient, mais le pouvoir d'appréciation du juge quant à la gravité du manquement et quant à la possibilité d'accorder des délais est supprimé[276]. Jugé que le pacte commissoire exprès prive le juge du pouvoir d'apprécier la gravité du manquement imputé au débiteur de l'obligation, la mission du juge se borne à constater si le manquement est prévu contractuellement[277]. Jugé aussi que lorsque dans un pacte commissoire exprès, il n'est pas stipulé que la résolution aura lieu de plein droit ou sans mise en demeure, il y a lieu à application des règles ordinaires qui exigent la mise en demeure infructueuse[278].

- Le pacte commissoire exprès étendu stipule que la résolution aura lieu « de plein droit et sans, sommation ». Ce pacte qui prévoit les cas dans lesquels la résolution interviendra dispense à la fois du recours au juge et de la mise en demeure. Les parties évitent ainsi la nécessité d'une action en justice et l'aléa inhérent au pouvoir d'appréciation du juge. La résolution se produit de plein droit par le seul effet de la clause[279].

D. Effets

La résolution anéantit rétroactivement le contrat et chaque partie doit restituer à l'autre les prestations fournies[280].

Si le contrat est à exécution successive, le contrat est anéanti, mais sans rétroactivité : il s'agit de la résiliation contrat car il y a extinction seulement pour l'avenir.

Les droits de tiers peuvent être affectés par la nullité C'est ainsi qu'en matière mobilière, le sous acquéreur de bonne foi peut se prévaloir de l'article 658 CCLIII « *en fait de meubles, possession vaut titre* ».

§3. Théorie des risques : existence de la force majeure

Le problème doit être posé être posé(A) avant d'en examiner les solutions(B).

---

276 KALONGO MBIKAYI, *op. cit.*, p. 207.
277 1ère inst. Léo, 27 mai 1958, *RJCB* 1960, p. 51.
278 1ère inst. Elis, 8 mars 1957, *RJCB*, p. 263.
279 A. BENABENT, *op. cit*, n°396 ; N. MASSAGER, *op. cit.*, p. 166.
280 KALONGO MBIKAYI, *op. cit.*, p. 205.

A. Position du problème

Une partie qui est empêchée par un évènement de force majeure d'exécuter son obligation, est libérée de son obligation. La question est de savoir si l'autre partie dont l'exécution est encore possible peut exécuter son obligation.

Exemple : si, avant d'être livrée, la chose vendue périt à cause d'une force majeure, il est certain que le vendeur n'est plus obligé à livrer la chose. Mais l'acheteur est-il obligé d'exécuter son obligation de payer le prix ?

Il s'agit de savoir sur qui pèsent les risques de la force majeure.

B. Solutions

Deux situations sont à distinguer : le principe et l'exception[281].

1. Principe

En principe, les risques pèsent sur le débiteur (*res perit debitori*). Les deux parties sont donc libérées et leur contrat est résolu de plein droit.

Ainsi, les risques pèsent sur le débiteur dans ce sens que d'une part, il ne peut pas exécuter sa prestation : il est donc libéré. D'autre part, l'autre partie, qui pouvait encore accomplir son obligation, n'est plus tenue à l'exécuter.

La raison est simple : comme l'obligation d'un contractant est devenue impossible à exécuter, l'obligation de l'autre n'a plus de cause.

Ce principe entraine des effets.

Si l'impossibilité d'exécution est totale, le contrat est entièrement résolu. La résolution résultant de la force majeure présente quelques différences avec la résolution pour inexécution fautive.

La doctrine estime en général que la résolution à la suite d'une force majeure devrait s'opérée de plein droit et n'aurait pas à être demandée au juge. Cependant, la jurisprudence fait application de l'article 82 CCLIII au motif que ce texte ne distingue pas entre les causes d'inexécution, et

---

281 MALAURIE (P), AYNES (L) et STOFFEL-MUNCK (PH), *op. cit.*, p. 473, n°s 897 et ss ; G. LEGIER, *op. cit.*, p. 105.

en déduit que la résolution exige là aussi l'intervention du juge. Celui-ci vérifie notamment si l'inexécution provient bien d'une force majeure. Toutefois, dans certains cas particuliers, des textes prévoient expressément la résiliation de plein droit du contrat. C'est le cas de l'article 379 CCLIII relatif au bail. Aucune partie ne pourra être condamnée à des dommages et intérêts, puisque personne n'a commis de faute.

Si l'impossibilité est que partielle, le créancier de l'obligation inexécutée n'est pas totalement libéré : son obligation est seulement réduite en proportion. C'est l'hypothèse que l'on retrouve à l'article 379 CCLIII : le locataire peut demander une diminution du loyer, lorsque la chose louée est détruite en partie.

2. Exception

a. Portée

Dans les contrats translatifs de propriété, le risque pèse sur le propriétaire (*res perit domino*).

L'hypothèse visée est celle de la chose qui périt après la conclusion du contrat (contrat de vente ou d'échange par exemple), mais avant sa livraison à l'autre partie.

Le principe de solution est que les risques pèsent sur le créancier de l'obligation de livrer la chose, c'est-à-dire l'acquéreur, qui doit donc payer le prix (art. 37, al. 2 CCLIII) : *res perit creditori.*

La raison de cette solution et le fait que la charge des risques est attachée à la propriété. Or, en principe, l'acheteur devient immédiatement propriétaire dès la conclusion du contrat : les risques pèsent donc sur lui, en tant que propriétaire (dominos), d'où la maxime *res perit domino.*

b. Conséquence en cas de transfert retardé

Lorsque le transfert de propriété est retardé (ce qui est le cas pour les choses de genre, ou en vertu d'une clause de contrat), les risques pèsent sur le vendeur, tant qu'il reste propriétaire.

c. Exception en cas de mise en demeure

Lorsque le débiteur a été mis en demeure de livrer la chose par celui qui a acquis la chose, les risques pèsent sur le débiteur, même s'il n'est plus propriétaire, car la seule mise en demeure prouve son retard fautif. IL doit donc en supporter toutes les conséquences (art. 37, al. 2 in fine CCLIII), sauf si les ont librement réglé autrement la charge des risques.

Si l'impossibilité d'exécution due au cas de force majeure n'est pas définitive, le contrat n'est pas résolu et son exécution est simplement suspendue :

- le débiteur dont l'obligation ne peut plus être exécutée momentanément n'est pas libéré : dès que l'obstacle aura disparu, il devra accomplir sa prestation ;
- de son côté, le créancier est dispensé d'exécuter son obligation tant que le débiteur n'exécute pas la sienne.

Cette suspension de l'exécution n'est pas à confondre avec l'extinction du contrat.

SOUS-TITRE IV. EXTINCTION DU CONTRAT

Les contrats prennent fin par l'effet des parties (chapitre 1) ou pour des causes extérieures aux parties (chapitre 2).

CHAPITRE 1
CAUSES D'EXTINCTION PAR LE FAIT DES PARTIES

Ces causes sont l'exécution de l'obligation (section I), l'accord des parties (section II) et la volonté d'une partie (section III)[282].

Section I. Exécution des obligations

L'exécution de ses obligations par chacune des parties : c'est le mode le plus normal par lequel prennent fin les contrats.

Section II. Accord des parties

Puisque le contrat naît par *mutuus consensus*, il peut prendre fin par *mutuus dissensus* (art. 33, al. 2 CCLIII).

Section III. Volonté d'une partie

L'une des parties dans les contrats successifs peut procéder à la résiliation unilatérale dans le contrat. C'est le plus souvent le cas dans le contrat de travail et dans le contrat de bail. Dans ce cas, la partie qui a l'initiative de résiliation doit donner un congé à l'autre partie.

---

[282] KALONGO MBIKAYI, *op. cit.*, p. 201.

CHAPITRE 2
CAUSES EXTERIEURES AUX PARTIES

Les causes extérieures aux parties sont la mort de l'une des parties (section I) et l'arrivée du terme (section II).

Section I. Mort de l'une des parties dans les contrats intuitu personae

La mort de l'une des parties dans les contrats conclu *intuitu personae* est une cause d'extinction du contrat.

Section II. Arrivée du terme

Cette cause d'extinction s'applique spécialement dans les contrats successifs. C'est le cas par exemple d'un contrat de bail conclu pour cinq ans.

En définitive, le contrat connait la phase de sa formation, de son exécution et de son extinction. Il est une source des obligations aux côtés d'autres sources tels le délit et le quasi-délit,

TITRE II. DELIT ET QUASI DELIT

Lorsque l'on aborde le délit et quasi-délit, l'on se réfère à la responsabilité délictuelle ou quasi-délictuelle que l'auteur du fait illicite engage. Cette responsabilité civile, à définir, a connu une évolution qui sera abordée dans l'introduction du titre(Introduction) et elle est structurée d'abord en responsabilité pour fait personnel (chapitre 1) qui est la responsabilité de droit commun, ensuite en responsabilité pour fait d'autrui (chapitre 2) et enfin en responsabilité pour fait de choses (chapitre 3). Une fois la responsabilité civile établie, la victime met en œuvre son droit à réparation (chapitre 4).

INTRODUCTION

La responsabilité délictuelle est distincte de la responsabilité pénale (section II) de la responsabilité contractuelle (section III). Tout en précisant la notion de la responsabilité délictuelle (section I), il faut signaler qu'elle a connu une évolution (section IV)[283].

Section I. Notion

La responsabilité est le fait de répondre de ses actes[284]. C'est l'obligation de réparer le dommage que l'on cause à autrui. L'auteur doit replacer, dans la mesure du possible et notamment par l'allocation d'une indemnité, la victime dans la situation où elle se serait trouvée si l'acte dommageable ne s'était pas produit[285].

Ainsi, il s'agit d'une obligation qui est un lien en vertu duquel l'auteur d'un délit ou d'un quasi-délit est tenu à indemniser le dommage causé à la victime par son acte.

Le siège de la matière est l'article 258 du code civil, livre III qui dispose que « *Tout fait quelconque de l'homme, qui cause à autrui un dommage, oblige celui par la faute duquel il est arrivé à le réparer* ». Cet article est complété par les articles 259 à 262 CCLIII.

Section II. Distinction des responsabilités civile et pénale

Les responsabilités civile et pénale sont différentes quant à leurs fonctions (§1) tout en se rapprochant dans certains domaines (§2)[286].

§1. Différences quant aux fonctions

Pendant longtemps, il y a eu confusion entre la responsabilité délictuelle et responsabilité pénale. Mais il y a une distinction entre les deux. En principe [287]:

---

283 RAE (M), *Des engagements qui se forment sans convention*, Lubumbashi, Société d'Etudes juridiques du Katanga, 1967 ; KALONGO MBIKAYI, *op. cit.*, pp. 209 et ss.

284 Ph. MALAURIE, L.AYNES et Ph. STOFFEL-MUNCK, *op. cit.*, n° 22, p. 10.

285 G. LEGIER, *op. cit.*, p. 109.

286 KALONGO MBIKAYI, *op. cit.*, p. 224.

287 Y. LAMBERT-FAIVRE et S. PORCHY-SIMON, *op. cit.*, n° 17.

- La responsabilité pénale a pour objet la sanction d'une faute, en proportion de sa gravité alors que la responsabilité délictuelle a pour objet la réparation d'un dommage, proportionnellement à son importance et indépendamment de la gravité de la faute;
- Une faute pénale est punissable même si elle n'entraine pas de dommage à une personne, parce que la loi veut sanctionner tous les comportements qui portent atteinte à l'ordre public tandis qu'une faute civile n'entraine réparation que si elle est à l'origine d'un dommage.

§2. Rapprochement entre la responsabilité civile et la responsabilité pénale

Ce rapprochement se remarque en cas d'option accordée à la victime lorsqu'un même fait constitue une faute pénale et une faute civile (A) ainsi qu'en cas de prééminence du criminel sur le civil lorsque le juge pénal et le juge civil sont saisis pour les mêmes faits (B)[288].

A. Option accordée à la victime : adage « electa una via »

Lorsque la faute civile peut constituer à la fois une infraction pénale, la victime peut agir devant soit le tribunal civil soit le tribunal pénal : on dit alors, quelle se constitue partie civile devant le juge pénal. Les règles de compétence sont déterminées par la loi compétente.

Cependant, lorsque la victime a déjà choisi la voie pénale, la voie civile risque de lui être fermée selon l'adage « *electa una via non datur recursus ad alteram*»[289].

Il faut noter que la voie pénale présente des avantages pour la victime d'une infraction dans la mesure où elle profite des preuves rassemblées par le ministère public.

Jugé qu'il faut, pour être recevable, que la personne qui se constitue partie civile ait été susceptible d'être lésée par l'infraction, sans qu'elle puisse rapporter la preuve du dommage, la simple apparence du

---

[288] G. LEGIER, *op. cit.*, pp. 155 et ss.

[289] E.J.LUZOLO BAMBI LESSA et N. BAYONA ba MEYA, *Manuel de procédure pénale,* Kinshasa, P.U.C, 2010 ; p. 384 ; MUTEBA TSHIMANGA, « Du principe ELECTA UNA VIA et son application en droit positif congolais », *Cahiers Africains des Droits de l'Homme et de la Démocratie*, Université de Kinshasa, Faculté de Droit, CRIDHAC, .n°052, vol. III, juillet-septembre 2016, pp. 201 et ss.

préjudice étant suffisante[290]. Jugé aussi que ne viole pas l'article 57 du code de procédure pénale et l'adage nul ne plaide par procureur, le juge d'appel qui a confirmé la décision du premier degré ayant reçu la citation directe du défendeur lorsqu'il ressort des éléments du dossier que ce dernier, victime de l'infraction d'usage de faux, avait le droit de solliciter la réparation du préjudice à lui causé par cette infraction et de postuler des dommages-intérêts[291].

B. Prééminence du criminel (pénal) sur le civil

Cette prééminence concerne les cas du criminel qui tient le civil en état et de l'autorité de la chose jugée du criminel sur le civil.

1. Le criminel tient le civil en état

Même en cas de mise en mouvement de l'action publique, la victime peut engager son action civile devant une juridiction civile, mais celle-ci doit surseoir à statuer tant que la juridiction pénale n'a pas définitivement statué sur la culpabilité. L'existence d'une procédure pénale suspend ainsi le cours de la procédure civile. C'est parce que le juge civil doit tenir compte de la décision rendu par le juge pénal[292].

Jugé que saisi de l'exception de surséance tiré du principe général de droit selon lequel « le criminel tient le civil en état », le juge a l'obligation de vérifier si le procès répressif n'a pas d'influence sur le procès civil[293]. Jugé aussi qu'en droit congolais, l'adage « le criminel tient le civil en état », est d'application dès lors qu'il y a, outre l'identité des faits de l'action civile et de l'action publique, citation devant la juridiction répressive , l'action publique étant susceptible d'exercer une influence sur l'action civile[294]. Jugé de même, pour décider de la surséance, il faut d'abord que le juge civil se trouve dans l'impossibilité de se prononcer sur la demande civile sans préjuger des faits et de la responsabilité pénale sur lesquels la juridiction répressive est appelée à se prononcer ; il faut

---

290 CSJ, RP 261, 11 novembre 1980 cité par KATUALA KABA KASHALA, LUMBALA ILUNGA (V) et MUANZA KATUALA, *op. cit.*, 2008, p. 259.

291 CSJ, 29 mars 1988, *Bull. Arr.* 2002, p. 423.

292 E.J. LUZOLO BAMBI LESSA et N. BAYONA ba MEYA, *op. cit.*, p. 438.

293 CSJ, RC 1923, 19 juin 1998, *RCD*, n°001/1999, note KALONGO MBIKAYI, p. 60.

294 L'shi, RTA 204, 08 mars 1991, inédit cité par LUKOO MUSUBAO (R), *La jurisprudence congolaise en procédure civile, Vol. I*, Kinshasa, Editions On s'en sortira, 2009, p. 132

ensuite que les poursuites soient effectivement entamées, soit par l'ouverture de l'instruction soit par la citation directe[295].

2. L'autorité de la chose jugée au pénal sur le civil

En général, l'article 227 du code civil, livre III accorde l'autorité de la chose jugée à toute décision de justice coulée en force de chose jugée. C'est l'adage « *res judicata pro veritate habetur* consacré à l'article 227 CCLIII. Pour cela, il faut qu'il y ait identité des parties, de cause et d'objet. Jugé à cet effet qu'est irrecevable, le moyen qui fait grief à la Cour d'Appel d'avoir violé l'article 227 du code civil congolais, livre III, sur l'autorité de la chose jugée attachée à une décision de justice, lorsque le demandeur n'a versé au dossier ni la copie de celle-ci ni les procès-verbaux y relatifs et qu'il met la Cour suprême de justice dans l'impossibilité de vérifier s'il y avait identité des parties, de cause et d'objet dans les dossiers mentionnés[296].

Particulièrement, la chose jugée au pénal a autorité sur le juge civil[297]. Ainsi, la décision rendue au pénal a autorité sur le civil .En conséquence, le juge civil qui statue sur la faute civile ne doit pas rendre une décision qui serait en contradiction avec ce que le juge pénale a décidé à propos du même fait constitutif de faute pénale. Ce principe est une création doctrinale et jurisprudentielle.

Il faut néanmoins distinguer cette autorité selon que le juge pénal a condamné ou acquitté le prévenu, auteur du dommage.

a. En cas de condamnation par le juge pénal

La faute pénale constituant en même temps une faute civile (unicité des deux fautes), le juge civil ne peut donc pas refuser d'allouer à la victime des dommages et intérêts, lorsqu'elle prouve son dommage et le lien de causalité avec la faute pénale.

b. En cas d'acquittement par le juge pénal

L'acquittement au pénal entraine en principe l'absence de faute civile en vertu du principe de l'unicité des fautes civile et pénale.

---

[295] L'shi, 13 aout 1971, *RJZ* 1972, p. 66.

[296] CSJ, 10 décembre 1986, *Bull. Arr.*, 2002, p. 208 ; dans ce sens : CSJ, 8 aout 1979, *Bull. Arr.*, 1979, p. 185.

[297] E.J. LUZOLO BAMBI LESSA et N. BAYONA ba MEYA, *op. cit.*, p. 438.

Cependant, il y a des exceptions. C'est le cas du décès du prévenu et celui d'acquittement au pénal sur le fondement d'une faute d'imprudence au sens de l'article 259 CCLIII (dualité des fautes civile et pénale).

C'est le sens de la loi française n° 2000-647 du 10 juillet 2000 [298]qui a inséré un nouvel article 4-1 dans le code de procédure pénale dont l'économie veut que l'absence de faute pénale non intentionnelle ne fait pas obstacle à l'exercice d'une action devant les juridictions civile afin d'obtenir réparation sur le fondement des articles 1383 du code civil si l'existence de la faute civile prévue à cet article est établie. Cette réforme a ainsi consacré la dualité des fautes civile et pénale en France, dualité confirmé par la jurisprudence française. Jugé en effet que « la déclaration par le juge répressif de l'absence de faute pénale non-intentionnelle ne fait pas obstacle à ce que le juge civil retienne une faute civile d'imprudence ou de négligence »[299].

3. Non bis in idem

Selon l'adage « *non bis in idem* », une personne ne peut être poursuivie pénalement à raison des mêmes faits.

Il a été jugé que viole l'article 1er de l'ordonnance du 14 mai 1886 sur l'application des principes généraux du droit, en l'espèce l'adage non bis in idem, et sa décision encourt cassation totale avec renvoi devant la section judiciaire, le juge d'appel qui, sous le prétexte d'une interprétation ou rectification d'erreur matérielle, a porté atteinte à l'autorité de la chose jugée en changeant le fond de la décision interprétée en attribuant à un clan le droit de jouissance des terres, lequel avait été reconnu à un autre clan par un jugement ayant acquis l'autorité de la chose jugée[300].

Section III. Distinction entre la responsabilité délictuelle et la responsabilité contractuelle

Il y a un intérêt à distinguer les deux responsabilités (§1) tout en délimitant leurs domaines respectifs (§2)[301].

---

298 Y. LAMBERT-FAIVRE et S. PORCHY-SIMON, *op. cit.*, n° 18.

299 Civ.1ere, 30 janvier 2001, D. 2002, RTD civ. 2001, 376, obs. P. JOURDAIN.

300 CSJ, 31 novembre 1997, *Bull. Arr.* 2003, p. 263.

301 G. LEGIER, *op. cit*, p. 155 ; R .O. DALCQ, *Les Novelles, Droit civil, T.V.*, Bruxelles, Larcier, 2ème édition 1967.

§3. Intérêts de la distinction

Il y a plusieurs différences entre les deux responsabilités notamment [302]:

- Le fait générateur : la responsabilité contractuelle suppose l'inexécution d'une obligation issue du contrat tandis que la responsabilité civile suppose tout fait quelconque de l'homme.

- En principe, le dommage : en matière contractuelle, seul le dommage prévisible est réparable tandis que tout dommage même imprévisible est réparable en cas de délit.
- Prescription : pour la responsabilité délictuelle, elle de trente ans (art. 647 CCLIII) ; pour la responsabilité contractuelle, elle est aussi de trente ans en principe, mais il existe de nombreux cas de prescription plus courtes;
- Les conventions supprimant ou limitant la responsabilité : en matière délictuelle, elles sont en règle générale nulles lorsqu'elles ont été convenues avant la réalisation du dommage mais elles sont valables en matière contractuelle.

§4. Domaines respectifs

La responsabilité délictuelle est la responsabilité de principe (art. 258 CCLIII). La responsabilité contractuelle est la responsabilité d'exception (art. 45 CCLIII). Ainsi, tout ce tout ce qui n'est pas contractuel est délictuel, d'où il faut connaitre le domaine de la responsabilité contractuel (A) et l'option entre les deux n'est pas admise (B).

A. Domaine de la responsabilité contractuelle

La responsabilité contractuelle suppose la réunion de trois conditions: un contrat valablement conclu, l'inexécution d'une obligation issue de ce contrat et naissant du rapport entre les contractants.

1. Contrat valablement conclu

Il faut un contrat valable qui lie les deux parties pour qu'il y ait responsabilité contractuelle (art. 8 CCLIII).

---

302 KALONGO MBIKAYI, *op. cit.*, p. 275.

2. Inexécution d'une obligation née du contrat

Il doit s'agir d'une obligation convenue par les parties ou d'une obligation que la jurisprudence a déduite du contrat, telle l'obligation de sécurité pesant sur le transporteur. Lorsque le dommage survient en dehors de l'exécution du contrat, il est soumis aux règles de la responsabilité délictuelle.

3. Inexécution d'une obligation contractuelle dans les rapports entre contractants

Pour que la responsabilité soit contractuelle, il faut que l'inexécution soit envisagée uniquement dans le cadre des rapports entre les contractants.

En conséquence, ne sont pas régies par la responsabilité contractuelle, mais par la responsabilité délictuelle :

- La responsabilité du contractant à l'égard d'un tiers étranger. Par exemple, dans un contrat de transport, le transporteur en cas d'accident engage la responsabilité contractuelle à l'égard de son client car il n'a pas exécuté l'obligation de sécurité. Tandis qu'à l'égard des parents de la victime de l'accident qui réclament une réparation pour préjudices personnelles subis au titre de victimes indirectes ou par ricochet, le transporteur engagera sa responsabilité délictuelle[303] ;
- La responsabilité des tiers à l'égard de contractants : cas du tiers qui aide un contractant à violer ses obligations et serait ainsi son complice ; c'est l'hypothèse de la faute délictuelle commise par un tiers étranger au contrat[304]. La partie au contrat complice du tiers sera poursuivi sur base de la responsabilité contractuelle (art. 33 CCLIII et 45 CCLIII) tandis que le tiers sera poursuivi sur base de la responsabilité délictuelle (art. 258 CCLIII). Par exemple le tiers aide une partie au contrat à violer le contrat d'exclusivité avec son cocontractant ou même à violer une promesse unilatérale de vente en le poussant à lui vendre[305] ;
- La faute délictuelle commise par un contractant à l'égard d'un autre contractant : faute à l'occasion de la conclusion du contrat, violation d'une obligation extérieure au contrat. Il ne s'agit pas d'une faute contractuelle lorsqu'elle ne consiste pas dans la mauvaise exécution

303 KALONGO MBIKAYI, *op. citi.*, p. 278.

304 KALONGO MBIKAYI et TSHIMANGA BIUMA, « La responsabilité civile du tiers complice de la violation d'une obligation contractuelle », *RJZ*, 1979, p. 1 et ss.

305 KALONGO MBIKAYI, *op. cit.*, p. 278.

d'une obligation contractuelle. C'est l'hypothèse d'une faute précontractuelle lors de la conclusion du contrat, d'un transporteur qui viole sa cliente, d'un hôtelier qui assassine son client[306].

B. Principe de non option et non cumul de responsabilité délictuelle et de responsabilité contractuelle

1. Pas d'option

Le créancier qui se plaint de l'inexécution d'un contrat n'a pas de choix : il doit se prévaloir uniquement des règles de la responsabilité contractuelle. Les articles 258 et suivants du code civil, livre III sont dans ce cas inapplicables. L'option n'est pas possible.

Jugé que la responsabilité dérivant d'un contrat ne peut donner lieu vis-à- vis du contractant qu'à responsabilité contractuelle[307]. La responsabilité contractuelle est en principe exclusive de la responsabilité aquilienne[308].

Mais il y a des exceptions.

- Lorsque l'inexécution du contrat constitue en même temps une infraction pénale, la victime peut demander réparation de son dommage en s'adressant aux juridictions pénales, si la faute pénale constitue une faute délictuelle (art. 258 CCLIII), sont appliquées les règles de la responsabilité délictuelle et non celles de la responsabilité contractuelle.

- Lorsqu'il y a dol dans la formation du contrat ou une faute dolosive pendant son exécution[309]. En effet, s'il y a dol dans la formation du contrat, le droit de demander la nullité du contrat peut amener le contractant à exercer une action en responsabilité délictuelle si le contrat est nul. En outre, en cas de faute pour dol, la responsabilité est aggravée et disparait la réparation pour dommage prévisible de l'article 48 CCLIII.

---

306 KALONGO MBIKAYI, *op. cit.*, p. 279.

307 Léo, 28 février 1956, *JTO*, 1957, p. 10.

308 Léo, 3 octobre 1956, *RJCB* 1957, p. 93 ; Elis, 6 juin 1951, *RJAC* 1951, p. 104.

309 Ph. MALAURIE, L.AYNES et Ph. STOFFEL-MUNCK, *op. cit.*, n°1007, p. 556, n°1002, p. 551.

2. Pas de cumul

Le contractant ne peut pas cumuler les actions en responsabilité délictuelle et en responsabilité contractuelle contre son contractant. En effet, il ne peut pas obtenir deux fois la réparation du préjudice.

Néanmoins, il n'est pas exclu que dans l'hypothèse d'un tiers complice de l'inexécution, le fait qu'un contractant ait subi un dommage causé par son contractant du fait de l'inexécution de l'obligation promise ne l'empêche pas d'agir aussi en réparation d'un autre dommage contre le tiers complice de l'inexécution du contrat[310]. Jugé par la Cour de cassation française dans ce sens que le contractant, victime d'un dommage né de l'inexécution d'un contrat, peut demander, sur le terrain de la responsabilité délictuelle, la réparation de ce préjudice au tiers à la faute duquel il estime que le dommage est imputable[311].

Section IV. Evolution de la responsabilité délictuelle

L'évolution de la responsabilité civile se fera de la responsabilité pour faute vers la responsabilité sans faute d'une part (§1) et de la responsabilité individuelle vers la responsabilité collective d'autre part (§2)[312].

§1. Responsabilité pour faute et responsabilité sans faute

Le code civil à sa rédaction a prévu un système de responsabilité pour faute (A) qui a fléchi devant l'influence du machinisme (B). La doctrine a fourni un effort de justification de responsabilité sans faute (C) qui a permis une évolution du droit positif (D).

A. Système du code civil

Pour les auteurs du Code civil Napoléon en France de 1804, qui a inspiré le code civil congolais livre III, le décret du 30 Juillet 1888, il n'y a qu'une seule source de responsabilité : la faute. Le principe est énoncé dans l'article 258 CCLIII : « Tout fait quelconque de l'homme, qui cause à autrui un dommage, oblige celui par la faute duquel il est arrivé, le réparer. » .C'est l'équivalant de l'article 1382 du code civil français.

---

310 Ph. MALAURIE, L.AYNES et Ph. STOFFEL-MUNCK, *op. cit.*, n°1011, p. 558.

311 Cass. civ, 1ère, 26 janvier 1999, *Bull. civ. I*, n°32.

312 G. LEGIER, *op. citi.*, p. 109.

Le délit est une faute commise volontairement (258 CCLIII); le quasi délit est une faute non intentionnelle, d'imprudence ou de négligence (art. 259 CCLIII).

La responsabilité civile a deux caractères.

Elle d'abord subjective car basée sur la faute doit être prouvée (art. 258 et 259 CCLIII) : telle que conçue au 19ème siècle, la charge de la preuve de la faute de l'auteur du dommage est laissée à la victime[313]. Dans certains hypothèse, le code civil congolais, livre III a institué une présomption de faute aux articles 260 à 262 CCLIII n instituant des cas de responsabilité du fait d'autrui ou de certaines choses ; la faute présumée est un manque de surveillance d'une chose ou d'une personne (enfant, élève) mais aussi le défaut d'éducation d'une personne (enfant).

Elle est ensuite personnelle et individuelle car la réparation est faite sur le patrimoine de l'auteur du dommage.

B. Situation crée par le développement du machinisme

Le développement au XIXème siècle du machinisme est à l'origine d'une multiplication des accidents (du travail et de la circulation)[314]. Il est difficile dans ces cas de prouver la faute avec comme conséquence qu'il n'est pas possible de réparer les dommages subis par les victimes

D'où le déclin de la responsabilité civile individuelle et subjective et la recherche, dans le souci d'améliorer la situation des victimes, d'un principe de responsabilité sans faute[315].

C. Effort doctrinal dans la recherche d'une responsabilité sans faute

La jurisprudence française a été à la base de cette responsabilité sans faute. En effet, l'arrêt *Teffaine*, rendu le 16 juin 1896 par la Chambre civile de la Cour de cassation à propos de la mort accidentelle d'un ouvrier blessé par l'explosion d'une chaudière, a conféré une autonomie à l'article 1384, alinéa 1er du Code civil français (équivalent de l'article 260,

313 Y. LAMBERT-FAIVRE et S. PORCHY-SIMON, *op. cit.*, n°20.

314 KALONGO MBIKAYI et NGOMBA T. KENGE, « Incidence des progrès techniques sur la responsabilité civile du fait des aéronefs » in *Revue de droit congolais*, n°002/1999, pp. 7 à 33.

315 G. VINEY, *Le déclin de la responsabilité civile individuelle*, Paris, LGDJ, 1965.

alinéa 1er du code civil congolais, livre III) en posant les fondements d'une responsabilité du fait des choses sans faute prouvée.

La législation congolaise à travers la loi organique sur la sécurité sociale a organisé la réparation sans faute des accidents de travail[316]. C'est le cas de la loi sur les accidents de la circulation[317].

Plusieurs théories ont été proposées pour justifier la responsabilité sans faute dans la doctrine[318].

1. Théories du risque

La doctrine de la fin du XIXème siècle a proposé la théorie du risque : celui qui exerce une activité faisant courir un risque à autrui est tenu de réparer les dommages quelle cause, même s'il n'a pas eu un comportement normalement répréhensible. La responsabilité civile prend alors un fondement objectif, ne reposant plus uniquement sur la faute. Cette théorie à plusieurs variantes.

a. Risque profit

Selon cette théorie, celui qui tire profit d'une activité doit en supporter les charges. Celui qui perçoit les émoluments procurés par l'emploi d'une machine susceptible de nuire aux tiers doit s'attendre réparer les préjudices que cette machine causera.

b. Risque crée

Cette deuxième variante voudrait que celui dont l'activité crée un risque pour autrui doit répondre des dommages quelle cause à autrui. Cette théorie a une portée plus large que les autres ; puisqu'elle concerne toute activité, dangereuse ou non, lucrative ou non. Elle est exprimée dans une formule condensée : « Toute activité qui fonctionne pour autrui fonctionne au risque d'autrui ».

2. Théorie de la garantie et responsabilité objective

C'est une théorie selon laquelle il faut accorder à la victime une indemnisation de plein droit des dommages corporels[319].

---

316 Loi organique

317 Ancienne loi : loi du 5 janvier 1973 et nouvelle loi portant code des assurances.

318 KALONGO MBIKAYI, *Responsabilité civile et socialisation des risques en droit zaïrois*, Kinshasa, PUZ, 1977.

La responsabilité objective s'éloigne de la notion de la faute. La responsabilité est engagée indépendamment de toute faute prouvée ou présumée.

Le but de la responsabilité objective est de garantir l'indemnisation des victimes en les dispensant de la charge de la preuve de la faute[320]. La préoccupation première devient la réparation plus que la réprobation morale ou la culpabilité de l'auteur[321].

D. Evolution du droit positif

Par ailleurs, plusieurs lois spéciales prévoient des règles particulières d'indemnisation ou de responsabilité sans faute : les textes sur la sécurité sociale avec les accidents de travail et le code des assurances dans sa partie relative celui règlementant l'assurance automobile, pour les accidents de la circulation sur base de la responsabilité objective[322].

§2. Responsabilité individuelle et collectivisation des risques

Au départ, le code civil n'a prévu que la responsabilité individuelle(A), ce n'est que plus tard qu'apparaitra la responsabilité collective dans le souci de mieux indemniser la victime(B)[323].

A. Responsabilité individuelle

Le code civil n'a envisagé que la responsabilité individuelle et personnelle : pour fait personnel ou pour des personnes dont on doit répondre (fait d'autrui).

Cette responsabilité personnelle s'est avérée insuffisante, le patrimoine d'une seule personne ne pouvant pas supporter les dommages accidentels énormes issus de la révolution industrielle : accidents d'avion, accidents de la circulation, etc.

---

319 B. STARCK, *Essai d'une théorie générale de la responsabilité civile considérée en sa double fonction de garantie et de peine privée*, Paris, Roestein, 1947. STARCK (B), *Droit civil, obligations*, Paris, Librairies Techniques, 1972 ; R. SAVATIER, *Comment repenser le droit français de la responsabilité civile* ?, Paris, Dalloz, 1979

320 N. MASSAGER, *op. cit.*, p. 203.

321 Ph. MALAURIE, L.AYNES et Ph. STOFFEL-MUNCK, *op. cit.*, n° 25, p. 11.

322 Décret-loi organique sur la sécurité du 29 janvier 1961, *M.C.* 1961 ; Loi n°15/005 du 17 mars 2015 portant code des assurances, J.O., n° spécial du 30 avril 2015.

323 G. LEGIER, *op. cit.*, p. 109.

B. Responsabilité collective

La responsabilité collective est apparue après et concerne des techniques de collectivisation des risques, destinées à garantir une meilleure indemnisation des victimes : l'assurance, la sécurité sociale et les fonds de garantie[324].

Il faut noter qu'en droit coutumier congolais, la responsabilité civile est collective et objective[325]. Objective car la coutume se soucie du sort de la victime sans tenir compte des circonstances dans lesquelles le préjudice est survenu. Collective car la responsabilité est l'obligation qu'a un individu ou son groupe à réparer le dommage causé à autrui, par lui-même, par les personnes avec lesquelles il a un lien de parenté[326].

1. Assurance de responsabilité

Le recours à l'assurance de responsabilité, a pour le but de garantir les conséquences pécuniaires de la responsabilité incombant à l'assuré lorsqu'il a causé des dommages à autrui. Ce mécanisme a pour effet de répartir les risques sur l'ensemble des assurés afin de mieux indemniser les victimes et la loi a institué certaines assurances de responsabilité civile obligatoires dont celles relatives à la responsabilité civile des propriétaires des véhicules terrestres à moteurs, des transporteurs aériens, des transporteurs maritimes, fluviaux et lacustres ou des voies de navigation intérieures, des risques de construction, de l'assurance incendie[327].

L'extension des cas de responsabilité a engendré le développement de l'assurance qui permet d'alléger la situation des responsables et de garantir le paiement des indemnités dues aux victimes. L'extension de l'assurance a, en retour, une incidence sur le droit de la responsabilité : les tribunaux sont plus enclins à retenir la responsabilité de quelqu'un s'il est assuré, puisque c'est en réalité l'assureur qui supportera le fardeau de la dette et, à travers lui, la collectivité des assurés. Ce facteur a joué un

---

324 Lire : KALONGO MBIKAYI, *Responsabilité civile et socialisation des risques en droit zaïrois*, *op. cit.*

325 KALONGO MBIKAYI, *Responsabilité civile et socialisation des risques en droit zaïrois*, *op. cit.*, p. 21.

326 MULUMBA KATCHY, *Droit coutumier congolais*, Kinshasa, Centre de recherche d'études et de formation interdisciplinaires d'Afrique (CREFIDA), 2éme édition 2016.

327 Loi n° 15/005 du 17 mars 2015 portant code des assurances, *J.O.*, n° spécial du 30 avril 2015, article 501.

rôle dans l'évolution jurisprudentielle du droit de la responsabilité en un sens plus favorable aux victimes[328].

2. Sécurité sociale

Les mécanismes de sécurité sociale permettent de répartir le fardeau des prestations sur l'ensemble des assurés sociaux[329].

3. Fonds de garantie

Les fonds de garantie, prennent en charge la réparation de certains dommages. C'est le cas notamment du Fonds de garantie pour les dommages causés par un auteur inconnu, non assuré ou est insolvable, en cas d'accident de circulation institué par la loi portant code des assurances en matière d'assurance de responsabilité civile automobile obligatoire[330]. Ce Fonds n'est pas encore opérationnel.

Mais en attendant, les personnes concernées vont engager leur responsabilité. La responsabilité civile est soit pour fait personnel, pour fait d'autrui ou pour fait de choses.

---

328 Lire à ce sujet : KALONGO MBIKAYI, Responsabilité civile et socialisation des risques en droit zaïrois, *op. cit.* ; NGOMBA TSHILOMBAYI KENGE, *Indemnisation des victimes d'accidents de la circulation. Assurance de responsabilité ou indemnisation directe* ? Thèse, Université de Kinshasa, 1999.

329 Décret-loi organique sur la sécurité du 29 janvier 1961, *M.C.* 1961. ; Lire : MUKADI BONYI, Droit de la sécurité sociale, Kinshasa, éditions Ntobo, 1995.

330 Loi n° 15/005 du 17 mars 2015 portant code des assurances, *J.O.*, n° spécial du 30 avril 2015.

CHAPITRE 1
RESPONSABILITE POUR FAIT PERSONNEL

Le siège de la matière pour le délit qui est le fait volontaire est l'article 258 du code civil, livre III qui dispose que « *Tout fait quelconque de l'homme, qui cause à autrui un dommage, oblige celui par la faute duquel il est arrivé à le réparer* ».

Tandis que pour le quasi-délit, qui est le fait d'imprudence, l'article 259 du code civil, livre III dispose que « *Chacun est responsable du dommage qu'il a causé, non seulement par son fait, mais encore par sa négligence ou par son imprudence* ».

Les conditions de la responsabilité délictuelle sont le dommage (section I), la faute (section II) et le lien de causalité entre la faute et le dommage (section III).

Section I. Dommage ou préjudice

Le dommage ou préjudice est une condition essentielle de la responsabilité civile car sans dommage, il n'y a pas de réparation[331]. Le dommage est une atteinte subie par la victime dans des droits patrimoniaux ou extrapatrimoniaux. Cette exigence du dommage découle de l'article 258 CCLIII par le bout de phrase « ...qui cause à autrui dommage ... ».

Jugé que quand il n'y a pas de victimes, il n'y a pas d'allocations des dommages - intérêts[332].

Alors que le dommage et le préjudice sont souvent considérés comme synonyme, la doctrine distingue le préjudice du dommage. Le dommage (*damnum*) est le fait matériel et désigne l'atteinte, la lésion en son siège. Tandis que le préjudice (*praejudicium*), notion juridique, est la conséquence néfaste de cette atteinte. Le préjudice, formé sur le mot *jus*, se détermine par un raisonnement juridique[333]. En effet, le dommage relève de l'ordre des faits et regroupe les dommages corporels, les dommages matériels et les dommages moraux tandis que le préjudice relève de l'ordre du droit et est l'atteinte aux droits subjectifs, patrimoniaux ou extrapatrimoniaux

---

331 KALONGO MBIKAYI, *Droit civil. Tome I. Les obligations*, *op. cit.*, p. 213.

332 CSJ, 26 février 1977, *Bull. Arr.* 1978, p. 10.

333 Ph. MALAURIE, L.AYNES et Ph. STOFFEL-MUNCK, *op. cit.*, note de bas de page sous n°88, p. 41. Lire aussi : Y. LAMBERT-FAIVRE, *Droit du dommage corporel*, 4ème édition, Paris, Dalloz, 2000, n° 86.

de la personne juridique[334]. C'est ainsi que le dommage corporel peut entrainer des préjudices divers telles la souffrance et la perte de salaire.

Le dommage comprend plusieurs catégories (§1) et doit remplir certains caractères (§2).

§1. Catégories de dommages réparables

Le code civil, livre III se borne à énumérer le dommage comme condition de la responsabilité délictuelle sans le catégoriser. La doctrine classe le dommage en trois catégories de dommages réparables que sont le dommage matériel (A), le dommage corporel (B) et le dommage moral (C).

A. Dommage matériel

Le dommage matériel est celui causé aux biens et plus généralement au patrimoine de la victime. Il s'agit de toute atteinte aux droits et intérêts d'ordre patrimonial et économique de la victime[335].

C'est le cas par exemple de la perte de revenus, de dégâts à un véhicule ou de véhicule déclassé.[336]

Le dommage matériel regroupe deux catégories que sont la perte subie et le gain manqué.

1. Perte subie (damnum emergens)

La victime peut être indemnisée pour perte subie telle la perte d'un bien lors d'un accident.

2. Gain manqué (lucrum cessans)

Il en est de même d'un gain manqué telle la perte de bénéfice qu'aurait obtenu la victime par la vente des biens détruits lors notamment d'un accident de la circulation.

---

334 Y. LAMBERT-FAIVRE et S. PORCHY-SIMON, *op. cit.*, n°25. Lire aussi : Y. CHARTIER, *La réparation du préjudice*, Paris, Dalloz, 1983.

335 KALONGO MBIKAYI, *op. cit*, p. 214, G. LEGIER, *op. cit* , p. 112.

336 Kin, 26 février 1971, *RJZ*, 1972, p. 55.

B. Dommage corporel

Le dommage corporel résulte de l'atteinte à l'intégrité physique d'une personne. Ce sont les atteintes à la personne physique de l'homme[337].Il peut s'agir des blessures, des coups, des empoissonnements, du décès de la victime. Jugé que la victime blessée peut réclamer la réparation du préjudice que lui cause la blessure fondée sur le principe général de l'article 258 du code civil, livre III[338].

Le dommage corporel a la particularité du combiner à la fois les éléments du préjudice matériel et du préjudice moral[339]. En effet, il y a émergence d'un « droit » du dommage corporel sous l'influence notamment de la reconnaissance du statut particulier du corps humain et du droit à la protection de l'intégrité physique, il faut protéger la personne humaine lorsque son intégrité est atteinte par le fait d'un tiers[340].

La loi portant code des assurances fait application de ces différents chefs de préjudice , s'agissant des dommages corporels, en cas d'accident de la circulation les préjudices indemnisables en réparation du dommage corporel étant les préjudices patrimoniaux ou extrapatrimoniaux, subis par la victime directe ou par la victime par ricochet[341].

1. Préjudice matériel ou préjudice patrimonial

Le préjudice matériel lors de l'atteinte à l'intégrité physique est relatif tant aux frais médicaux qu'aux frais pharmaceutiques mais aussi aux conséquences économiques sur l'état de la victime qui ne peut plus exercer ses activités rémunératoires. Cette incidence se mesure par le taux d'incapacité qui peut être permanente[342]ou temporaire et qui emporte la perte totale ou partielle du revenu. Il y a aussi l'assistance d'une tierce personne en cas d'incapacité.

---

337 KALONGO MBIKAYI, *op. cit*, p. 214 ; G. LEGIER, *op. cit.*, p. 112.

338 Léo, 11 septembre 1958, *RJCB*, 1959, p. 223.

339 Lire à ce sujet : MALAURIE (P) et AYNES (L), *Droit civil. Les obligations,* Paris, 4ème édition Defrénois, Lextenso éditions, 2009, p. 138, n°246.

340 Y. LAMBERT-FAIVRE et S. PORCHY-SIMON, *Droit du dommage corporel.* Systèmes d'indemnisation, Paris, Dalloz, 7ème édition 2012, n° 1 et 2.

341 Loi n° 15/005 du 17 mars 2015 portant code des assurances, *J.O.*, n° spécial du 30 avril 2015, articles 160 à 169.

342 Elis., 26 mai 1964, *RJC*, 1964, p. 176.

Il s'agit aussi du préjudice économique subi par les ayants droit de la victime décédée tels les frais funéraires à engager, la perte de revenus suite au décès d'un parent.

2. Préjudice moral ou préjudice extrapatrimonial

Le préjudice moral dérivant du dommage corporel concerne plusieurs catégories.

a. Souffrances physiques éprouvées (pretium doloris)

C'est le prix de la douleur, les souffrances morales et physiques subies par la victime.

Jugé que même si l'intimée est complétement guérie de ses blessures et n' a subi aucune diminution de sa capacité de travail, il reste qu'elle a subi un préjudice moral et matériel méritant réparation du fait de la douleur physique éprouvée dans sa chair et de la souffrance morale qu'elle ressent en se voyant défigurée[343].

b. Préjudice d'agrément

Il s'agit ici de la privation totale ou partielle, provisoire ou définitive des plaisirs de la vie ou des joies de l'existence notamment de celles que procure la pratique d'un sport[344]. Il s'agit aussi du préjudice de carrière.

c. Préjudice esthétique

C'est le préjudice qui concerne l'aspect extérieur de la personne et il comporte plusieurs catégories.

L'on mentionnera à titre d'exemple, le cas d'une atteinte portée à l'harmonie physique de la victime suite à la perte de l'esthétique de son bras qui a connu une malformation par une cicatrice causée par la blessure.[345] Le cas d'une jeune fille qui a des lésions diminuant ses chances de mariage et d'autres conséquences futures inconnues.[346]

---

343 CA Kin, 11 janvier 1974, *RJZ* 1976 janvier-aout, n°s 1-2, p. 75.

344 M. LE ROY, *La réparation du préjudice corporel, op. cit.*, p.84, n°107.

345 Kin, 11 août 1970, *RJC*, 1970, p. 279

346 Tripaix/Gombe, 15 avril 1996, R.P. 14453/14173, inédit.

C. Dommage moral

C'est l'atteinte aux sentiments de la personne[347].

L'indemnisation des dommages moraux, en vertu du principe que tout préjudice doit être réparé, est admise en jurisprudence même si son évaluation est impossible. C'est pourquoi, il est évalué *ex aequo et bono* et il comporte plusieurs catégories.

1. Atteinte à l'honneur

C'est l'atteinte aux sentiments de la personne, c'est le préjudice découlant d'une atteinte à l'honneur, à la vie privée ou à un autre droit de la personnalité[348].

2. Préjudice d'affection

Il s'agit du chagrin causé par le décès ou la déchéance d'un être cher. Ce préjudice est évidemment subi par une personne autre que la victime directe de l'accident. Selon la loi portant code des assurances, en cas d'accident de la circulation, les victimes par ricochet ou indirectes à indemniser sont seuls, en cas décès du conjoint : le conjoint survivant, les enfants mineurs ou majeurs, les ascendants, les frères et sœurs de la victime décédée[349].

3. Préjudice juvénile

Le préjudice juvénile est le préjudice subi par un jeune enfant qui voit ses espérances de vie réduites ou certains agrément de l'existence lui être enlevés. La perte de l'intégrité corporelle sera plus vivement ressentie par une victime jeune que par un vieillard. Jugé que le préjudice juvénile ou *damnum juventutis* réside dans le fait que l'incapacité dont est atteint un enfant l'empêche de choisir certains métiers qui exigent une rigoureuse intégrité corporelle et le prive par ailleurs du plein accomplissement de son activité corporelle.[350] On considère que pareille perte constitue un préjudice moral particulier et doit être indemnisée au titre de *pretium juventutis*: cas d'un jeune enfant de 14 ans.[351]

---

347 G. LEGIER, *op. cit.*, p. 113.

348KALONGO MBIKAYI, *op. cit.*, p. 215.

349 Article 169.

350 Elis., 26 mai 1964, *RJC,* 1964, p.176.

351 *Idem.*

4. Préjudice d'agrément

C'est le préjudice aux joies et plaisirs de la vie : privation de l'exercice de certaines activités.

§2. Caractères du dommage réparable

Le dommage pour être réparé doit être certain (A), personnel(B), direct(C) et consister dans la violation d'un intérêt légitime(D)[352].

Jugé que les dommages réparables sont les dommages physiques ou corporels, matériels et moraux à condition qu'ils soient certains, directs, personnels et consistant dans la violation d'un intérêt légitime[353].

A. Dommage certain

Le dommage subi doit être certain dans son existence et actuel[354]. Le dommage doit être réel et non hypothétique. C'est à la victime d'en apporter la preuve. Le dommage éventuel n'est pas indemniser.

Il a été jugé que pour donner lieu à réparation, tout dommage doit être certain et actuel, sans que soit exclu le dommage futur non éventuel ou actuellement certain.[355]

C'est ainsi que la réparation d'un préjudice futur est possible dès lors que sa réalisation est certaine dans l'avenir et son évaluation par le juge possible dès maintenant. Le préjudice futur est donc certain, notamment lorsqu'on envisage la prolongation d'un préjudice certain: il est donc réparable.

En revanche, est exclu le dommage simplement éventuel dont la réalisation n'est pas certaine.

Mais, la perte de chance, qui consiste dans la disparition d'une espérance future dont il est impossible de savoir si elle se serait réalisée en l'absence du fait dommageable, peut être indemnisée : c'est un dommage certain. Par exemple, si un étudiant est blessé lors d'un accident et se trouve dans l'impossibilité de se présenter à un examen, il y

---

352 KALONGO MBIKAYI, *op. cit.*, p. 218.

353 Elis, 6 aout 1957, *RJCB*, 1958 ; p. 196 ; Elis, 23 mars 1965, *RJC*, p. 211 ; L'shi, 7 aout 1974, *RJZ* 1977 p. 12

354 G. LEGIER, *op. cit.*, p. 115.

355 Léo, 17 mai 1960, *RJAC*, 1961, p. 13.

a préjudice, non pas du fait qu'il n'a pas réussi (la réussite était en effet incertaine), mais la perte de la chance de réussir. Le dommage est considéré comme certain seulement si l'avantage espéré pouvait être obtenu à bref délai, c'est une question de fait à l'appréciation du juge. Il constitue quant à elle un dommage certain lorsque la victime pouvait normalement compter sur sa réalisation.[356]

Il a été jugé que pour donner lieu à réparation, tout dommage doit être certain et actuel, sans que soit exclu le dommage futur non éventuel ou actuellement certain.[357]

B. Dommage personnel

Le dommage doit être subi personnellement par la personne qui s'en prévaut soit dans sa personne soit dans son patrimoine : c'est la victime directe, victime immédiate ou victime principale.

Il peut s'agir aussi de la victime par ricochet ou victime indirecte ou appelée encore victime médiate. C'est la personne qui subit le préjudice par ricochet ou préjudice réfléchi qui constitue la conséquence du dommage éprouvée par la victime directe[358]. C'est le cas du dommage par ricochet ou du dommage réfléchi subi par la veuve et les orphelins suite décès du mari et père car la veuve et les orphelins subissent un préjudice moral du fait de la perte d'un être cher, mais aussi ils subissent un préjudice matériel consistant dans la perte de revenus.

Mais le préjudice n'est pas personnel si les héritiers réclament une réparation au nom du défunt en recueillant son action dans leur patrimoine.

C. Dommage direct

Le dommage doit être la conséquence directe et non lointaine du fait qui engage la responsabilité. L'exigence du caractère direct se confond avec celui d'un lien de causalité à analyser dans la troisième section de ce chapitre.

---

356 M. RAE, *op. cit.*, p. 74, n°86.
357 Léo, 17 mai 1960, *RJAC*, 1961, p. 13.
358 Ph. MALAURIE, L.AYNES et Ph. STOFFEL-MUNCK, *op. cit.*, n° 102, p. 49.

D. Violation d'un intérêt légitime juridiquement protégé

L'intérêt doit être légitime c'est-à-dire fondé sur la violation d'un intérêt protégé par le droit. C'est le cas du droit à la vie, droit à l'intégrité physique, droit à la propriété. L'intérêt ne doit pas être contraire à la loi, à l'ordre public et aux bonnes mœurs. L'on exclut la réparation des dommages qui ne sont pas socialement souhaitables tel le cas du dommage subi par une concubine suite au décès de son concubin.

Section II. Faute

La faute est une condition exigée pour engager la responsabilité pour fait personnel.

La Cour Suprême de Justice, a jugé sur ce point, décidé que pour mettre à charge d'une partie la responsabilité civile qui découle des articles 258 et suivants du code civil, livre III, le juge doit constater que le dommage résulte d'une faute ou d'une négligence de cette partie.[359] Jugé aussi qu'il ne peut y avoir lieu à dommages – intérêt sans faute[360] et pour mettre à charge d'une partie la responsabilité délictuelle qui découle des articles 258 et suivants du code civil, livre III juge doit constater que le dommage résulte d'une faute ou d'une négligence de cette partie[361]. De même, une condamnation aux dommages – intérêts est motivée dès lors que le jugement établit la faute et le préjudice qui en est résulté.[362]

Les articles 258 et 259 du code civil live III édictent le principe de responsabilité pour faute soit volontaire (art. 258 CCLIII), soit involontaire par négligence ou imprudence (art. 259 CCLIII). La faute doit être définie (§1) et son auteur peut invoquer des causes d'exonération pour se libérer (§2).

§1. Définition

La faute n'est pas définie par le code civil, livre III. Selon la doctrine, elle suppose la réunion de deux éléments : culpabilité ou l'acte illicite(A) et l'imputabilité du fait illicite à son auteur(B)[363].

---

359 CSJ Cass. 23 février 1971, *RJZ* 1972, p.31.
360 Elis., 20 octobre 1915, *RJCB*, 1926, p. 100.
361 CSJ, Cass. 23 février 1971, *RJZ*, 1972, p31
362 CSJ Cass. 11avvril 1973, *Bull. Arr.* 1974, p.103
363KALONGO MBIKAYI, *op. cit.*, p. 222.

A. Culpabilité : élément objectif

Le fait illicite matériel consiste soit dans la violation d'un texte soit d'une faute en dehors de violation d'un texte soit dans l'abus de droit.

1. Faute, violation d'un texte

Il y a faute en cas de violation d'un texte exprès qui prohibe l'acte commis[364]. Le texte peut être :

- une loi ou un texte quelconque (le code de la route, le code de l'urbanisme, le code pénal). Au sujet de la loi pénale, il faut noter que toute faute pénale est aussi une faute civile, mais l'inverse n'est pas vrai car toute faute civile n'est pas une faute pénale en vertu du principe de la légalité des délits et des peines.
- un usage, notamment professionnel (code de déontologie) ou d'une réglementation d'origine privée (règles de jeu en matière sportive).

2. Faute, en l'absence de violation d'un texte

Il peut s'agir plus généralement de faute en l'absence de texte spécial.

Cette faute se définit comme « *un comportement que n'aurait pas eu dans les mêmes circonstances extérieures un homme prudent, diligent, honnête, avisé, soucieux de ses devoirs sociaux* »[365]. Le critère de l'illicéité sera décelé par référence à l'homme diligent situé dans les mêmes circonstances objectives.

Il a été jugé que l'omission, après un arrêt prolongé de son véhicule dans une cour d'usine de vérifier au démarrage s'il n'y a aucun obstacle à l'arrière, constitue un acte d'imprudence punissable nonobstant le fait inadmissible de la mère de la victime (bébé d'un an mortellement atteinte), de ne pas la surveiller.[366]

3. Abus de droit

Il y a abus de droit lorsque dans l'exercice d'un droit ou d'une liberté publique (liberté d'expression, droit de propriété), un abus peut être commis [367]: il constitue alors une faute au sens de l'article 258 CCLIII.

---

364 KALONGO MBIKAYI, *op. cit.*, p. 223 ; G. LEGIER, *op. cit.*, p. 117.
365 KALONGO MBIKAYI, *op. cit.*, p. 226.
366 Tripaix/Kinkole, 15 décembre 1983, RP 1999/1862, *inédit*.
367 G. LEGIER, *op. cit.*, p. 118.

L'abus de droit résulte généralement de l'exercice d'un droit au mépris du droit du prochain, et qu'il crée un conflit d'intérêt que doit régler le juge[368]. Ainsi, le titulaire du droit l'exerce dans le seul but de causer un dommage à autrui, sans intérêt sérieux pour lui-même : c'est l'exercice d'un droit licite mais dans le but de nuire[369]. Par exemple : les cas de dommages aux voisins, les saisies fautives, les actions téméraires et vexatoires. c'est le cas notamment d'abus du droit d'agir en justice ou de procéder à des voies d'exécutions, un créancier, après avoir reçu des acomptes correspondant à l'essentiel de sa créance, maintient quand même des saisies pour des sommes excessives.

Les critères de l'abus sont tantôt subjectifs c'est notamment l'intention de nuire à tantôt objectifs, il s'agit alors de détourner un droit de son but[370].

Jugé que l'action intentée dans l'intention de gagner du temps par des moyens de procédure est téméraire et vexatoire[371].

4. Appréciation de la faute

L'appréciation de la faute se fait in *abstracto*, c'est-à-dire par référence au comportement d'un homme raisonnable (modèle du bon père de famille), placé dans les mêmes circonstances[372].

Mais les tribunaux tiennent compte également d'éléments concrets, notamment l'âge, l'expérience ou la compétence de la personne;

En principe, peu importe la gravité de la faute (légère, lourde, inexcusable, intentionnelle), l'effet est le même : le dommage doit être entièrement réparé. C'est au juge du fond d'apprécier la faute et non au juge de cassation car il s'agit d'une question d'appréciation des faits qui échappe à son contrôle.[373]

---

368 A. SOHIER, Tome III, *op. cit.*, p. 392, n° 97.

369 G. KALAMBAY LUMPUNGU, *Droit civil. Régime général des biens, Vol. I*, 2ème édition, Kinshasa, PUC, 1989, p.169 et p. 175 ; V. KANGULUMBA MBAMBI, *Précis de droit civil des biens, Tome I*, Louvain-la-Neuve, Academia-Bruylant, 2007, n°s 409, 425, 444 -450.

370 LEGIER, *op. cit.*

371 Elis. , 22 février 1947, *RJCB* 1947, p. 176.

372 G. LEGIER, *op. cit.*, p. 118.

373 CSJ, 13 février 1976, RP 175, *Bull. Arr.* 1977, p. 40.

Le dol est un fait volontaire commis avec l'intention de causer un dommage.

La faute lourde est la négligence excessive, le défaut absolu de prévoyance, l'imprudence grave que commet une personne. Il est différent du dol car il n'y a pas l'intention de causer le dommage à autrui[374].

Jugé que la faute lourde est tellement grossière, tellement excessive qu'elle rend l'auteur inexcusable parce qu'il a omis d'apporter à l'exécution de son obligation les soins que personne ne néglige, ou a fait preuve d'une insouciance complète de l'intérêt d'autrui. Pour que la faute soit considérée comme inexcusable, il n'est pas nécessaire que son auteur ait eu connaissance du dommage, mais il suffit qu'il ait dû normalement, étant donné sa profession et la réglementation en vigueur, en avoir conscience. Cette appréciation doit se faire, le cas échéant, sous le signe de la profession ; il en résulte que certaine faute, légère pour un non professionnel devient une faute lourde pour un professionnel[375].

B. Imputabilité : élément subjectif ou moral

En principe, la faute suppose la faculté de discernement. Il faut une volonté capable, une volonté libre et une volonté consciente[376].

1. Volonté consciente

En principe, seule une personne consciente peut commettre une faute. Cependant, deux cas méritent une attention particulière:

- Cas d'une personne en état de démence : en droit congolais cette personne est incapable, l'acte illicite ne lui est pas imputable. Cependant, le droit français a connu une évolution car la loi du 3 janvier 1968 relative aux majeurs protégés a renversé la règle traditionnelle car l'article 414-3 dispose que « *celui qui a causé un dommage à autrui alors qu'il était sous l'empire d'un trouble mental, n'en est pas moins obligé à réparation* ».

---

374 A. SOHIER (sous la direction de), *Droit civil du Congo belge, Tome III*, in Bruxelles, Larcier, 1956, n°s 90 et ss, p. 387.

375 1ère Inst. Léo, 18 mai 1953, *RJCB* 1954, p. 19.

376 KALONGO MBIKAYI, *op. cit.*, p. 230.

- Cas de la personne morale : la responsabilité civile des personnes morales est admise. La personne morale peut d'abord être responsable du fait de son préposé (faute du salarié) : c'est une responsabilité indirecte. Ensuite, elle peut aussi l'être directement dans deux situations quand le fait générateur lui est imputable, d'une part le défaut d'organisation[377] et, d'autre part, la faute de son organe, personne physique, l'organe étant habilitée à exprimer la volonté de la personne morale[378].

2. Volonté capable

L'auteur de la faute doit aussi être capable sur le plan délictuel. C'est le cas de très jeunes enfants (*infans*) considérés comme incapables de commettre une faute. Ils sont irresponsables. La capacité délictuelle est le plus largement reconnue. C'est ainsi que les enfants dès qu'ils ont l'âge de raison sont capables sur le plan délictuel. Cette capacité se situe entre 5 à 8 ans alors qu'en matière contractuelle, c'est à partir de 18 ans[379].

3. Volonté libre

L'auteur du dommage ne sera pas responsable s'il prouve que le dommage a pour cause un cas fortuit ou de force majeure, l'état de nécessité, le fait d'un tiers ou la faute de la victime.

§2. Causes d'exonération

Ce sont des événements extérieurs à l'auteur du dommage, qui ont joué un rôle causal dans la réalisation dudit dommage et qui ont pour effet de l'exonérer totalement ou partiellement de sa responsabilité.

Certains événements sont extérieurs à la victime comme la force majeure(A) et d'autres résultent du comportement de la victime (C) ou du comportement d'un tiers (B).

Celui qui se prévaut d'une cause d'exonération doit prouver la prouver.

---

377 C'est l'hypothèse d'une faute commise par une clinique dans son organisation : absence d'anesthésiste lors d'un accouchement, voir jurisprudence en droit français : Cass. civ. 1ère, 15 décembre 1999, *Bull. civ. I*, n°351.

378 Ph. MALAURIE, L.AYNES et Ph. STOFFEL-MUNCK, *op. cit.*, n°40, p. 23.

379 Voir le code de la famille et la loi sur la protection de l'enfant.

A. Cas fortuit ou de force majeure

1. Notion

Il y a cas fortuit ou de force majeure, selon la jurisprudence, lorsqu'un obstacle irrégulier et subit se présente devant un conducteur de façon inopinée et inattendue pour que celui-ci puisse encore l'éviter ou s'arrêter à temps ; cet obstacle est élisif de responsabilité.[380]

La preuve de la force majeure doit être rapportée. Jugé que la force majeure constituant une circonstance absolument indépendante de la volonté de l'auteur du recours, il appartient à celui qui l'invoque de la prouver[381].

2. Caractère

C'est un événement externe aux parties. Trois conditions sont exigées analysées déjà lors de l'étude de la responsabilité contractuelle : l'extériorité, l'irrésistibilité et l'imprévisibilité. Ces caractères ont été analysés au titre premier lors de l'étude du contrat.

3. Effet

L'auteur du dommage est totalement exonéré de sa responsabilité et la victime ne sera pas indemnisée.

B. Fait du tiers

Le tiers peut être cause du dommage dans plusieurs hypothèses. C'est l'hypothèse d'un garde barrière peut commettre une faute consistant en n'avoir pas fermé à temps les barrières, fait qui a entraîné la collision entre un taxi-bus et un train causant ainsi des dommages à plusieurs victimes.

Deux situations sont en effet à distinguer :

- Soit le fait du tiers présente les caractères de la force majeure: l'auteur du dommage est totalement exonéré de sa responsabilité et la victime ne sera pas indemnisée;
- Soit le fait du tiers n'a pas les caractères de la force majeure : l'auteur du dommage doit alors intégralement indemniser la victime, sans que le

---

380 CSJ, TSR., 6 avril 1978, *RJZ,* 1979, p. 38.
381 CSJ, 8 janvier 1970, *RJC* 1970, p. 17.

fait du tiers, qui était prévisible ou surmontable, puisse entrainer une atténuation de sa responsabilité. Mais celui qui a été condamné dispose d'un recours contre le tiers, si la responsabilité de ce dernier peut être engagée.

Souvent, le juge retient aussi le partage de responsabilité entre l'auteur du dommage et le tiers, si leurs fautes ont toutes concouru à la réalisation du dommage. Jugé que si la négligence et l'imprudence du prévenu, qui s'est absenté fautivement du bord a contribué à la situation d'impuissance dans laquelle s'est trouvée la lutte contre l'incendie du bateau, le caractère défectueux des installations anti-incendie placées sur le bâtiment comme dans le port, intervenant aussi pour l'établissement de la gravité de l'incendie, il y a lieu d'en tenir compte dans l'évaluation des dommages-intérêts à allouer à la partie civile[382].

C. Fait de la victime

Deux situations sont à distinguer selon que le dommage est causé, en totalité ou en partie, soit par le comportement, généralement la faute, de la victime, soit par son état[383].

1. Comportement de la victime

a. Cause exclusive du dommage

Lorsque le comportement, fautif ou non, de la victime a été la cause exclusive de son dommage, elle est privée d'indemnisation. Une jurisprudence, du reste isolée, a admis qu'il n'est dû aucune réparation à la victime d'un dommage si la faute ou le fait de la victime est la cause exclusive du dommage subi par elle.[384]

b. Cause partielle du dommage

Lorsque la faute de la victime a contribué pour partie à la réalisation de son dommage, les tribunaux opèrent un partage de responsabilité. La Cour Suprême Justice exige que le juge de fond motive le partage de responsabilité entre les deux conducteurs s'il retient la faute dans le chef de chacun d'eux. Le jugement qui retient le partage de responsabilité doit

[382] CSJ, 13 mai 1976, *Bull. Arr.* 1977, p. 135.
[383] G. LEGIER, *op. cit,* p. 137.
[384] Bandundu, 8 février 1980, RCA, 22, *inédit.*

indiquer dans quelle mesure chaque partie est responsable, c'est-à-dire la victime et l'auteur du dommage, sous peine de cassation.[385]

Jugé que :

- dans l'appréciation de la responsabilité d'un accident de roulage, une motivation est inadéquate et ambiguë lorsqu'elle conclut sans le démontrer à un partage de responsabilité à partir des circonstances de l'accident dont il devait tirer comme conséquence logique la seule responsabilité d'un des conducteurs et elle est sujette à cassation.[386]

- lorsqu'il est certain qu'un accident n'a pas pu se produire que par la rencontre de deux fautes commises par chacune, sans qu'il soit possible de déterminer de façon certaine la laquelle des deux fautes a eu une influence déterminante, un partage de responsabilité par la moitié paraît la solution la plus équitable.[387]

- sont responsables chacun pour moitié, des conséquences dommageables de l'accident, le conducteur d'un camion qui a abandonné celui-ci en stationnement le long de la grande route muni de catadioptres et l'usager qui ne l'a pas vu à temps bien qu'il soit censé disposer de feux de route qui lui permettent d'apercevoir l'obstacle à une distance d'au moins 100 mètres et qui a tamponné le camion.[388]

2. Acceptation des risques

L'incidence de l'acceptation des risques par la victime varie selon les situations[389].

En matière de responsabilité du fait personnel (art. 258 CCLIII) l'acceptation fautive d'un risque par la victime ne fait pas disparaitre la faute du défendeur, mais elle est de nature à justifier un partage de responsabilité.

3. Prédispositions de la victime au dommage

Lorsque les prédispositions de la victime, notamment son état de santé, la rendent plus fragile et favorisent la surveillance du dommage ou

---

385 CSJ, 28juin 1972, *Bull. Arr.* 1973, p.120.
386 CSJ, 26 février 1977, *Bull. Arr.*, 1978, p.10.
387 Ière Inst. L'shi, 26 avril 1967, *RJC* 1968, p. 269.
388 Ière Inst. Elis., 2 novembre 1960, *RJAC*, 1961, p. 120
389 G. LEGIER, *op. cit.*, p. 139.

l'aggravent, en ce qui concerne le montant de la réparation, il convient d'appliquer le principe selon lequel le responsable ne doit réparer que le dommage qu'il a causé[390].

Par conséquent, si les aptitudes de la victime étaient déjà amoindries, le dommage causé ou aggravé par l'accident est réparé en tenant compte de cette incapacité antérieure. Il a été jugé à cet effet qu'en retenant à la fois dans la réalisation d'un accident la faute distincte des prévenus, la juridiction a conclu à bon droit à un partage de responsabilité. [391]

Section III. Lien de causalité

La responsabilité délictuelle suppose un lien de causalité entre le fait fautif et le dommage. Ce lien de causalité découle de l'article 258 CCLIII par les expressions « …*qui cause*….*par la faute duquel*… ». La jurisprudence exige que pour une condamnation aux dommages-intérêts, le jugement doit établir la faute et le lien de causalité entre la faute et le préjudice qui en est résulté.[392]

Le fait reproché à l'auteur du dommage doit être la cause de l'atteinte subi par la victime c'est-à-dire le dommage[393].

La détermination de ce lien de causalité n'est pas facile. C'est pourquoi la doctrine a élaboré plusieurs théories de la causalité : l'équivalence des conditions (§1), la proximité de la cause (§2) et la causalité adéquate (§3)[394].

§1. Théories de l'équivalence des conditions

L'on tient compte, comme causes équivalentes et a titre égal, fautif tous les événements lointains ou proches qui ont conditionné le dommage.

Cette conception est critiquée car trop extensive en ce qu'un nombre infini de causes peut apparaitre et toutes les causes peuvent être retenus.

---

390 G. LEGIER, *op. cit.*, p. 139.
391 CSJ, 10 avril 1976, *Bull. Arr.* 1977, p.100
392 CSJ, 11 avril 1973, *Bull. Arr.* 1974, p.103.
393 Ph. MALAURIE, L.AYNES et Ph. STOFFEL-MUNCK, *op. cit.,* n° 88, p. 41
394 KALONGO MBIKAYI, *op. cit.*, p. 233 ;G. LEGIER, *op. cit.*, p. 134..

§2. Théorie de la proximité de la cause (causa proxima)

Dans cette théorie, est considérée comme cause du dommage, la cause la plus proche dans le temps, chronologiquement la dernière. Cette conception est critiquée car trop simpliste.

§3. Théorie de la causalité adéquate

L'on retient comme cause du dommage, « la cause qui normalement entraine toujours un dommage dans l'espèce considérée par opposition aux causes qui n'entrainent un tel dommage que par la suite de circonstances extraordinaires ».

La jurisprudence statue empiriquement et aucune théorie ne s'est imposée.

Mais, il faut noter que la problématique du lien de causalité ne concerne pas seulement la responsabilité pour fait personnel mais aussi celle pour fait d'autrui car avant d'engager sa responsabilité du civilement responsable, il faut établir le lien de causalité entre le fait de la personne dont on doit répondre et le dommage subi par la victime.

CHAPITRE 2.
RESPONSABILITE POUR FAIT D'AUTRUI

Plusieurs alinéas de l'article 260 du code civil, livre III réglementent des cas de responsabilité pour fait d'autrui.

Ces responsabilités sont instituées dans le but de protection de la victime et se conçoivent comme une exception au principe de la responsabilité pour fait personnel des articles 258 et 259 du code civil livre III en rendant responsables certaines personnes, appelées « *civilement responsables* », non pour leurs fautes personnelles mais pour les fautes causées par d'autres personnes.

Il s'est posé la question de savoir si les cas de civilement responsables énumérés à l'article 260 CCLIII sont limitatifs ou pas. En principe, ne sont civilement responsables que les personnes énumérées à l'article 260 CCLIII que sont : les père et mère, les instituteurs et artisans, les maîtres et commettants : L'énumération est limitative[395].

Une évolution a été notée en droit français avec l'arrêt *Blieck* de 1991[396]: les responsabilités civiles du fait d'autrui ne sont plus limitatives, désormais, toute personne ayant un pouvoir permanent d'organiser, de diriger et de contrôler l'activité d'autrui répond des dommages qu'il a causés. Le « répondant » ne peut s'exonérer qu'en démontrant son absence de faute et sont exonératoires la force majeure, le fait d'un tiers ou la faute de la victime. Les hypothèses envisagées sont celle du gardien d'un mineur (tuteur) et celle de l'organisateur d'une activité collective spécifique, une association sportive notamment[397]. Selon cet arrêt, les termes généraux de l'alinéa 1er l'article 1384 code civil français (équivalent de l'article 260 alinéa 1er CCLIII) permettent de retenir un principe général de responsabilité du fait des « personnes dont on doit répondre ».

En droit congolais, l'on s'en tient encore à l'énumération légale de l'article 260 en ses différents alinéas sauf si une loi particulière vient créer d'autres civilement responsables. C'est dans ce sens que, sur ce point, la

---

395 A. SOHIER (sous la direction de), *Droit civil du Congo belge, Tome III*, in Bruxelles, Larcier, 1956, n°137, p.412.

396 Ass. Plén., 29 mars 1991, Blieck, Grands Arrêts, n°227 ; JCP 1991, 21673 ; D. 1991.324, note LARROUMET. Lire aussi : G. VINEY, Vers un élargissement de la catégorie des « personnes dont on doit répondre », D. 1991, chr. 157.

397 Ph. MALAURIE, L.AYNES et Ph. STOFFEL-MUNCK, *op. cit.*, n°149, p. 70.

loi portant code des assurances a ajouté le propriétaire du véhicule assuré comme civilement responsable[398].

Les civilement responsables énumérés à l'article 260 CCLIII sont : les père et mère pour le dommage causés par leur enfant habitant avec eux (section I), les instituteurs et artisans pour les dommages causés par leurs élèves et apprentis pendant le temps qu'ils sont sous leur surveillance (section II), les maitres et commettants pour les dommages causés par leurs domestiques et préposés dans les fonctions auxquelles ils les ont employés (section III). A ces trois hypothèses du code civil, il y a lieu d'ajouter l'hypothèse de la loi sur l'assurance automobile concernant le propriétaire du véhicule automoteur pour le dommage causé par toute personne ayant, avec son assentiment exprès ou tacite, la garde ou la conduite du véhicule (section IV)[399].

Section I. Responsabilité des père et mère du fait de leurs enfants

Cette responsabilité sera examinée sous l'angle de la personne responsable (§1), des conditions de la responsabilité (§2) et du fondement de la responsabilité (§3).

§1. Personne responsable

Cette responsabilité est réglementée à l'article 260 alinéas 2 et 5 CCLIII. Seul le père est responsable. La mère ne l'est qu'en de décès du mari.

Il faut noter le code de la famille depuis 1987 a évolué en consacrant l'autorité parentale des père et mère. Ce qui nécessiterait la modification du code civil, livre III pour rendre le père et la mère solidairement responsables du dommage causé par leur enfant[400].

Mais, en attendant, on applique l'actuel article 260 al. 2 CCLIII.

---

398 Loi portant code des assurances.

399 KALONGO MBIKAYI, *op. cit.*, p. 246.

400 M.T. KENGE NGOMBA TSHILOMBAYI, « Protection judiciaire de l'enfant en conflit avec la loi et réforme de la responsabilité civile des père et mère pour des faits commis par leur enfant », in *Annales de la Faculté de Droit*, Université de Kinshasa, 2014-2016, Kinshasa, Editions Droit et Société, décembre 2016, pp. 83 à 105.

§2. Conditions de la responsabilité

Les conditions de cette responsabilité sont le dommage causé par l'enfant(A), la cohabitation de l'enfant avec des parents(B) et la faute de l'enfant(C).

A. Dommage causé par l'enfant

Le dommage doit être causé par l'enfant. L'article 260 alinéas 2 n'exige pas la condition de la minorité. Il s'agit donc de tout enfant quel que soit son âge.

Le législateur congolais en son article 260 alinéa 2 n'a pas ajouté l'adjectif « mineur ». Cette situation a entraîné une controverse doctrinale[401] quant à l'interprétation de cet article par rapport au droit belge qui l'avait inspiré. Le civilement responsable doit-il répondre de tout enfant même majeur ou s'agit-il tout simplement de l'enfant mineur ?

Pour une partie de la doctrine que nous approuvons, l'article 260 a un caractère d'ordre public et doit être interprétée de façon stricte. Cet article est, du reste, conforme à la mentalité congolaise où il y a la solidarité clanique des membres du groupe. Ainsi, le code civil a visé à la fois les enfants majeurs et les enfants mineurs[402]. Une autre partie de la doctrine a estimé que la minorité de l'enfant est une condition nécessaire de la responsabilité civile des parents comme en droit civil belge[403].

Pour éviter toute cette controverse, il faut reformer l'article 260 alinéa 2 pour ne viser que les enfants mineurs conformément à la loi sur la protection de l'enfant.

B. Dommage causé par l'enfant habitant avec ses parents

L'enfant doit habiter avec ses parents. Cette condition de cohabitation justifier la présomption qui oppose sur eux en cas de faute de l'enfant de défaut de surveillance ou de défaut d'éducation.

401 KALONGO MBIKAYI, *op. cit.*, p. 249.

402 KALONGO MBIKAYI, *op. cit.*, p. 249 ; VERSTRAETE M., n°510.

403 RAE M., *op. cit.*, n° 145 ; SACE, *op. cit.*, p341 et 342 ; BOMPAKA NKEYI, « La responsabilité civile des parents en droit zaïrois et comparé », Revue de droit et de criminologie, n°184, p. 7.

Si l'enfant habite loin de ses parents, ces derniers cessent d'être responsables parce qu'ils ne peuvent le surveiller (internat, oncle). Ceux qui habitent avec l'enfant dans ce cas seront responsables sur base des articles 258 ou 259 CCLIII en prouvant leur faute.

De même, si l'enfant est légalement sous la garde d'autrui, tel l'instituteur, les parents ne seront pas responsables. Cependant, si l'enfant a été abandonné par les parents ou s'ils le laissent vagabonder, les parents restent civilement responsables sur base de l'article 260 alinéa 2[404].

C. Faute de l'enfant

Le dommage doit être causé par la faute de l'enfant. Si l'acte illicite n'est pas imputable à l'enfant, le père ne sera pas responsable. C'est le cas de l'*infans* c'est-à-dire de l'enfant qui n'est pas encore à l'âge de raison.

§3. Fondement de responsabilité

Le fondement de la responsabilité est la présomption de faute soit pour n'avoir pas bien surveillé l'enfant soit pour n'avoir pas bien éduqué l'enfant.

L'alinéa 5 permet aux parents d'écarter la présomption en démontrant n'avoir pas manqué à leur devoir de surveillance et d'éducation.

De même elle peut être renversée s'il y a cas fortuit ou de force majeure, s'il y a faute de la victime ou faute d'un tiers.

Il a été jugé qu'il ne suffit pas que le père prouve que l'enfant était bien surveillé d'une manière générale, mais encore qu'en fait et eu égard au cas concret, cette surveillance a été suffisante et que le dommage s'est produit alors qu'il ne pouvait pas normalement mieux surveiller l'enfant [405].

---

[404] A. SOHIER, *Droit civil, Tome III*, *op. cit.*, p. 417, n°146.
[405] 1ère Inst. Elis., 13 octobre 1960, *RJC* 1964, p. 15.

Section II. Responsabilité des artisans et instituteurs du fait de leurs apprentis et élevés

Cette responsabilité sera examinée sous l'angle de la personne responsable (§1), des conditions de la responsabilité (§2) et du fondement de la responsabilité (§3)[406].

§1. Personnes responsables

Les instituteurs et artisans sont, selon l'article 260 alinéa 4 CCLIII, responsables du dommage causé par leurs élèves et apprentis pendant le temps qu'ils sont sous leur surveillance.

L'instituteur est non seulement celui qui enseigne mais aussi celui qui sans enseigner, a un rôle de direction et de surveillance dans un établissement d'instruction.

L'artisan est tout employeur qui s'engage à fournir une formation professionnelle à l'apprenti.

§2. Conditions de la responsabilité

Les conditions de cette responsabilité sont la condition du temps(A), la faute de l'élève(B) et le dommage causé à un tiers(C).

A. Condition du temps

Le dommage doit être causé pendant que l'élève ou l'apprenti est sous la surveillance de l'instituteur ou de l'artisan[407]. Le juge a un pouvoir souverain d'appréciation.

B. Faute de l'élève ou de l'apprenti

Le fait dommageable doit être une faute de l'élève ou de l'apprenti. En d'autres termes, il doit s'agir d'un fait illicite et ce fait doit lui être imputable.

C. Dommage causé à un tiers

Le dommage doit être causé à un tiers et non à l'instituteur ou l'artisan.

---

406 KALONGO MBIKAYI, *op. cit.*, p. 251.
407 G. LEGIER, *op. cit.*, p. 133.

§3. Fondement de la responsabilité

Le fondement de la responsabilité est la présomption de faute pour n'avoir pas bien surveillé ou bien éduqué l'élève. C'est une présomption refragable c'est-à-dire renversable. En effet, l'alinéa 5 de l'article 260 CCLIII permet à l'instituteur ou à l'artisan d'écarter la présomption en démontrant n'avoir pas manqué à son devoir de surveillance et d'éducation. De même elle peut être renversée s'il y a fortuit ou de force majeure, faute de la victime ou faute d'un tiers.

Section III. Responsabilité des maitres et commettants pour faits de leurs domestiques et préposes

Cette responsabilité sera examinée sous l'angle de la personne responsable (§1), des conditions de la responsabilité (§2) et du fondement de la responsabilité (§3).

§1. Personnes responsables

Selon l'article 260 alinéa 3 CCLIII, les maitres et commettants sont responsables des dommages causés par leurs domestiques et préposés dans les fonctions auxquels ils les ont employés[408]. Cet alinéa 3 de l'article 260 CCLIII dispose : « *...les maîtres et commettants du dommage causé par leurs domestiques et préposés dans les fonctions auxquelles ils les ont employés* ».

Il y avantage pour les victimes car généralement le maitre et le commettant sont plus solvables que le domestique et le préposé.

§2. Conditions de la responsabilité

Les conditions de cette responsabilité sont d'abord l'existence d'un lien de subordination ou de préposition entre le commettant et le préposé (A), ensuite la faute du préposé (B), en troisième lieu le dommage causé par le préposé à un tiers(C) et enfin la faute du préposé commis dans l'exercice de ses fonctions(D).

A. Lien de subordination ou de préposition

La notion sera examinée avant d'aborder les cas de transfert de lien de préposition et de pluralité de commettants.

---

[408] KALONGO MBIKAYI, « La responsabilité civile des maîtres et commettants en droit privé zaïrois » in *RJZ* 1975, pp. 7 à 14.

1. Notion

Il y a lien de subordination entre, d'une part, le maître ou le commettant, et d'autre part, le domestique ou le préposé lorsque le maître ou le commettant a un pouvoir de direction, de surveillance et de contrôle sur le préposé ou domestique. Le commettant donné des ordres sur la manière de remplir les fonctions confiées[409].

Jugé que la responsabilité du commettant pour faute de son préposé ne peut être engagée que s'il existe un lien de préposition effectif et direct entre lui-même et son préposé dans les circonstances de temps ou de lieu où s'est produit le dommage [410].

Ordinairement, le lien découle d'un contrat de travail, mais ce lien peut résulter aussi d'un autre contrat (par exemple une personne aide un ami à effectuer des travaux quelconques).

La qualité de préposé qui implique une subordination est incompatible avec celle de gardien qui est caractérisée par un pouvoir de direction de la chose en toute indépendance.

2. Transfert de lien de préposition

Le lien de préposition peut être transféré (ouvrier mis à la disposition d'un autre entrepreneur). Il faut alors rechercher qui exerçait les pouvoirs de direction au moment de la survenance du dommage[411].

Jugé que le fait pour un chauffeur de transporter le carburant pour un tiers avec qui le patron a conclu un contrat de transport ne crée pas un lien de commettant à préposé, même occasionnel, entre lui et ce tiers. Celui-ci ne peut être en conséquence son civilement responsable[412]. L'employeur qui met temporairement un chauffeur à la disposition d'un tiers peut être civilement responsable de la faute de ce chauffeur[413].

3. Pluralité de commettants

Exceptionnellement, le préposé peut avoir en même temps plusieurs commettants. Exemple : un agent de sécurité peut être considéré comme

[409] G. LEGIER, *op. cit.,* p. 126.
[410] Kin, 02 mai 1967, *RJC*, 1968, p. 65.
[411] G. LEGIER, *op. cit.,* p. 127.
[412] 1ère Inst. Kivu, 18 avril 1977, *RJZ,* 1979, p. 148.
[413] Elis., 28 janvier 1958, *RJCB,* 1958, p. 228.

préposé à la fois de la société de gardiennage et de l'entreprise qu'il est chargé de protéger[414]. Sera retenu celui qui a une autorité effective sur le préposé car c'est le fait d'avoir les travailleurs sous ses ordres et de les employer sous sa responsabilité qui entraîne la responsabilité prévue par l'article 260 alinéa III du code civil[415].

B. Faute du préposé

L'on subordonne la responsabilité du commettant à la preuve d'une faute du préposé. La faute du préposé s'analyse dans ses deux éléments de culpabilité et d'imputabilité comme analysé au chapitre précédent sur la responsabilité pour fait personnel.

C. Dommage causé à un tiers

Le dommage doit être causé à un tiers[416].

Par tiers, il faut entendre toute personne autre que le commettant ou le préposé lui-même. Si le dommage est causé par le préposé au commettant, le préposé engagera sa responsabilité sur base de l'article 258 CCLIII.

D. Fait commis dans l'exercice des fonctions

Le commettant ne peut pas être déclaré responsable de tous les actes commis par son préposé. Il faut un lien entre l'acte et l'exercice des fonctions auxquelles le préposé est employé[417].

Si l'acte est accompli en dehors des fonctions c'est-à-dire en dehors du temps ou lieu de l'exercice des fonctions : le commettant n'est pas responsable. Le commettant ne s'exonère de sa responsabilité que si son préposé a agi hors des fonctions auxquelles il était employé, sans autorisation et à des fins étrangères à ses attributions.

Si, dans les mêmes conditions, le préposé a utilisé une chose du commettant, il en est devenu le gardien, et sa responsabilité peut être

---

414 G. LEGIER, *op. cit.*, p. 127.

415 1ère Inst. Elis., 26 janvier 1928, RJC 1929, p. 140 ; KALONGO MBIKAYI, *Droit civil. Tome I. Les obligations*, *op. cit.*, p. 255.

416 R.O. DALCQ, *Les Novelles, Droit civil*, 1967, Tome V, Vol. I, Bruxelles, Larcier, n°1827.

417 KALONGO MBIKAYI, *op. cit.*, p. 255. G. LEGIER, *op. cit.*, p. 128.

engagée sur le fondement de l'article 260, alinéa 1er CCLIII sur la responsabilité du fait des choses inanimées.

Mais le problème se pose si l'acte est accompli pendant la durée des fonctions mais sans rapport certaine avec les fonctions. La solution de la jurisprudence congolaise est qu'il suffit que la faute ait été commise au cours du service et soit en relation quelconque, même occasionnelle et indirecte, avec les fonctions auxquelles le préposé est employé. Jugé que la responsabilité civile du civilement responsable n'exige pas, pour être engagée que l'acte fautif imputable au prévenu rentre dans les fonctions lui dévolues ; il suffit qu'il ait été commis pendant la durée du service et qu'il soit en relation avec celui-ci même indirectement et occasionnellement[418]. Jugé aussi que la responsabilité du commettant est engagée lorsque l'acte fautif dommageable imputable à son préposé a été commis même occasionnellement, pendant les heures de service et qu'il se trouve, même indirectement en relation avec ses fonctions, peu importe la considération qu'il ne rentre pas dans le cadre de celles-ci[419].

Un autre problème concerne l'hypothèse d'abus de fonction. Il y a abus de fonction lorsque l'acte est étranger aux fonctions. Dans ce cas, la jurisprudence estime que le commettant engage sa responsabilité dès lors qu'il y a quelque rapport avec les fonctions aux yeux des tiers victimes et si ces tiers ne sont pas informés de cet abus de fonctions. C'est ainsi qu'un rôle important est donné à l'apparence dans le cas où la victime a été en rapport avec un préposé afin de conclure ou d'exécuter un contrat qui l'a lié au commettant. Celui-ci est responsable des actes de son préposé chaque fois que les circonstances et les usages laissaient croire à la victime que le préposé agissait dans l'exercice de ses fonctions : le commettant ne peut pas échapper à sa responsabilité au seul motif que celui auquel il a confié une tâche a agi à des fins personnelles.

Dès qu'il est établi que le dommage a été causé par son préposé dans l'exercice des fonctions auxquelles il l'avait employé, le commettant reste tenu même si le préposé a abusé de ses fonctions[420].

De même, le silence gardé par le commettant qui sait que son préposé agit en abusant de ses fonctions vaut autorisation tacite des abus des actes posés par le préposé[421].

---

418 CSJ, 30 janvier 1987, *Bull. Arr.* 2002, p. 254.
419 Kin, 19 octobre 1979, *RJZ*, 1983, p. 47.
420 Léo, 20 février 1958, *RJCB*, 1959, p. 265.

En revanche, la responsabilité du commettant est écartée en cas d'abus de fonctions lorsque la victime a fait preuve d'une imprudence incontestable en se livrant à une opération sortant des attributions habituelles du préposé et quelque peu suspecte : elle ne pouvait alors légitimement croire que le préposé avait agi pour le compte de son employeur. Il a été jugé que pour être exonéré de sa responsabilité du fait de son préposé, le commettant doit prouver que la victime avait connaissance de l'abus de fonctions commis par le préposé et avait en conséquence considéré que ce dernier agissait pour son propre compte[422].

Jugé que le commettant cesse d'être responsable lorsque le préposé a été envisagé par la victime comme ayant agi pour son compte personnel et non pour celui du commettant[423].

§3. Fondement de la responsabilité

Le fondement du code civil est la présomption irréfragable de faute(A). Mais la doctrine, dans l'intérêt de la victime a proposé d'autres fondements(B). Le commettant qui a réparé le dommage causé à la victime a un recours contre son préposé(C).

A. Présomption irréfragable de faute

Traditionnellement, selon l'article 260 CCLIII, le fondement est la présomption irréfragable de faute[424]. Cette présomption consiste dans le mauvais choix du préposé (*culpa in eligendo*) ou dans la mauvaise surveillance de ce dernier (*culpa in vigilando*). Contrairement aux père et mère et aux instituteurs et artisans, les maitres et commettants ne peuvent pas renverser la présomption de faute.

Le commettant ne peut donc pas s'exonérer en démontrant qu'il n'a pas lui-même commis de faute ou que, à son égard, le comportement du préposé était imprévisible et irrésistible.

Il peut seulement s'exonérer en prouvant soit un cas de force majeure à l'égard du préposé : l'exonération du commettant, comme du préposé,

---

421 Bandundu, 23 février 1980, *RJZ*, 1983, p. 47.
422 Bandundu, 23 février 1980, *RJZ*, 1983, p. 47
423 Kin, 6 mars 1958, *RJCB*, 1959, p. 268.
424 KALONGO MBIKAYI, « La responsabilité civile du commettant, » *op. cit.*, p. 12.

est alors totale ; soit une faute de la victime, ce qui entraine un partage ou une exclusion de responsabilité des maitres et commettants.

B. Autre fondement : idée de garantie

Actuellement, la doctrine considère que le fondement n'est pas l'idée de faute dans la surveillance ni dans le choix, ni l'idée de représentation, ni de risque-profit ni de cautionnement légal mais c'est l'idée de garantie qui justifie la responsabilité des maîtres et commettants[425].

C. Recours du commettant contre le préposé

Si le commettant a été condamné, il a la faculté d'exercer un recours contre le préposé (action récursoire) lorsque la responsabilité de celui-ci peut être engagée, quand le préposé a excédé les limites de sa mission ou commis une faute pénale intentionnelle[426].

Section IV. Responsabilité des propriétaires des véhicules automoteurs pour fait des conducteurs ou gardiens du véhicule[427]

Cette responsabilité sera examinée sous l'angle de la personne responsable (§1), des conditions de la responsabilité (§2) du fondement de la responsabilité (§3) et de la mise en œuvre de la responsabilité (§4).

§1. Personne responsable

La personne civilement responsable est le propriétaire. L'obligation d'assurance incombe à tout propriétaire des véhicules automoteurs.

Ainsi, le propriétaire d'un véhicule automoteur qui a causé un accident de la circulation est civilement responsable du conducteur ou du gardien du véhicule qui a causé ces dommages.[428].

---

425 Ph. MALAURIE, L.AYNES et Ph. STOFFEL-MUNCK, *op. cit.*, n°158, p. 78; KALONGO MBIKAYI, Droit civil. Tome 1 Les obligations, *op. cit.*, p. 257.

426 G. LEGIER, *op. cit.*, p. 131.

427 Lire : KALONGO MBIKAYI et PINDI NBENSA KIFU, « La responsabilité civile de l'automobiliste et du piéton en droit zaïrois » in KALONGO MBIKAYI (sous la direction de), *L'automobile et la sécurité routière en droit zaïrois*, Kinshasa, PUZ, 1982, pp. 31 et Ss.

428 Loi n° 15/005 du 17 mars 2015 portant code des assurances, *J.O.*, n° spécial du 30 avril 2015.

En effet, l'article 38 de la loi de 2015 portant code des assurances dispose : « *l'assureur est garant des pertes et dommages causés par des personnes dont l'assuré est civilement responsable quelle que soit la nature ou la gravité des fautes de ces personnes, ou par des choses qu'il a sous sa garde* ».

Il faut relever que c'est une innovation de la loi de 2015 car l'ancienne loi du 05 janvier 1973 n'avait jamais utilisé le terme « civilement responsable » s'agissant du propriétaire des véhicules automoteurs pour répondre du fait du conducteur ou du gardien. C'est une innovation[429].

§2. Condition de la responsabilité

Trois conditions sont exigées à savoir le dommage causé par un véhicule automoteur(A), le dommage causé par une personne ayant la garde ou la conduite du véhicule avec assentiment du propriétaire (B) et la responsabilité du conducteur ou du gardien (C).

A. Dommage causé par un véhicule automoteur

Le véhicule automoteur est tout engin destiné au transport doté d'un moteur et qui se meut uniquement sur le sol : automobile, cyclomoteur, balayeuse, tracteur, moissonneuse, batteuse, véhicule sur chenilles, etc. La loi étend les mêmes règles aux dommages causés par une remorque ou semi-remorque, si elle était, au moment de l'accident, attelée à un véhicule terrestre à moteur.

L'assurance garantit la réparation des dommages corporels ou matériels résultant d'une part, des accidents, incendies ou explosions causés par le véhicule, les remorques ou semi-remorques, les accessoires et les produits servant à leur utilisation, les objets et substances qu'ils transportent et, d'autre part, de la chute de ces accessoires, objets, substances ou produits (article 112).

---

[429] T. MWABA KAZADI, « Assurance de la responsabilité civile des propriétaires des véhicules : qu'est ce qui a changé ? », in *Cahiers Africains des Droits de l'Homme et de la Démocratie*, Université de Kinshasa, Faculté de Droit, CRIDHAC, n° 051, Avril-Juin 2016, p. 59.

B. Dommage causé par une personne ayant la garde ou la conduite du véhicule

L'accident est un évènement soudain, fortuit et imprévu, dont la réalisation n'a pas été recherchée par le conducteur du véhicule et qui a provoqué un dommage.

Cet accident doit causer dommage.

Ce dommage doit être causé par une personne qui la conduite ou de la garde du véhicule même sans autorisation. En effet, l'article 108 alinéas 2 et 3de la loi portant code des assurances dispose :

« Les contrats d'assurance couvrant la responsabilité définie à l'article 1 couvre également la responsabilité civile de toute personne ayant la garde ou la conduite ; même non autorisée, du véhicule, à l'exception des professionnels de la réparation, de la vente et du contrôle de l'automobile, ainsi que la responsabilité civile des passagers du véhicule objet de l'assurance »

« Ces contrats couvrent, en plus de la responsabilité civile des personnes mentionnées à l'alinéa 1er, celle du souscripteur du contrat et du propriétaire du véhicule. ».

La loi ayant prévu que le gardien ou le conducteur engage la responsabilité de l'assuré même s'il a eu le véhicule sans son autorisation, elle donne aune action subrogatoire à l'assureur dans ce cas à l'article 108 alinéa 4.

C. Responsabilité du conducteur ou du gardien

Le conducteur ou le gardien doit être reconnu responsable de l'accident.

§3. Fondement de la responsabilité

Dès que les conditions de la responsabilité sont réunies, le propriétaire du véhicule est présumé responsable. C'est une présomption de responsabilité. En effet, déjà l'ancienne loi sur l'assurance automobile de 1973 avait innové par rapport au code civil, livre III en introduisant dans le chef de tout propriétaire une responsabilité de plein droit sans qu'il y ait faute dans le chef du propriétaire. C'est une responsabilité objective. Ainsi, si la chose est un véhicule automoteur, le fondement est la responsabilité de plein droit, la responsabilité sans faute, la responsabilité objective[430].

La nouvelle loi de 2015 en son article 38 introduit la responsabilité sans faute. En effet, il dispose : « *l'assureur est garant des pertes et dommages causés par des personnes dont l'assuré est civilement responsable quelle que soit la nature ou la gravité des fautes de ces personnes, ou par des choses qu'il a sous sa garde* ».

§4. Mise en œuvre de la responsabilité : action directe de la victime contre l'assureur

Dès que les conditions de la responsabilité sont réunies, la victime a une action directe contre l'assureur (SONAS) sur base de l'article 57 de la loi portant code des assurances[431].

Jugé que conformément à la loi n°73-013 du 05 janvier 1973 portant obligation de l'assurance de responsabilité civile en matière d'utilisation des véhicules automoteurs, la SONAS sera tenue à indemniser la victime si le véhicule est assurée auprès d'elle en vertu de l'article 9 de cette loi qui dispose que les personnes lésées des suites d'un accident ont une action directe contre l'assureur dans les limites des droits dont pourrait se prévaloir l'assuré[432].

En outre, il est fait obligation à l'assureur de faire une offre de transaction aux articles 133 et suivants.

La loi garantit la réparation des dommages corporels et matériels et fixe les catégories des préjudices réparables au titre de dommage corporel tant pour les préjudices économiques que pour les préjudices moraux en résultant tant pour la victime directe que pour la victime indirecte. Il s'agit des frais de traitement médical consécutifs à l'accident, des

---

430 Loi n° 15/005 du 17 mars 2015 portant code des assurances, *J.O.*, n° spécial du 30 avril 2015. Kin, 19 octobre 1979, *RJZ* 1983, p. 27. Dans ce sens : KALONGO MBIKAYI et PINDI MBENSA KIFU, « La responsabilité de l'automobiliste et du piéton » in KALONGO MBIKAYI, *L'automobiliste et la sécurité routière,* Kinshasa, PUZ, 1982, p. 36 ; THIRAN, « Exposé des motifs et commentaires de la loi n° 73-013 du 5 janvier 1973 » in *Revue Ngabu*, n°2, septembre 1973, pp. 30 et ss.

431 Loi n°15/005 du 17 mars 2015 portant code des assurances, *J.O.*, n° spécial du 30 avril 2015.

432 TGI/ Kin/Gombe, RC 059037, 1er février 1992, *inédit*, cité par LUKOO MUSUBAO (R), *La jurisprudence congolaise en procédure civile, Vol. I*, Kinshasa, Editions On s'en sortira, 2009, p. 112.

incapacités temporaires et permanentes, de l'assistance des tierces personnes, de la souffrance physique et du préjudice esthétique, du préjudice de carrière, des frais funéraires, des préjudices économiques et moraux des ayants droit des victimes décédés (articles 160 à 169).

La loi prévoit une indemnisation barémique pour chaque catégorie dont le taux sera fixé par un texte réglementaire.

La responsabilité pour fait de véhicule automoteur peut aussi être analysé sous l'angle de la responsabilité pour fait des choses (le véhicule étant une chose inanimée) qui recouvre plusieurs hypothèses.

CHAPITRE 3.
RESPONSABILITE POUR FAIT DES CHOSES

La responsabilité du fait des choses regroupe la responsabilité pour fait des choses inanimées (section I), la responsabilité pour fait des animaux (section II), la responsabilité du fait de la ruine des bâtiments (section III) et

Section I. Responsabilité pour fait des choses inanimées

A l'origine, l'alinéa 1er in fine, de l'article 260 du code civil livre III, ne servait qu'à introduire les autres alinéas de l'article 260 CCLIII prévoyant la responsabilité du fait d'autrui (art. 260 al. 2, 3 et 4 CCLIII) et du fait de choses (bâtiments en ruine, art. 261 CCLIII et animaux art. 262CCLIII).C'est longtemps après que l'article 260 al. 1er in fine CCLIII a été interprété comme énonçant un principe général de responsabilité du fait de choses inanimées. Cette évolution s'est produite en France avec l'article 1384 alinéa 1er du code civil français, équivalent de l'article 260 alinéa 1er CCLIII. En effet, avec l'évolution du machinisme, les victimes de certains accidents avaient des difficultés pour démontrer la faute de l'auteur du dommage : il s'agissait des accidents de travail, des incendies et des accidents d'automobile. Trois arrêts de principe ont été prononcés par la Cour de cassation française. Mais c'est le dernier arrêt dit arrêt *Jand'heur* rendu par les chambres réunies de la Cour de cassation le 13 février 1930 qui énonça le principe selon lequel l'article 1384 alinéa 1er rattache la responsabilité à la gade de la chose[433]. En l'espèce, un piéton avait été écrasé par une automobile en mouvement, sans qu'eût été établie la faute du conducteur, il a été jugé que le gardien de l'automobile était responsable[434].

Cette responsabilité sera examinée sous l'angle de la personne responsable (§1), des conditions de la responsabilité (§2) et du fondement de la responsabilité (§3)[435].

---

433 *DP*, 1930. I.57 ; S, 1930.I.121

434 Ph. MALAURIE, L.AYNES et Ph. STOFFEL-MUNCK, *op. cit.*, note sous n°187, p. 93.

435 KALONGO MBIKAYI, *op. cit.*, p. 269.

§1. Personne responsable

L'art 260, al. 1er CCLIII dispose : « *On est responsable non seulement du dommage que l'on cause par son propre fait, mais encore de celui qui est causé par le fait des personnes dont on doit répondre, ou des choses que l'on a sous sa garde.* »

Ainsi, c'est le gardien de la chose qui est responsable du dommage qu'elle cause à autrui.

§2. Condition de la responsabilité

Les conditions de la responsabilité sont relatives à la chose (A), au fait de la chose(B) et à la garde de la chose(C).

A. Chose inanimée

L'article 260, al. 1er in fine, s'applique à toute chose, dirigée ou non par la main de l'homme, dangereuse ou non, meuble ou immeuble. Cet article ne s'applique pas aux animaux (article 261 CCLIII) et à la ruine des bâtiments qui résulte d'un défaut d'entretien ou d'un vice (article 262 CCLIII)[436].

Jugé que l'article 260 alinéa 1er s'applique au dommage causé par la chute d'un arbre par suite d'un vice inhérent à l'arbre[437], par un passage à niveau établi dans des conditions défectueuses[438].

Si le dommage est causé par le fait personnel du gardien dirigeant ou manipulant la chose et non par le vice de la chose, l'article 260 alinéa 1er ne va pas s'appliquer, la responsabilité de l'homme étant directe[439].

B. Fait de la chose : vice de la chose

Le droit congolais et le droit belge exigent la preuve du vice de la chose alors que le droit français, depuis l'arrêt Jand'heur de 1930 précité rattache la responsabilité à la garde de la chose et non à la chose elle-

---

436 1ère Inst. Bukavu, 6 mars 1954, *RJCB* 195', p. 229.
437 1ère Inst. Léo, 12 avril 1952, *RJCB* 1953, p. 93.
438 Cass. belge, 1er juillet 1945, *Pas., I*, 202 ; *JT*, 1946, p. 169.
439 Van RYN, « La responsabilité du fait des choses », *JT*, 1953, 166

même[440]. Il faut prouver le vice et le lien de causalité entre le vice et le dommage.

Le vice a deux acceptions.

D'abord, le vice était considéré comme t un état et non une action qui implique le comportement de la chose. Une chose est infectée de vice lorsqu'elle présente une caractéristique anormale susceptible de causer un dommage. La caractéristique anormale est celle qui fait que la chose qui fait que la chose ne présente pas les qualités propres à sa nature ; les caractères essentiels et naturels d'une chose ne peuvent constituer un vice[441]. Jugé que constitue le vice de la chose, cause d'accident, toute conformation qui la rend inapte à son usage normal ou une défectuosité qui en rend l'usage dangereux[442].

Ensuite, dans l'évolution de la notion, la jurisprudence et la doctrine ont interprété de façon plus large la notion de vice. Le vice n'est plus simplement la défectuosité intrinsèque de la chose, mais aussi le défaut qui lui est extrinsèque. En cela, le vice englobe aussi le comportement anormal de la chose en considérant que le comportement implique ou constitue un vice[443]. Jugé que prouve le vice de la chose l'échappement de vapeur d'une locomotive tel qu'il rend dangereux, et même à peine possible à certains moments, l'usage de la route aux autres véhicules[444].

Le droit congolais rejoint le droit français en ce qui concerne les véhicules automoteurs[445] et on contente d'un lien de causalité général entre la chose et la dommage[446].

En principe, la victime doit démontrer le rôle actif de la chose, c'est-à-dire soit un vice interne, soit une position ou un comportement anormal ou dangereux de la chose envers la victime.

---

440 B.STARK, H. ROLAND et L. BOYER, *op. cit.*, n°482 ; KALONGO MBIKAYI, *op. cit.*, p. 270.

441 A. SOHIER, Tome III, *op. cit.*, n°189, p. 428, Van RYN, « La responsabilité du fait des choses» , *JT*, 1953, p. 377., H. De PAGE, *Droit civil, Tome II*, n°1007.

442 1ère Inst Cost., 2 décembre 1948, *RJCB* 1949, p. 113.

443 Liège, 15 décembre 1949, Pas. 1950, *JT* 1946, pp. 165-166 ; KALONGO MBIKAYI, *op. cit* , p. 271. ; A. SOHIER, Tome III, *op. cit.*, n° 190, p. 429.

444 Cass. belge, 19 octobre 1939, Pas., I, 430.

445 Loi n° 15/005 du 17 mars 2015 portant code des assurances, *op. cit* ., n° spécial du 30 avril 2015.

446 KALONGO MBIKAYI, *op. cit*, p. 271 ; Ph. Le TOUNEAU, et L ; CADIET, Droit de la responsabilité, Paris Dalloz, 1996, n° 3581, pp. 739 et ss.

C. Garde de la chose

1. Principe

La garde suppose des pouvoirs d'usage, de direction et de contrôle de la chose[447]. Comme la garde est liée à un pouvoir de direction, les qualités de gardien et de préposé sont en principe incompatibles : seul le commettant est gardien. En effet, lorsque le commettant remet une chose (automobile) au préposé pour l'accomplissement de sa mission, le commettant en demeure gardien, le préposé étant subordonné n'a pas sur elle le pouvoir de direction[448].

2. Transfert de la garde

Le transfert de la garde peut être volontaire ou involontaire[449].

a. Transfert volontaire

Le transfert volontaire résulte d'un contrat par lequel le propriétaire d'une chose s'en dessaisit temporairement. Exemple : le propriétaire la prête, la loue ou la confie à une personne qui souvent agit dans l'exercice de sa profession. Dès lors que la détention de la chose a été volontairement et effectivement transférée, celui qui la détient actuellement l'emprunteur, le locataire, le garagiste, le vétérinaire en devient gardien.

b. Transfert involontaire

Il en est ainsi lorsqu'une personne s'empare de la chose l'insu de celui qui en avait la garde, notamment :

- en cas de vol, le propriétaire perd la garde, qui est transférée au voleur[450] ;
- en cas de détournement de la chose par un préposé, le commettant en perd la garde, qui est acquise par le préposé.

---

447 Cass. B., 25 mars 1943, *Pas. I.* 110.

448 TSHILOMBO MWAMBA VULE, « La notion de garde dans la responsabilité civile du fait des véhicules automoteurs », in *Annales de la Faculté de Droit,* Kinshasa, PUZ, vol. XIII-X 1979-1981, p. 109 et s ; Ph. MALAURIE, L.AYNES et Ph. STOFFEL-MUNCK, *op. cit*, n°200, p. 105.

449 G. LEGIER, *op. cit,* p. 123.

450 Léo, 1er mars 1966, *RJC* 1966, p. 227.

3. Caractère alternatif

La garde est alternative et non cumulative, ce qui signifie qu'en principe, une seule personne exerce, à un moment donné, les pouvoirs de gardien. Exemple : le propriétaire du véhicule ou le garagiste auquel il est confié. Mais la formule est équivoque, car, d'une part, plusieurs personnes qui ont les mêmes pouvoirs sur la chose en sont les co-gardiens (garde collective) et, d'autre part, deux personnes peuvent simultanément exercer les pouvoirs de gardien sur des éléments différents (distinction garde de la structure et garde du comportement)[451].

a. Garde collective ou en commun

C'est l'hypothèse par exemple d'une victime atteinte par une chose sur laquelle au moment de l'accident, plusieurs personnes exerçaient en commun les pouvoirs d'usage, de direction et de contrôle. Exemple : des joueurs dont le ballon a blessé un spectateur. S'il est impossible d'identifier l'auteur du dommage, la victime peut engager la responsabilité de chaque gardien qui va réparer l'entier dommage. Ils engageront leur responsabilité *in solidum.*

b. Distinction de la garde de la structure et de la garde du comportement

Une distinction a été opérée entre la garde de structure et la garde de comportement pour certaines choses présentant un certain danger de par leur structure[452]:

- Le fabricant de la chose sera le gardien de sa structure, la garde de la structure concernant les vices internes de la chose.
- L'utilisateur sera le gardien du comportement qui concerne l'utilisation de la chose.

Il faudra rechercher la cause du dommage selon que l'accident est dû à un à la structure même de la chose, à son vice interne, à sa manipulation, à l'usage qu'on en fait pour assigner l'un ou l'autre des gardiens.

---

451 G. LEGIER, *op. cit.*, p. 123.
452 A. BENABENT, *op. cit.*, n°619.

§3. Fondement de la responsabilité

Le fondement est à distinguer selon qu'il s'agit de toute chose ou du véhicule automoteur.

Le fondement de l'article 260 alinéa 1er in fine CCLIII pour toute chose est la présomption irréfragable de faute consistant dans l'utilisation d'une chose atteinte de vice[453]. Jugé que celui qui réclame des dommages-intérêts sur base de la responsabilité du gardien doit prouver uniquement que le gardien a sous sa garde une chose atteinte de vice et qu'il existe une relation de causalité entre le vice de la chose et le dommage[454]. L'article 260 alinéa 1er du code civil n'est applicable qu'à condition qu'l soit établi par la victime que le dommage a été causé par le vice de la chose[455]. Constitue un vice de la chose toute déformation qui le rend inapte à son usage normal ou une défectuosité qui en rend l'usage dangereux[456].

La loi considère qu'à lui seul le fait d'être gardien d'une chose infectée d'un vice est une faute parce que la garde permet de prévenir le vice, ou d'empêcher que le vice existe ou cause dommage, de supprimer le vice[457].

Mais si la chose est un véhicule automoteur, le fondement est la responsabilité de plein droit, la responsabilité sans faute, la responsabilité objective[458].

Section II. Responsabilité pour fait des animaux

Cette responsabilité sera examinée sous l'angle de la personne responsable (§1), des conditions de la responsabilité (§2) et du fondement de la responsabilité (§3)[459].

---

453 1ère Inst. Elis., 14 juillet 1938, *RJCB*, 1940, p. 71.

454 Léo, 29 octobre 1957, *JTO,* 1958, p. 91.

455 Léo, 26 décembre 1953, *RJCB* 1954, p. 154.

456 M. RAE, *op. cit.*, p.109.

457 A. SOHIER, Tome III, *op. cit.*, p. 427, n° 185 ; Van RYN, « La responsabilité du fait des choses », *JT*, 1946, 165.Cass. belge, 25 mars 1943, *Pas.*, I, 110,

458 Loi n°15/005 du 17 mars 2015 portant code des assurances, *J.O.*, n° spécial du 30 avril 2015 ; Kin, 19 octobre 1979, *RJZ* 1983, p. 27. Dans ce sens : KALONGO MBIKAYI et PINDI MBENSA KIFU, « La responsabilité de l'automobiliste et du piéton » in KALONGO MBIKAYI, *L'automobiliste et la sécurité routière,* Kinshasa, PUZ, 1982, p. 36 ; THIRAN, « Exposé des motifs et commentaires de la loi n°73-013 du 5 janvier 1973 » in *Revue Ngabu,* n° 2, septembre 1973, pp. 30 et ss.

§1. Personne responsable

Aux termes de l'article 261 du code civil, livre III, c'est le propriétaire de l'animal ou celui qui s'en sert pendant qu'il est à son usage qui est responsable du dommage causé par l'animal, que l'animal fût sous sa garde ou échappé.

§2. Conditions de la responsabilité

Les conditions concernent l'animal(A) et son responsable(B).

A. Animal visé

Il s'agit de tous les animaux sans distinctions de leur nature zoologique. Cet animal doit intervenir positivement dans la surveillance du dommage.

B. Responsable

Le responsable est le propriétaire ou celui qui s'en sert (une personne qui en a usage à titre indépendant ou professionnel comme le vétéran).

Il doit avoir sur l'animal le pouvoir de contrôle et de direction.

§3. Fondement de la responsabilité

Le fondement de la responsabilité est la présomption de faute, faute de négligence dans la surveillance.

Mais la jurisprudence actuelle admet une responsabilité de plein droit, une responsabilité sans faute. Le gardien ne peut s'exonérer qu'en apportant la preuve de la cause étrangère.

Section III. Responsabilité pour fait de la ruine des bâtiments

Cette responsabilité sera examinée sous l'angle de la personne responsable (§1), des conditions de la responsabilité (§2) et du fondement de la responsabilité (§3)[460].

---

459 KALONGO MBIKAYI, *op. cit.*, p. 261 ; G. LEGIER, *op. cit.*, pp. 321 et ss.
460 KALONGO MBIKAYI, *op. cit.*, p. 264.

§1. Personne responsable

Selon l'article 262, le propriétaire d'un bâtiment est responsable du dommage causé par sa ruine, lorsqu'elle est arrivée par la suite du défaut d'entretien ou par le vice de sa construction.

Seul donc le propriétaire est responsable et non une autre personne. Tout ce que le propriétaire peut faire, c'est d'exercer une action récursoire contre l'auteur de la faute. Il peut avoir une action récursoire contre l'architecte ou l'entrepreneur en cas de vice de construction qui se prescrit après dix ans (art. 439 CCLIII) contre aussi le locataire ou l'usufruitier pour défaut d'entretien en vertu du contrat de bail notamment.

L'article 262 CCLIII édicte une responsabilité spéciale quant aux dommages causés par la ruine des bâtiments. Pour les autres dommages causés par le bâtiment, l'on recourt à l'article 260 alinéa 1er CCLIII sur la responsabilité pour fait des choses inanimées. Ainsi, lorsque les conditions prévues à l'article 262 sont réunies, seule l'article 262 CCLIII est d'application. La victime n'a pas d'option entre l'article 262 CCLIII et l'article 260 alinéa 1er[461].

§2. Conditions de la responsabilité

Trois conditions sont à réunir :

A. Bâtiment

Il s'agit de toute construction faite avec des matériaux assemblées de façon durable, qu'elles soient en surface ou en sous-sol et à tous les éléments (canalisations, ascenseurs, balcons) incorporés à ces constructions. C'est donc toute construction immobilière incorporée au sol, quel que soit son usage.

B. Dommage causé par la ruine des bâtiments

La ruine est la chute totale ou partielle des éléments du bâtiment. L'on exclut le dommage causé par les restes d'un bâtiment déjà en ruine. C'est en d'autres termes un état de dégradation de la construction ou d'un élément immobilier qui y est incorporé de manière indissoluble, entraînant une chute de matériaux ou un écroulement total.

---

461 A. SOHIER, Tome III, *op. cit.*, p. 436, n°219.

C. Ruine ayant pour origine un défaut d'entretien ou un vice de construction

Il faudra établir le lien de cause à effet entre le défaut d'entretien ou le vice avec la ruine.

§3. Fondement de la responsabilité

Selon le code, c'est une présomption de faute d'entretien ou de surveillance. Mais actuellement, la doctrine estime que c'est une responsabilité de plein droit. Le propriétaire ne peut se libérer que pour cause étrangère ou pour faute exclusive de la victime.

CHAPITRE 4.
LA MISE EN ŒUVRE DU DROIT DE LA VICTIME

L'obligation de réparation nait au jour où le dommage s'est réalisé et non le jour où le juge statue. Jugé que le jugement de condamnation à des dommages-intérêts apparaît comme déclaratif d'un droit préexistant[462].

La mise en œuvre concerne les voies de recours (section I) et la réparation du dommage (section II)[463].

Section I. Voies de recours

La victime a un droit à indemnisation qui peut être mise en œuvre de deux manières. Soit elle conclut avec l'auteur du dommage un contrat qui détermine la responsabilité et fixe le montant de la réparation : c'est une transaction (§1) soit elle engage une action en responsabilité devant la justice (§2).

§1. Arrangement amiable ou transaction

L'article 583 CCLIII définit la transaction comme « *un contrat par lequel les parties terminent une contestation née, ou préviennent une contestation à naître* ».

Elle est fréquemment utilisée en matière délictuelle : une partie reconnait au moins partiellement sa responsabilité et les contractants fixent le montant de la réparation. Les règles générales sur la formation et les effets des contrats lui sont applicables.

La transaction est en principe facultative. Les parties ne sont pas tenues à y procéder, elles peuvent saisir les juridictions. Néanmoins, il y a une exception, le code portant code des assurances fait obligation à l'assureur de proposer la transaction à la victime d'un accident de la circulation si le véhicule est assuré[464].

---

462 1ère Inst. Elis., 1er décembre 1938, *op. cit.*, 1939, p. 209.

463 KALONGO MBIKAYI, *op. cit.*, p. 238.

464 Loi n° 15/005 du 17 mars 2015 portant code des assurances, *J.O.*, n° spécial du 30 avril 2015 ; article 133.

§2. Voie judiciaire : action en responsabilité civile

L'on examinera les parties à l'action(A), le tribunal compétent(B) ainsi que la prescription de l'action(C)[465].

A. Parties

Les parties sont le demandeur et le défendeur.

1. Demandeur

Le demandeur peut être :

- la victime directe ;
- les héritiers de la victime directe qui exercent ses droits, recueillis par succession, et demandent réparation du dommage matériel ou moral subi ;
- les victimes par ricochet : ce sont des parents qui ont subi un préjudice personnel qui peut être matériel (privation de aliments) ou moral (perte d'un être cher) du fait du décès de la victime directe. ;
- les créanciers des victimes agissant par voie oblique ;
- l'assureur subrogé dans les droits de la victime.

2. Défendeur

Il peut s'agir :

- de l'auteur du dommage ou de ses héritiers ;
- de son assureur ;
- du fonds de garantie dans certains cas d'accidents de circulation, notamment lorsque le responsable est inconnu ou non assuré.

B. Compétence du tribunal

La compétence est d'attribution et le tribunal de droit commun est le tribunal de l'ordre judiciaire[466]. La compétence matérielle et la compétence territoriale sont règlementées par la loi organique n° 13/011-B du 11 avril 2013 portant organisation, fonctionnement et

---

[465] LUZOLO BAMBI Lessa E.J., « L'organisation et la compétence des juridictions judiciaires congolaises entre 1982 et 2013 : Lecture technique et critique », in *Annales de la Faculté de Droit*, Université de Kinshasa, 2012-2013, Kinshasa, Editions Droit et Société, juin 2014, pp. 181 à 190.

[466] Ph. MALAURIE, L.AYNES et Ph. STOFFEL-MUNCK, *op. cit.*, n° 228, p. 123.

compétence des juridictions de l'ordre judiciaire aux articles 103 et 104 et 110 à 112 selon que la victime saisit la juridiction pénale ou la juridiction civile.

1. Compétence matérielle

Cette compétence du tribunal est déterminée selon le montant du litige s'il s'agit de la juridiction civile ou le taux de la peine selon que la victime saisit la juridiction civile ou la juridiction pénale.

2. Compétence territoriale

Le tribunal compétent au civil est celui du domicile du défendeur.

Si la victime saisit la juridiction pénale, le tribunal compétent est soit celui de la commission de l'infraction, soit celui du lieu d'arrestation du prévenu soit celui de son domicile.

C. Prescription

Selon les articles 613 et suivants CCLIII, la prescription de principe est de trente ans. Mais il y a d'autres prescriptions plus courtes.

Section II. Réparation du dommage

La réparation du dommage obéit à certains principes (§1) et se fait selon certains modes de réparation (§2) et méthodes d'évaluation (§4). La date d'évaluation devra aussi être précisée (§3).

§1. Principes de la réparation

Les principes de réparation sont le principe de la réparation intégral (A), le principe indemnitaire (B), le principe de l'indifférence de la gravité de la faute(C) et l'appréciation souveraine du juge du fond(D).

A. Principe de réparation intégrale des préjudices : tout le préjudice

Le principe de la réparation intégrale a été affirmé par la Cour de cassation française qui a décidé que « le propre de la responsabilité civile est de rétablir aussi exactement que possible l'équilibre détruit par le dommage et de replacer la victime dans la situation où elle se serait trouvée si l'acte dommageable n'avait pas eu lieu »[467]. La victime doit ainsi être rétablie dans son *prestin* état. Le responsable doit réparer tout le préjudice subi par la victime[468].

La Cour Suprême de Justice, a décidé que pour la réparation d'un préjudice, l'indemnité à allouer ne peut réparer ce dernier que si elle permet à la victime de remettre les choses en état, de replacer dans son patrimoine un objet semblable ou équivalent à celui qui en est sorti ou n'y est pas entré par le faute du responsable[469].

Jugé aussi que pour que la réparation soit complète il faut que, par elle et au moment où elle lui est accordée, le préjudice soit replacé dans la situation où il serait si la cause du dommage n'avait pas eu lieu[470]. L'indemnité réparatrice ne peut être complète si le préjudicié n'est pas replacé dans l'état qui aurait dû être le sien, si le dommage n'avait pas eu lieu[471].

En cette matière, le juge est souverain et a un large pouvoir d'appréciation. C'est pourquoi, l'indemnité est évaluée au jour du jugement pour permettre de tenir compte de tous les chefs de préjudice ainsi que de l'évolution du dommage.

B. Principe indemnitaire : rien que le préjudice

---

[467] Civ. 2ème, 28 octobre 1954, *JCP* 1955, II, 8765, note SAVATIER. Lire aussi : R. SAVATIER, *Traité de responsabilité civile en droit français civil, Tome 2*, 2è édition, Paris, LGDJ, 1951, n° 60 ;

[468] Y. LAMBERT-FAIVRE et S. PORCHY-SIMON, *op. cit*, n° 27 ; Lire sur la critique du principe de la réparation intégrale : TELOMONO BISANGAMANI, « Repenser la téléologie et les modalités de la réparation en droit civil congolais : de la réparation intégrale du dommage à la réparation adéquate du lien social », *in Annales de la Faculté de Droit*, Université de Kinshasa, 2011-2012, Editions Droit et Société « DES », Kinshasa, 2013, pp. 334 et ss. Lire aussi sur la réparation des crimes internationaux : LUTUMBA wa LUTUMBA et MBUYI TSHINDAYE, « De l'effectivité de la réparation des victimes devant la Cour pénale internationale », in *Annales de la Faculté de Droit*, Université de Kinshasa, 2014-2016, Kinshasa, Editions Droit et Société, décembre 2016, pp. 29 à 53 ; S. MAKAYA KIELA, « La pertinence des mécanismes de justice réparatrice comme vecteur du droit à réparation des victimes des crimes internationaux », in *Annales de la Faculté de Droit*, Université de Kinshasa, 2014-2016, Kinshasa, Editions Droit et Société, décembre 2016, pp. 311 à 350.

[469] CSJ tsr, 6 avril 1978, *RJZ* 1979, p. 38.

[470] Léo, 27 juin 1950, *JTO*, 1952, 6 avec note.

[471] Kin, 16 février 1071, *RJZ* 1972, p. 55.

Ce principe est une limitation au principe de la réparation intégrale. En effet, la victime ne doit pas s'enrichir à l'occasion de l'indemnisation ; elle doit recevoir l'exacte contrepartie du préjudice subi[472].

En conséquence de ce principe, le cumul des indemnités est interdit car lorsqu'une victime a déjà reçu la réparation intégrale de son préjudice elle n'a plus intérêt à agir[473].

Cette question est des fois réglée par le recours subrogatoire des tiers payeurs (assurance et sécurité sociale).

C. Principe de l'indifférence de la gravité de la faute

La gravité de la faute est sans incidence sur le quantum de la réparation.

Le juge ne doit tenir compte que l'importance de préjudices sans se préoccuper de la gravité de la faute. Jugé que le montant de la réparation dépend uniquement de l'étendue du dommage, le degré de la faute est sans importance[474].

C'est la différence avec la responsabilité pénale qui proportionne la sanction à la faute[475] : la peine est proportionnelle à la gravité de l'infraction.

D. Pouvoir souverain du juge du fond : appréciation in concreto

L'évaluation du préjudice est une question de fait. C'est pourquoi, elle relève du pouvoir souverain du juge du fond. L'article 258 CCLIII étant édicté en termes généraux, le juge apprécie souverainement les dommages et intérêts à allouer à la victime sur base des éléments lui fournis.

Ainsi, dans la réparation du dommage corporel, le juge évalue *in concreto* les préjudices, l'évaluation in *concreto* s'opposant à l'évaluation *in abstracto* et forfaitaire[476].

---

472 S. PORCHY-SIMON, *Droit civil 2è année les obligations, Paris,* Dalloz, 6ème édition 2010, n°831.

473 Y. LAMBERT-FAIVRE et S. PORCHY-SIMON, *op. cit.,* n°33.

474 1ère Inst. Appel Elis., 22 septembre 1939, *RJCB* 1941, p. 114.

475 Ph. MALAURIE, L.AYNES et Ph. STOFFEL-MUNCK, *op. cit.*, n°239, p. 131.

476 Y. LAMBERT-FAIVRE et S. PORCHY-SIMON, *op. cit.,* n°32.

Néanmoins, la juridiction de cassation exerce un pouvoir de contrôle sur cette évaluation et exige au juge du fond de motiver cette évaluation même s'il a un pouvoir souverain d'appréciation. Il vérifie l'évaluation in *concreto* ainsi que l'application du principe de la réparation intégrale.

Jugé qu'est fondé et entraine cassation totale de la décision attaquée le moyen qui reproche au juge d'appel d'avoir alloué les dommages-intérêts à la victime d'une saisie conservatoire abusive sans indiquer les éléments précis ayant servi à l'évaluation du dommage[477]. Au contraire, n'est pas fondé, le moyen qui reproche au juge d'appel d'avoir violé l'article 258 du code civil congolais, livre III en ce qu'il a alloué au demandeur des dommages-intérêts exorbitants, lorsqu'il ressort des motifs du dossier qu'il a indiqué tous les éléments d'appréciation y afférents[478].

Jugé qu'à défaut faut d'éléments précis d'appréciation du préjudice, le juge estime *ex aequo et bono* le montant à allouer en considération du préjudice tant matériel que moral subi[479]. Jugé de même que n'est pas suffisamment motivée en droit la décision qui, après avoir déclaré le partage de responsabilité entre le condamné et la victime, n'a pas indiqué pourquoi elle fixait les dommages « *ex aequo et bono* » et dans la mesure où chacun était responsable[480]. Lorsque les dommages-intérêts octroyés d'office par le premier juge sont insuffisants, le juge d'appel augmente *ex aequo et bono* le montant de ces dommages-intérêts en l'absence d'autres éléments d'appréciation[481].

Cependant, en matière d'indemnisation des victimes d'accidents de la circulation pour les dommages corporels, le code des assurances prévoit une indemnisation barémique à fixer par texte règlementaire[482]. Ce texte n'est pas encore intervenu. Dans pareille hypothèse, le pouvoir souverain du juge du fond sera supprimé. En effet, la barémisation est définie comme la technique qui attribue une valeur monétaire, déterminée par un barème, à un étalonnage médical des préjudices. A à un taux de déficit donné, une valeur financière identique serait attribuée aux termes d'une

---

477 CSJ, 29 août 1979, *Bull. Arr.*, p. 241.
478 CSJ, 25 juillet 1989, *Bull. Arr.*, p. 497.
479 CSJ, 12 avril 1991, *Bull. Arr.*, 2003, p. 47.
480 CSJ, 5 juillet 1972, *Bull. Arr.* 1973, p. 120.
481 CSJ, 20 novembre 1985, *Bull. Arr.* 2002, p. 86.
482 Loi n°15/005 du 17 mars 2015 portant code des assurances, *J.O.*, n° spécial du 30 avril 2015, articles 160 à 169.

grille prédéterminée qui s'imposerait au régleur[483]. Elle est souvent utilisée par les assureurs.

§2. Modalités de réparation

La réparation peut être en nature(A) ou par équivalent(B).

A. Réparation en nature

La réparation en nature s'effectue si elle est possible. Il s'agit de fournir une chose équivalente à la chose perdue en reconstituant ainsi la valeur perdue. Telle la suppression d'un écrit injurieux ou la démolition d'un mur construit.

Cependant, l'on ne peut contraindre une personne à l'exécution en nature. Dans ce cas, l'obligation de faire non exécutée se résout en dommages et intérêts sauf si on peut la faire exécuter en nature par un tiers à la place de l'auteur du dommage.

Il faut noter que l'exécution en nature est impossible en cas d'atteinte à l'intégrité physique et de certains dommages moraux[484].

B. Réparation par équivalent

La réparation par équivalent se fait par l'allocation de dommages et intérêts sous forme de capital ou de rente lorsque le dommage s'étend dans le temps.

Quant à la monnaie, le montant des dommages et intérêts est fixé en monnaie ayant cours légal, soit le franc congolais. Mais souvent, les victimes sont butés au problème de la dépréciation monétaire[485].

La créance d'indemnité ne bénéficie pas des causes légales de préférence. Elle est chirographaire.[486]

§3. Date d'évaluation

---

483 Y. LAMBERT-FAIVRE et S. PORCHY-SIMON, *op. cit.,* n°33.

484 A. SOHIER, Tome III, *op. cit.*, p. 448, n° 247.

485 Lire à ce sujet : KALONGO MBIKAYI, « Les facteurs socio-économiques actuels de la réparation du dommage matériel », in Revue de droit congolais, n° 1, 1999, p. 1.; M. WILLEMART, « Créances en franc congolais et dépréciation monétaire », in *RJC* 1965, p. 81 ets.

486 A. SOHIER, Tome III, *op. cit.*, p. 448, n°256.

Le dommage doit être évalué au jour du jugement définitif, non à la date de sa réalisation. C'est un avantage pour la victime qui évite les effets de l'érosion monétaire et pour permettre de tenir compte de tous les chefs de préjudice ainsi que de l'évolution du dommage[487].

Jugé que le juge d'appel doit tenir compte de la date de prononcé de la décision attaquée dans l'évaluation des D.I. alloués par le premier juge[488].

Le montant des dommages et intérêts peut être révisé en cas d'aggravation de l'état de la victime après le jugement condition que cette aggravation ait pour cause directe la faute originaire afin que ne soit pas soulevée le principe de l'autorité de la chosée pour faits nouveaux.

En revanche, l'accroissement du coût de la vie ne donne pas lieu à une nouvelle action car il n y a pas de relation causale avec la faute[489].

§4. Méthodes d'évaluation

Les méthodes d'évaluation diffèrent selon les catégories des dommages[490].

A. Réparation du dommage matériel

En ce qui concerne les atteintes aux biens, la réparation ne peut excéder la valeur de remplacement, si le bien ne peut pas être réparé.

Au contraire, si le bien peut être réparé, l'auteur du dommage sera condamné à payer les coûts de la réparation.

B. Réparation du dommage corporel

Pour le préjudice corporel, la jurisprudence tient compte des frais médicaux et pharmaceutiques.

Jugé que sont suffisantes au point de vue du principe d'indemnisation et de la base d'appréciation des sommes allouées à titre de dommages-intérêts, les motivations établissant la faute et sa conséquence avec le

---

487 A. BENABENT, *op. cit.*, n°698. Lire aussi : J.L. FAGNART et R. BOGAERT, La réparation du dommage corporel en droit commun, Bruxelles, Larcier, 1994.

488 CSJ, 5 octobre 1979, *RJZ* janvier-aout 1983, p. 1.

489 A. SOHIER, Tome III, *op. cit.*, p. 458, n°262.

490 A. BENABENT, *op. cit.*, pp. 508 et ss.

dommage causé ainsi que le constat de l'importance des lésions telles qu'elles résultent des certificats médicaux[491].

Quant aux pertes de revenus, souvent subséquents au dommage corporel, l'on recourt au salaire ou aux revenus que le salarié percevait avant le dommage.

C. Réparation du dommage moral

Pour le préjudice moral, son évaluation est forfaitaire et le juge évalue *ex aequo et bono*[492]. Les dommages et intérêts dans ce cas ont un caractère satisfactoire et non compensatoire car il est difficile de quantifier le dommage moral.

Jugé que n'est pas fondé le moyen pris de la violation de la règle consistant à proportionner la réparation à l'importance du dommage étant donné qu'en matière de réparation du préjudice moral, il n'existe aucun critère objectif permettant de proportionner la réparation du préjudice subi, dont l'ampleur est indéterminable, en fixant *ex aequo et bono* les dommage-intérêts , le juge a agi à juste titre[493].

Il faut noter que dans certains domaines, le juge évalue aussi *ex aequo et bono* comme en droit du travail et en droit administratif[494]

§5. Responsabilité plurale

Si le dommage est causé par le fait de plusieurs personnes qui participent à la même faute, ou par plusieurs personnes qui ont commis des fautes distinctes, chacun des coauteurs est tenu à la réparation

---

491 CS 180-181, *Bull. Arr.*, 1977, p. 101.

492 Elis., 26 mai 1964, *RJC* 1964, p. 176 ; L'shi, 1er décembre 1970, *RJC* 1971, p. 35.

493 CSJ, 19 juin 1987, *Bull. Arr.* 2002, p. 344.

494 CSJ, RA 39, 21 juin 1978, Bull. Ar 1979, p. 86. Lire à ce sujet : VUNDWAWE te PEMAKO, *Traité de droit* administratif, Bruxelles, Larcier, 2007 ; KALOMBO LUKUSA, « Droit de la victime à une évaluation équitable : relecture de l'article 49 du code du travail » in *Cahiers d Africain des droits de l'Homme et de la Démocratie,* Université de Kinshasa, Faculté de Droit, CRIDHAC, n°049, vol. I, Octobre-Décembre 2015, pp. 53 à 62 ; KALOMBO LUKUSA, « Evaluation forfaitaire des dommages et intérêts en matière administrative » in *Cahiers d Africain des droits de l'Homme et de la Démocratie,* Université de Kinshasa, Faculté de Droit, CRIDHAC, n°049, vol. I, Octobre-Décembre 2015, pp. 63 à 84.

intégrale du dommage subi par la victime. Chacune des fautes a concouru à l'entier dommage[495].

La responsabilité plurale des coauteurs n'est pas une obligation solidaire car selon l'article 100 CCLIII, la solidarité ne se présume pas, elle doit être stipulée expressément par la loi ou par le contrat. Aucune disposition légale ne prévoit la solidarité en cas de réparation de dommage résultant d'un délit ou quasi-délit lorsque plusieurs personnes, chacune par sa faute a participé à la même faute et ont causé dommage. La solidarité ne peut être présumée.

C'est pour cela que la jurisprudence l'appelle responsabilité *in solidum*[496].

En définitive, le délit et le quasi-délit, à la différence du contrat, sont des faits illicites qui obligent leur auteur à réparer le dommage causé à la victime contrairement au contrat qui est licite. Mais une autre source des obligations est aussi licite sans être un contrat : c'est le quasi-contrat.

---

495 A. SOHIER, *op. cit.*, n° 265, p. 454.

496 Infra, deuxième partie, sub les obligations plurales.

TITRE III. QUASI CONTRATS

Selon l'article 247 CCLIII, « *les quasi-contrats sont les faits purement volontaires de l'homme, dont il résulte un engagement quelconque envers un tiers, et quelquefois un engagement réciproque des deux parties* ». A la différence des contrats, il n y a pas d'accord de volontés et à la différence des délits et quasi-délits, ce sont des faits licites.

L'on rencontre trois quasi-contrats : la gestion d'affaires (chapitre 1), le paiement de l'indu (chapitre 2) et l'enrichissement sans cause (chapitre 3).

CHAPITRE 1
GESTION D'AFFAIRES

La notion (section I), les conditions (section II) et les effets de la gestion d'affaires (section III) seront analysées.

Section I. Notion

Il y a gestion d'affaires, lorsqu'une personne, le gérant, qui n'est pas tenue d'agir en vertu d'un mandat, de la loi ou d'une décision de justice, accomplit néanmoins un acte dans l'intérêt et pour le compte d'un tiers le maitre de l'affaire. C'est le cas par exemple d'une personne qui fait des réparations urgentes à l'immeuble d'un voisin qui n'est pas sur les lieux, qui paie les obsèques d'un ami qui décède sans héritier connu[497]. Le gérant d'affaires est celui qui agit pour autrui sans en avoir été chargé[498].

La gestion d'affaires, régies par les articles 248 et suivants du code civil, livre III, est une source d'obligations pour le maitre de l'affaire qui devra indemniser le gérant mais aussi pour celui-ci, qui est tenu, en particulier, d'accomplir la gestion en bon père de famille. Les obligations qui résultent de ce quasi-contrat se rapprochent de celles qui découlent d'un mandat.

Il y a immixtion volontaire dans les affaires d'autrui d'une façon volontairement par le gérant d'affaires en dehors de tout contrat entre parties. Deux idées fondamentales caractérisent la gestion d'affaires : d'une part, il ne faut pas décourager les actes d'altruisme : en conséquence, le gérant doit au moins être indemnisé ; d'autre part, il ne faut pas favoriser l'immixtion dans les affaires d'autrui : c'est ce qui explique que le gérant peut se prévaloir des règles de la gestion d'affaires seulement si l'acte de gestion a été utile pour le maitre. C'est ce qui amène à limiter les conditions de la gestion d'affaires.

Section II. Conditions de la gestion d'affaires

Ces conditions sont relatives aux parties (§1) et à l'acte de gestion (§2).

---

497 G. LEGIER, *op. cit.*, p. 162.

498 A. BENABENT, *op. cit.*, n°453.

§1. Conditions relatives aux parties

Les parties sont le gérant d'affaires(A) et le géré(B)[499].

A. Gérant d'affaires

Il s'agit de l'intention de gérer l'affaire d'autrui, de l'absence d'obligation préexistante et de la capacité de contracter.

1. Intention de gérer l'affaire d'autrui

Le gérant doit avoir l'intention de gérer l'affaire d'autrui. Il ne doit pas agir dans l'intérêt personnel, mais dans l'intérêt d'un tiers. Il y a l'idée de représentation. Si le gérant croit agir pour son propre compte, alors qu'en réalité il rend involontairement service à un tiers (réparer un immeuble en croyant qu'on l'a hérité), ce n'est pas une gestion d'affaires. Mais le gérant peut agir à la fois dans son intérêt et celui d'un tiers. La gestion d'affaires suppose donc de la part du gérant un acte d'altruisme.

2. Absence d'obligation préexistante

Le même article 248 CCLIII fait aussi ressortir cette condition. Ainsi, l'intervention du gérant doit être volontaire et spontanée, c'est-à-dire qu'il agit sans être tenu d'une obligation préexistante

3. Capacité

Outre ces deux conditions, le gérant doit au préalable être capable de s'engager par contrat[500].

B. Maitre de l'affaire (géré)

Il s'agit de l'absence de l'accord du maitre ainsi que de l'absence d'opposition du maître.

1. Absence d'accord du maitre

Le maitre de l'affaire, c'est-à-dire la personne dont le patrimoine est géré ne doit pas avoir donné son accord, sinon on serait en présence d'un véritable contrat de mandat.

---

499 G. LEGIER, *op. cit.*, p. 163.

500 KALONGO MBIKAYI, *op. cit.*, p. 289.

Il doit être dans l'ignorance et l'acte doit être fait à son insu[501].

2. Absence d'opposition du maitre

Il ne doit pas non plus avoir exprimé son opposition au gérant c'est-à-dire s'opposer à l'acte de gestion. Il faudra limiter les immixtions dans les affaires d'autrui. En effet, celui qui gère les affaires d'une autre personne en dépit de l'opposition de celle-ci, commet un délit engageant sa responsabilité (art. 258 CCLIII) et ne peut pas se prévaloir des règles de la gestion d'affaires.

§2. Conditions relatives à l'acte de gestion

Il y a lieu de préciser les actes de gestion (A) avant de mettre en exergue le caractère d'utilité(B).

A. Hypothèses d'actes de gestion

L'acte de gestion peut être [502] :

1. un acte matériel : le gérant répare lui-même l'immeuble de son voisin ; le gérant arrête votre chien enragé et le ramène à son maître ;
2. un acte juridique : le gérant conclut un contrat avec un entrepreneur qui se charge de réparer cet immeuble ; le gérant paie sciemment la dette d son voisin pour lui éviter une saisie ;
3. Un acte conservatoire : le gérant, hôtelier recueille la victime d'un accident lui apportée sans connaissance ; le gérant fait des impenses sur le bien de son copropriétaire; le gérant accueille chez lui et nourrit les enfants de son voisin disparu et réapparu après un certain nombre de jours ; le gérant prête secours à une personne qui possède une créance d'aliments contre une autre que celle-ci manque de l'exécuter[503] ou qui est dans l'impossibilité de l'exécuter par suite des circonstances[504] ;
4. un acte d'administration : le gérant, directeur d'une clinique appelle un spécialiste au chevet d'un malade hors d'état de manifester sa

---

501 Ph. MALAURIE, L.AYNES et Ph. STOFFEL-MUNCK, *op. cit.*, n°1027 Ph. MALAURIE, L.AYNES et Ph. STOFFEL-MUNCK, *op. cit.*, n°1363, p. 723. Ph. MALAURIE, L.AYNES et Ph. STOFFEL-MUNCK, *op. cit.*, n°1363, p. 723., p. 565.

502 KALONGO MBIKAYI, *op. cit.*, p. 287. G. LEGIER, *op. cit.*, p. 163.

503 Léo, 8 octobre 1946, *RJCB* 1946, p. 19.

504 Elis, 12 juin 1948, *RJCB* 1948, p. 137.

volonté ; le gérant donne des ordres nécessaires à l'expédition des marchandises par les propres moyens de transport de l'expéditeur [505];

5. Un acte de disposition : le gérant vend en l'absence de son voisin ses denrées périssables qui trainent dans l'entrepôt commun ;
6. Un acte isolé ou un ensemble d'actes.

Le dénominateur commun de toutes ces hypothèses est l'avantage reçu par le géré grâce à l'intervention du gérant[506].

B. Caractère utile de l'acte de gestion

La condition essentielle est l'utilité de l'acte pour le maitre de l'affaire. Cela s'explique par le souci d'éviter les immixtions intempestives dans les affaires d'autrui. Cet acte doit avoir été utile et la jurisprudence ajoute qu'elle doit être nécessaire pour le géré[507]. L'utilité est appréciée au moment de l'acte de gestion[508].

Section III. Les effets de la gestion d'affaires

La gestion d'affaire fait naître des obligations du gérant envers le maitre (§1), du maitre envers le gérant (§2) ainsi des obligations des deux parties envers les tiers (§3).

§1. Obligations du gérant envers le maitre de l'affaire

En principe, ce sont les obligations du mandataire (art. 248, al. 2 CCLIII). Ce sont les obligations d'agir en bon père de famille(A), de continuer la gestion(B) et de rendre compte(C)[509].

A. Obligation de gérer en bon père de famille

Le gérant doit agir en bon père de famille (art. 250, al. 1er CCLIII) et il engage sa responsabilité s'il a commis une faute quelconque.

Néanmoins, jugé que la gratuité du service rendu peut par exemple, à l'instar de l'article 533 al. 2 CCLIII, pousser le juge à modérer la responsabilité du gérant[510].

---

505 Elis, 11 février 1926, *Kat. II*, p. 146.
506 KALONGO MBIKAYI, *op. cit.*, p. 288.
507 Elis, 22 mars 1947, *RJCB*, p. 91.
508 G. LEGIER, *op. cit.*, p. 163.
509 G. LEGIER, *op. cit.*, p. 164.

B. Obligation de continuer la gestion

Le gérant doit continuer la gestion jusqu'à son terme c'est-à-dire jusqu'à ce que le maitre ou ses héritiers soient en état d'y pourvoir eux-mêmes (art. 249 CCLIII).

C. Obligation de rendre compte

Le gérant doit rendre compte de sa gestion au maitre de l'affaire accomplie.

§2. Obligations du maitre de l'affaire envers le gérant

Le maitre de l'affaire doit indemniser le gérant(A), il ne doit pas le rémunérer(B) et doit aussi payer les intérêts(C).

A. Obligation d'indemnisation du gérant

Le maitre doit indemniser le gérant c'est-à-dire il doit lui rembourser toutes les dépenses qui étaient utiles ou nécessaires au moment où elles ont été engagées peu importe que l'utilité ait ultérieurement disparu. Ainsi, après avoir été réparé, pour un toit détruit par une violente tempête, le maitre doit indemniser le gérant qui s'était chargé des travaux.

B. Absence d'obligation de rémunération du gérant

Le maitre ne doit pas rémunérer le gérant car la gestion d'affaires a un caractère désintéressé, c'est un acte d'altruisme. Il faut éviter que la gestion soit une source de profit pour le gérant

C. Obligation de payer les intérêts

Le maitre doit payer les intérêts des avances faites par gérant à dater du jour des avances constatées (art. 542 CCLIII) comme le ferait le mandant.

---

[510] Elis. , 11 février 1926, *Kat. II*, p. 146.

§3. Obligations de l'un et de de l'autre a l'égard des tiers

Le gérant peut traiter avec des tiers en concluant notamment des actes juridiques. Les obligations envers les tiers sont réglées à l'article 251 CCLIII qui distingue deux hypothèses.

Si le gérant a traité envers les tiers en son nom propre, il est seul engagé envers les tiers. Il s'agit là d'une représentation imparfaite, il a agi sans révéler sa qualité aux tiers. Néanmoins, le gérant peut réclamer l'indemnisation au maitre pour les contrats passés avec les tiers dans son intérêt et qu'il a payés.

Par contre, si le gérant a déclaré agir pour le compte du maitre de l'affaire, il n'est pas obligé envers les tiers, seul le maitre l'est à condition que la gestion ait été utile ou que le maitre l'ait ratifiée. C'est l'hypothèse de la représentation parfaite. Le maitre est un représenté et les effets du contrat conclu par le gérant ont un effet sur lui[511].

Jugé que le tiers chargé du soin d'enfant qui contracte un emprunt à raison de l'éloignement du père par suite de circonstances de guerre pour le besoin de l'enfant, gère l'affaire du père. Le prêteur auquel il a été donné connaissance par l'emprunteur de ce que l'emprunt était fait pour le compte du père, a contre le père une action directe sur base de la gestion d'affaire[512].

Outre la gestion d'affaires, le code civil, livre III réglemente aussi la paiement de l'indu.

511 G. LEGIER, *op. cit,* p. 164.
512 Elis, 12 juin 1948, *RJCB* 1948, p. 137.

CHAPITRE 2
PAIEMENT DE L'INDU

Le principe de la restitution de l'indu est énoncé dans l'article 133 al. 1er CCLIII « *Tout paiement suppose une dette : ce qui a été payé sans être dû est sujet à répétition* », c'est-à-dire à remboursement.

Section I. Notion

Il y a paiement de l'indu lorsqu'une personne, l'*accipiens*, reçoit à titre de paiement d'une autre personne, *le solvens,* un paiement qui ne lui est pas dû[513].

Celui qui a reçu le paiement (*accipiens*) est tenu à rembourser celui qui a payé à tort (*solvens).*

Cette solution de répétition de l'indu a pour fondement soit la théorie de l'enrichissement sans cause dont le paiement de l'indu serait une application. Celui qui a payé indûment a une action en répétition.

Section II. Conditions de l'action en répétition de l'indu

Le *solvens* doit prouver que son paiement est effectué en l'absence d'une dette (§1), que le paiement a un caractère indu (§2) et il a payé par erreur (§3).

§1. Paiement en l'absence d'une dette

Les articles 133 et 252 exigent que le *solvens* ait payé une dette qui n'existe pas. C'est cela l'indu.

Le paiement au sens juridique est le plus souvent la remise d'une somme d'argent, mais il peut s'agir du sens juridique de l'exécution d'une prestation quelle qu'en soit la nature[514].

§2. Caractère de l'indu

L'indu peut être objectif(A) ou subjectif(B).

513KALONGO MBIKAYI, *op. cit.*, p. 295.
514 G. LEGIER, *op. cit.*, p. 165.

A. Indu objectif

C'est l'hypothèse où soit la dette n'existe pas ou n'existe plus (indu absolu) ou, plus souvent, le *solvens* a trop payé (indu relatif).

Il n y a pas d'indu si le *solvens* s'acquitte volontairement d'une obligation naturelle car une obligation préalable a existé (art. 133 al. 2 CCLIII), d'une dette non encore échue (puisqu'elle existe bien) ou lorsque le paiement avait été fait en vue due libéralité ou d'une transaction.

B. Indu subjectif

Dans cette deuxième hypothèse, la dette existe bel et bien, mais non dans les rapports entre le *solvens* et l'*accipiens.* Il y a erreur sur la personne du créancier ou de débiteur.

§3. Erreur du solvens

Deux situations sont à distinguer : l'indu objectif(A) et l'indu subjectif(B).

A. Erreur du *solvens* et indu objectif

Il y a erreur dans tous les cas où l'*accipiens,* c'est-à-dire celui qui a reçu le paiement n'était pas créancier parce que la dette n'existait pas ou parce que le *solvens* était débiteur d'une autre personne. Dans ce cas le versement est à la fois sans cause pour le *solvens* et pour l'*accipiens.* Le premier n'avait pas de dette et le second pas de créance, c'est l'hypothèse d'une assurance qui paie une indemnité dans un cas exclu par la police d'assurance[515].

Les articles 133 et 252 CCLIII n'exigent pas d'autre condition que le paiement indu, parce que le droit au remboursement découle uniquement du caractère indu du paiement : le fondement de l'obligation de restituer réside dans l'absence de cause du paiement et non dans un vice de consentement (erreur) du *solvens.*

Le code civil n'exige pas la preuve de l'erreur en cas d'indu objectif.

---

515 A. BENABENT, *op. cit.,* n°471, p. 329.

B. Erreur du solvens et indu subjectif

Il y a indu subjectif lorsque le paiement est justifié à l'égard d'une des parties et non de l'autre[516]. Par exemple, l'*accipiens* était bien créancier et le *solvens* a payé par erreur.

Dans ce cas, ce dernier, en payant, sans être le débiteur, doit prouver son erreur. Cette condition est requise par l'article 253 CCLII « *lorsqu'une personne qui, par erreur se croyait débitrice a acquitté une dette, elle a le droit de répétition contre le créancier* ».

Pour exiger la restitution le *solvens* doit démontrer qu'il a payé sans être animé par le souci de gérer l'affaire d'autrui ni par une intention libérale c'est-à-dire que, en définitive c'est bien par erreur qu'il a effectué ce paiement[517].

En cas d'indu subjectif, l'article 253 CCLIII exige la preuve de l'erreur du *solvens.*

Section III. Effets de l'action en répétition

L'effet c'est la restitution qui varie selon que l'accipiens est de bonne ou de mauvaise foi[518].

Jugé qu'en cas de cession de créance, si le tiers cessionnaire a indument reçu paiement de débiteur cédé, l'obligation principale qui nait du paiement indu étant l'obligation de l'accipiens de restituer ce qu'il a indument reçu, le cédant n'a plus aucune action contre le débiteur cédé[519].

§1. Accipiens de bonne foi

L'accipiens de bonne foi, c'est-à-dire qui a reçu paiement sans savoir que ce dernier était indu, doit restituer ce qu'il a reçu ou son équivalent si la chose a disparu. La bonne foi se présume.

S'il a reçu une somme d'argent, il ne restitue que le capital et non les intérêts. S'il avait reçu une chose, il ne restitue la chose et non les fruits. Si la chose est vendue, il rembourse le prix de vente (art. 256 CCLIII). Si

516 A. BENABENT, *op. cit.*, n°471, p. 329.
517 G. LEGIER, *op. cit.*
518 KALONGO MBIKAYI, *op. cit*, p. 297 ; G. LEGIER, *op. cit.*, p. 166.
519 TGI.Kin/Gombe, 26 septembre 1995, *RAJZ* 1996, p. 71.

elle est détruite selon l'art. 255 CCLIII *a contrario*, il n'est pas garant de sa perte par cas fortuit et aucune restitution ne sera pas exigée. Mais la restitution sera exigée si la chose péri par sa faute (art. 255 CCLIII).

§2. ACCIPIENS DE MAUVAISE FOI

S'il est de mauvaise foi c'est-à-dire il savait qu'il n'était passe créancier et que cette mauvaise foi est prouvée, sa situation est aggravée à titre de sanction. S'il a reçu une somme d'argent, il restitue le capital et les intérêts. S'il avait reçu une chose, il restitue la chose et les fruits (art. 254 CCLIII).

Si la chose est vendue, il restitue la chose à sa valeur au jour du jugement. Si la chose est détruite, selon l'article 255 CCLIII, il est garant de sa perte même par cas fortuit et la restitution sera exigée. De même, la restitution sera exigée si la chose a péri par sa faute (art. 255CCLIII). Il faut éviter qu'une partie s'enrichisse sans cause aux dépens d'autrui s'il n'y a pas restitution.

CHAPITRE 3
ENRICHISSEMENT SANS CAUSE

L'enrichissement sans cause est d'origine jurisprudentielle. Le code civil n'a pas prévu de règle à portée générale concernant l'enrichissement sans cause. C'est l'arrêt de la cour de la chambre des requêtes en droit français du 15 juin 1892 l'arrêt Bourdier, arrêt dit « du marchand d'engrais » qui en a été le point de départ[520].

Cet arrêt, faisant référence à l'équité a décidé que le marchand n'ayant pas été payé par le fermier locataire contre le propriétaire des terres enrichies par l'engrais a une action dérivant du principe d'équité qui défend de « s'enrichir aux dépends d'autrui » : *suum cuique tribuere,* rendre à chacun le sien[521].

La notion (section I) de l'enrichissement sans cause, les conditions de l'action (section II) et les effets de l'action (section III) seront précisés.

Section I. Notion

L'enrichissement sans cause est un quasi-contrat en vertu duquel celui qui s'est enrichi sans cause ou injustement au détriment d'autrui sera tenu d'une obligation d'indemnisation.

La jurisprudence accorde à la tierce personne aux dépens de laquelle on s'est enrichi, une action appelée « *de in rem verso* » tendant à obtenir une indemnité relative à l'enrichissement procuré[522], une compensation du transfert de valeur injustifiée.

C'est l'hypothèse du propriétaire d'un bien qui profite des travaux qu'un occupant sans titre a fait faire par un entrepreneur sans le payer ; d'un parent ou ami qui par un travail non rémunéré, a contribué à faire prospérer l'entreprise ou le fonds de commerce.

Il en existe quelques applications légales même si elle n'est pas règlementée dans le code civil. C'est le cas de l'article 39 de la loi du 20 juillet 1973 sur le régime général des biens, régime foncier et immobilier et régime des sûretés relatif aux constructeur sur un terrain d'autrui et des articles 252 à 257 CCLIII relatifs au paiement de l'indu ; il est en de

---

520 Req. 15 Juin 1892, *Grands arrêts, vol.2*, n°239 ; *D.* 1892, I, 596 ; *S.*1893, I, 281, note LABBE.

521 Ph. MALAURIE, L.AYNES et Ph. STOFFEL-MUNCK, *op. cit.*, n°1056, p. 557.

522 Elis, 30 mars 1935, *RJCB*, p. 188.

même des articles 311 , 312 et 349 CCLIII sur le remboursement des impenses dans le contrat de vente et de l'article 510 CCLIII sur le remboursement des dépenses dans le contrat de dépôt.

Section II. Conditions de l'action de in rem verso en cas d'enrichissement sans cause

Les conditions sont l'enrichissement d'un patrimoine et l'appauvrissement corrélatif de l'autre (§1), l'absence de cause (§2), l'absence d'intérêt chez l'appauvri (§3) et la subsidiarité de l'action (§4)[523].

§1. Enrichissement d'un patrimoine et appauvrissement corrélatif de l'autre

Il faut un déplacement de valeur entre deux patrimoines par l'enrichissement de l'un (A) et l'appauvrissement corrélatif(B). L'enrichissement et l'appauvrissement sont des conditions d'ordre économique qui constatent qu'une valeur est passée d'un patrimoine dans un autre qui s'en est trouvé diminué[524].

A. Enrichissement d'un patrimoine

L'enrichissement est un gain quelconque c'est-à-dire une acquisition, une plus-value, l'usage d'une chose ou même une diminution du passif comme l'extinction d'une dette, une dépense évitée, usage gratuit d'une chose, bénéfice des réparations sans avoir payé les coûts.

B. Appauvrissement corrélatif de l'autre patrimoine

L'appauvrissement consiste en toute perte qui peut être appréciée en argent telle une dépense quelconque, un travail ou un service non rémunéré, non rémunération d'une assistance.

C. Corrélation entre l'appauvrissement de l'un et l'enrichissement de l'autre

La corrélation peut être directe.

Elle peut aussi être indirecte, c'est-à-dire que le déplacement de valeur s'opère par l'intermédiaire du patrimoine d'un tiers.

---

523 G. LEGIER, *op. cit.*, p. 167.
524 KALONGO MBIKAYI, *op. cit.*, p. 300.

C'est le cas par exemple d'un fermier achète des engrais sans les payer. Le propriétaire des terres s'est enrichi au détriment du marchand par l'intermédiaire du fermier.

§2. Absence de cause

L'absence de cause signifie que rien ne vient légitimer la transmission de valeur d'un patrimoine à l'autre[525].

La cause est tout titre juridique qui justifie le déplacement de valeur. Il s'agit d'une contrepartie ou de toute autre justification juridique. Ainsi, chaque fois qu'une personne s'est appauvrie en vertu de la loi, d'un acte juridique (une vente à vil prix, une donation) ou d'une décision de justice, elle ne peut pas prétendre à l'enrichissement sans cause.

Mais il y a absence de cause si une personne s'est appauvrie en fournissant à l'enrichi des prestations qui ne découlent pas de la loi, d'un contrat ou d'une décision de justice. Dans ce cas, il y a enrichissement sans cause.

C'est à l'appauvri de prouver l'absence de cause car la cause se présume.

§3. Absence d'intérêt chez l'appauvri

Un appauvri peut exposer des frais dans son intérêt personnel et procurer par là un avantage à d'autres personnes. C'est le cas d'une personne qui amène de l'électricité chez elle et facilite le branchement de son voisin.

§4. Caractère subsidiaire de l'action de in rem verso

A. Principe

La subsidiarité de l'action de in rem verso a été posée par un arrêt de la Cour de cassation française du 2 mars 1915 selon lequel « *l'action de in rem verso ne doit être admise que dans les cas où le patrimoine d'une personne se trouvant, sans cause légitime, enrichi au détriment de celui d'une autre personne, celle-ci ne jouirait, pour obtenir ce qui lui est dû, d'aucune action naissant d'un contrat, d'un quasi-contrat, d'un délit ou d'un quasi-délit* ».

525 KALONGO MBIKAYI, *op. cit.*, p. 301.

Ainsi, cette action ne peut pas être intentée pour suppléer une autre action née d'un contrat, d'un délit, d'un quasi-contrat ou de la loi, qu'un obstacle de droit, telle la prescription, empêche d'exercer. On ne peut y recourir à titre de « *contournement* » d'un droit refusé ou de « *rattrapage* » d'un droit qu'on a négligé d'exercer.

Cette action ne peut être intentée que si aucune autre action ne permet à l'appauvri d'obtenir compensation de son appauvrissement : c'est cela la subsidiarité.

B. Cas d'exclusion de l'action

Ainsi, l'action de *in rem verso* est irrecevable dans trois situations[526].

Il en est d'abord ainsi lorsque l'appauvri dispose d'une autre voie de droit contre l'enrichi. Il lui appartient alors d'exercer cette voie.

Ensuite, le recours à l'action de in rem verso est également exclu dans le cas où l'appauvri aurait pu utiliser une autre action, mais dont l'exercice se heurte à une cause d'irrecevabilité ou à tout autre obstacle de droit, telle une prescription, une déchéance, l'effet de l'autorité de la chose jugée ou l'impossibilité de produire les modes de preuve exigés par la loi. L'action *de in rem verso* ne doit pas servir à contourner les règles normalement applicables à la situation concernée.

Enfin, en cas de corrélation indirecte, l'appauvri doit d'abord s'adresser à la personne par l'intermédiaire de laquelle l'enrichissement s'est produit et ce n'est que s'il se heurte à l'insolvabilité de cette personne qu'il pourra engager une action contre l'enrichi.

Section III. Effets de l'action d'in rem verso

Ces effets concernent l'étendue de l'action de in rem verso (§1) ainsi que le moment de cette action (§2)[527].

§1. Etendue de l'action de in rem verso

Le principe est de rétablir l'équilibre crée par le déplacement de valeur. L'indemnisation de l'appauvri se fera dans la limite de la plus faible des deux sommes constituant l'appauvrissement et l'enrichissement. C'est le cas par exemple de l'enrichissement de 5.000FC

526 G.LEGIER, *op. cit.*, p. 168.
527 G.LEGIER, *op. cit.*, p. 169.

et l'appauvrissement de 4.000FC, l'indemnité à fixer par le juge sera de 4.000FC.

En effet, il ne faut pas que l'appauvri reçoive plus que ce dont il s'est appauvri (sinon il s'enrichirait à son tour), ni que l'enrichi rembourse plus que le montant de son enrichissement (sinon il s'appauvrirait). L'action de *in rem verso* ne doit pas à son tour une source d'un enrichissement sans cause.

§2. Moment de l'action de in rem verso

L'enrichissement s'apprécie au jour de la demande et non au jour où le juge statue sur l'action. S'il a disparu, la demande est rejetée, c'est la différence avec la gestion d'affaires. Mais l'indemnité ne produit d'intérêt qu'à compter du jour de la décision.

La première partie de cet ouvrage a analysé les différentes sources des obligations que sont le contrat, le délit et quasi-délit ainsi que le quasi-contrat quant à leurs régimes juridiques.

Il est à noter que quelle que soit la source de l'obligation, cette dernière est soumise à un régime général indépendamment des sources. Ce régime fera l'objet de la deuxième partie de l'ouvrage.

DEUXIEME PARTIE
REGLES COMMUNES DES OBLIGATIONS INDEPENDAMMENT DE LEURS SOURCES

Les obligations, quelles que soient leurs sources abordées dans la première partie du présent ouvrage, répondent à des règles communes.

Ces règles concernent les modalités d'obligations et obligations plurales ou complexes (Titre I), la transmission des obligations (Titre II), l'extinction des obligations (Titre III), les droits du créancier non payé sur les biens de son débiteur (Titre IV) ainsi que la preuve des obligations (Titre V).

TITRE I.
MODALITES DES OBLIGATIONS ET OBLIGATIONS PLURALES OU COMPLEXES

Les modalités d'obligations (Sous-titre I) seront analysées avant d'examiner les obligations plurales ou complexes (Sous-titre II).

SOUS-TITRE I
MODALITE DES OBLIGATIONS

La condition (chapitre 1) et le terme (chapitre 2) concernent soit l'existence même de l'obligation (condition) soit l'exigibilité ou la durée de l'obligation (terme).

CHAPITRE 1 : CONDITION

La définition (section I), la validité (section II) et les effets de la condition (section III) feront l'objet du présent chapitre. Elle est règlementée aux articles 66 à 82 CCLIII.

Section I. Définition et sortes de condition

La condition mérite d'être définie (§1) et différentes sortes ressorties (§2).

§1. Définition

La condition est un évènement futur (comme le terme) mais de réalisation incertaine (à la différence du terme) et dont dépend soit la naissance soit la disparition d'une obligation et produit son effet rétroactivement[528].

La caractéristique de la condition est que la réalisation de l'événement est incertaine (art. 66 CCLIII) : on ne sait pas si l'évènement se produira. Exemple: tel aura un véhicule s'il réussit aux examens.

Il faut souligner que la condition analysée ici au sens technique est différente de la condition de l'article 8 CCLLIII qui traite des conditions essentielles pour la validité des conventions. En effet, la condition au sens technique de l'article 66 CCLIII suppose déjà réunis les éléments constitutifs de l'obligation envisagée[529].

§2. Sortes

Deux sortes de conditions se distinguent : suspensive (A) et résolution(B).

A. Condition suspensive

La condition suspensive concerne la formation de l'obligation. Elle conditionne la naissance de l'obligation à un événement incertain. L'obligation envisagée n'existera vraiment que si la condition se réalise. Exemple : une personne fait une donation à une autre, à condition qu'elle réussisse en première session avec distinction. La donation n'aura lieu que si l'événement envisagé se réalise. La condition est suspensive

528 G. LEGIER, *op. cit.*, p. 175.

529 KALONGO MBIKAYI, *op. cit.*, pp. 390.

car l'obligation ne naitra que si la condition se réalise, mais avant cela, l'obligation est en suspens[530].

Jugé que si la première convention stipulait que l'acheteur ne serait propriétaire qu'après payement intégral du prix, cette clause s'analyse en une condition suspensive de l'obligation du vendeur de transférer la propriété et ne modifie en rien l'existence du contrat de vente qui était parfait entre parties dès leur accord sur la chose et sur le prix. En décidant que cette condition suspensive de l'obligation affectait l'existence du contrat de vente lui-même, la Cour d'Appel a fait une fausse application de l'article 264 CCZ Liv. III. [531]

B. Condition résolutoire

La condition résolutoire entraine la disparition de l'obligation, elle conditionne l'extinction de l'obligation. Le rapport de droit se forme et s'exécute normalement, mais la survenance de l'événement prévu entraine la disparition rétroactive de l'obligation. Exemple: une donation qui sera résolue si le donataire (le bénéficiaire) ne réussit pas en première session. L'échec est donc l'événement qui entraine la disparition de l'obligation[532].

Section IV. Validité de la condition

La condition doit être possible (§1) licite (§2) et ne doit pas dépendre de la volonté d'une partie (§3)[533].

§1. Possibilité de la condition

La condition est un événement incertain, mais encore faut-il que sa réalisation soit possible.

Si la réalisation est impossible dès l'origine (art. 70 CCLIII), la condition est nulle et la convention elle-même est nulle, mais seulement lorsque la condition était essentielle dans l'esprit des parties, c'est-à-dire constituait pour elles une cause déterminante.

---

530 G. LEGIER, *op. cit.*, p. 175.

531 CSJ, 20 novembre 1976, RC 117, inédit, cité par KATUALA KABA KASHALA, LUMBALA ILUNGA (V) et MUANZA KATUALA, *op. cit.*, Kinshasa, éditions Batena Ntambua, 2008, p. 220.

532 G. LEGIER, *op. cit.*, p. 175.

533 G. LEGIER, *op. cit.*, p. 175-176.

Si la réalisation, qui était possible lors de la conclusion du contrat, ne l'est plus, la condition devient caduque, et le contrat a le même sort, quand elle était la cause déterminante de l'engagement.

§2. Licéité de la condition

La condition ne doit pas être contraire à la loi, à l'ordre public ni aux bonnes mœurs (art. 70CCLIII). C'est le cas par exemple d'une clause imposant le célibat ou de commettre un meurtre.

L'illicéité ou l'immoralité entraine la nullité soit du contrat en entier, soit seulement de la condition, selon quelle a été ou non une cause déterminante pour les parties.

§3. Extériorité de la condition par rapport à la volonté du débiteur

La réalisation de la condition ne doit pas dépendre exclusivement de la volonté du débiteur quant à ce. A cet effet, l'on distingue la condition casuelle(A), la condition mixte(B) et la condition potestative(C).

A. Condition casuelle (art.67 CCLIII)

Elle dépend du hasard (casus), c'est le cas par exemple d'une clause qui subordonne le décès du donataire avant celui du donateur ou encore l'achat d'un bien au gain d'une somme d'argent au jeu du hasard. Comme cette condition est extérieure à la volonté des parties, elle est valable.

B. Condition mixte (art. 69 CCLIII)

Elle dépend à la fois de la volonté d'une partie et de celle d'un tiers. Par exemple un don à quelqu'un s'il épouse telle personne ou l'achat d'un bien sous la condition de l'obtention d'un prêt. Pareille condition est valable.

C. Condition potestative (art. 68 CCLIII)

Elle dépend de la seule volonté de l'une des parties. Exemple : telle personne payera le prix d'une maison achetée si elle le veut. La validité de la condition potestative est à analyser selon qu'elle concerne le créancier ou le débiteur.

1. Condition potestative de la part du créancier

Elle est valable lorsqu'elle dépend de la volonté du créancier. Sa validité ne pose pas problème, car une obligation peut exister, même si le créancier n'a pas encore manifesté son intention d'en exiger l'exécution. Ainsi, la vente à l'essai, dont la validité est indiscutable, est considérée comme une vente sous condition suspensive de l'agrément de la chose par l'acheteur (art. 269 CCLIII).

2. Condition potestative de la part du débiteur

L'article 72 CCLIII déclare l'obligation nulle lorsqu'elle est potestative de la part du débiteur et seulement en ce qui concerne la condition suspensive, la condition résolutoire potestative étant valable tel le cas prévu aux articles 335 et 336 CCLIII sur la faculté de rachat du vendeur.

Cependant, la doctrine et jurisprudence ont opéré une sous distinction en fonction du degré de discrétion laissée à la volonté du débiteur.

a. Condition simplement potestative

La condition simplement potestative est celle qui dépend non seulement de la volonté du débiteur mais aussi de faits extérieurs qui vont la déterminer Exemple : une personne vend sa maison, si elle va habiter dans une autre ville ou si elle se marie ; ou encore achète un appartement sous la condition suspensive de vendre celui dont l'on est propriétaire. Pareille condition est valable.

b. Condition purement potestative

La condition purement potestative est laissée à l'entière discrétion du débiteur. Exemple : payer le prix si on le veut. Les obligations affectées d'une telle condition sont nulles, tout simplement parce qu'il n y a pas d'engagement sérieux.

Mais en définitive seules sont nulles les conditions qui dépendent de la volonté discrétionnaire du débiteur. Mais cette condition purement potestative est une hypothèse d'école, les parties dissimulant leur volonté discrétionnaire derrière un événement qui leur est apparemment extérieur. Les tribunaux recherchent donc dans chaque cas concret si l'existence de l'obligation est subordonnée à un fait dont l'accomplissement est à la merci du débiteur. Mais si l'événement dépend d'un fait extérieur ou de la volonté d'un tiers et du débiteur, la condition est valable.

Section V. Effets de la condition

Les effets de la condition sont déterminés à la réalisation de l'évènement incertain. Cette condition est réalisée lorsque l'événement est arrivé dans le délai prévu. Dans le cas où aucun délai n'avait été fixé, l'article 74 CCLIII dispose que la condition peut toujours s'accomplir et quelle n'est censée défaillie que lorsqu'il est devenu certain que l'événement n'arrivera pas. L'article 75 CCLIII édicte une règle pour le cas où l'obligation est contractée sous la condition qu'un événement n'arrivera pas dans un temps fixe.

Les effets différents selon que la condition est suspensive (§1) ou résolutoire (§2)[534].

§1. Condition suspensive

Les effets de la condition suspensive sont différents selon que l'on est pendant la condition(A) ou que la condition se réalise(B) ou ne se réalise pas(C).

A. Situation pendente conditione

Deux idées dominantes expliquent les règles applicables à cette situation pendant la condition que sont : la non existence de l'obligation et l'existence d'un droit en germe.

1. Non existence de l'obligation

Pendant la condition, l'obligation n'existe pas encore, c'est pourquoi, d'une part, le créancier ne peut pas exiger le paiement et, d'autre part, si le débiteur paie, il a payé l'indu et peut donc réclamer le remboursement sur base de l'article 133 CCLIII à la différence du débiteur bénéficiant d'un terme.

2. Existence d'un droit en germe

Mais le droit du créancier est en germe, un droit d'expectative, un droit d'attente, ce qui lui permet de prendre des mesures conservatoires pour le protéger. En outre, son droit est transmissible.

---

534 KALONGO MBIKAYI, *op. cit.*, pp. 394 ; G. LEGIER, *op. cit.*, p. 177-178.

B. Réalisation de la condition

L'obligation conditionnelle devient pure et simple. Elle est réputée être née comme obligation pure et simple dès l'origine Jugé qu'une obligation d'une condition est définitivement formée au moment où le consentement conditionnel est donné ; son exécution seule est suspendue pendant le délai fixé pour la réalisation de la condition et le contrat devient pur et simple de plein droit par l'accomplissement de la condition[535].

Ainsi, l'accomplissement de la condition produit un effet rétroactif selon l'article 77 CCLIII : le droit du créancier est censé avoir existé dès le jour du contrat. Exemple : en cas de vente sous condition suspensive, l'acquéreur est réputé propriétaire dès le jour de la conclusion de la vente. La rétroactivité n'étant d'ordre public, les parties peuvent l'écarter.

C. Non réalisation de la condition

L'obligation est réputée n'avoir jamais existé et le créancier perd le droit conditionnel qu'il avait. Toutefois, la condition est réputée accomplie, lorsque le débiteur en a empêché l'accomplissement (art. 76 CCLIII).

§2. Condition résolutoire

Les effets de la condition résolutoire sont différents selon que l'on est pendant la condition(A) ou que la condition se réalise(B) ou ne se réalise pas (C).

A. Situation pendente conditionne

A la différence de l'obligation sous condition suspensive, le droit du créancier existe pleinement et produit tous ses effets. C'est pourquoi le créancier peut exiger l'exécution et en cas de vente sous condition résolutoire, l'acquéreur devient immédiatement propriétaire mais son droit est menacé d'anéantissement, si la condition se réalise.

---

535 Elis., 19 avril 1916, *Jur. Col.*, p. 43. Dans le même sens : Kin., 10 septembre 1974, *RJZ*, 1974, p. 79, note DIBUNDA KABUINJI.

B. Réalisation de la condition

L'obligation est censée n'avoir jamais existé et le droit du créancier disparait rétro activement. En effet, l'article 81 al. 3 CCLIII dispose à cet effet que la condition résolution est celle qui, lorsqu'elle s'accomplit, opère la révocation de l'obligation, et qui remet les choses au même état que si l'obligation n'avait pas existé.

En conséquence, les droits qu'éventuellement il avait consentis à des tiers sont rétroactivement anéantis. La rétroactivité n'étant pas d'ordre public, les parties peuvent l'écarter.

C. Non réalisation de la condition

La menace qui pesait sur le droit du créancier disparait, et l'obligation devient pure et simple.

§3. Rétroactivité et droits des tiers

L'effet rétroactif de la réalisation de la condition peut remettre en cause des droits consentis à des tiers[536].

La rétroactivité n'a cependant pas un caractère absolu. D'abord, elle ne s'impose pas aux parties, qui peuvent l'écarter. Ensuite, les actes conservatoires et, en règle générale, les actes d'administration accomplis pendant la condition sont maintenus malgré l'accomplissement de la condition. Exemple : les actes du vendeur sous condition suspensive ou de l'acheteur sous condition résolutoire.

C'est en définitive surtout pour les actes de dispositions que les droits des tiers risquent d'être menacés. Exemple : l'acquéreur de bonne foi qui achète un bien à un vendeur dont le droit est conditionnel. Néanmoins, ils bénéficient de deux modes principaux de protection : en matière immobilière, ils sont informés de la condition par la publicité foncière et, en matière mobilière, le possesseur de bonne foi peut se prévaloir de l'article 658 CCLIII selon lequel « *en fait de meubles possession vaut titre* ».

Cette condition est différente du terme qui ne concerne pas la naissance ou la disparition de l'obligation mais son exigibilité ou son extinction.

---

536 G. LEGIER, *op. cit.*, p. 178.

CHAPITRE 2 : TERME

Le terme est règlementé aux articles 83 à 86 CCLIII et sera examiné dans sa définition (section I), dans sa classification (section II), dans ses effets (section III) et dans son extinction (section IV)[537].

Section I. Définition

Le terme est un événement futur, mais de réalisation certaine, dont dépend l'exigibilité ou l'extinction de l'obligation et qui produit ses effets sans rétroactivité.

La caractéristique du terme est de subordonner l'obligation à un événement dont la survenance est certaine, seulement la date de survenance de cet événement est inconnue. C'est ce qui différence la condition du terme : la certitude de l'événement. Alors que le terme est un événement futur dont la réalisation est certaine, la condition est un événement futur de réalisation incertaine qui bloque notamment les effets de la vente[538].

Une controverse jurisprudentielle est survenue sur le caractère objectif du terme dans la mesure où un événement objectivement incertain peut être regardé comme certain par les parties.

Le juge de fond a donc un pouvoir souverain d'appréciation dans chaque cas d'espèce.

La preuve du terme incombe à celui s'en prévaut et à cet effet, le tribunal de première instance d'Elisabethville a jugé que « la stipulation d'un terme constituant une clause dérogatoire au droit commun, c'est à celui qui s'en prévaut qu'il incombe d'en administrer la preuve »[539].

Section II. Classification

Plusieurs types de terme se distinguent : terme certain et incertain (§1), terme suspensif et terme extinctif (§2), terme conventionnel, judiciaire et légal (§3) et terme dans l'intérêt du débiteur ou du créancier (§4).

---

537 G. LEGIER, *op. cit.*

538 F. COLLART DUTILLEUL et Ph. DELEBECQUE, *Contrats civils et commerciaux*, Paris, Dalloz, 2011, n°S 192-193.

539 1ère. inst. Elis., 10 juin 1932, *RJCB*. 1933, p 78.

§1. Terme certain et terme incertain

C'est la différence quant à la date de l'événement.

A. Terme certain

Le terme peut avoir une date certaine : cela signifie qu'elle est connue à l'avance, exemple : contrat de bail jusqu'au 31 décembre 2015. Le terme c'est cette date du 31 décembre 2015.

B. Terme incertain

Le terme peut avoir une date incertaine : l'événement est bien certain, mais sa date est inconnue. Exemple : le décès d'une personne, le décès est certain mais la date est inconnue.

§2. Terme suspensif et terme extinctif

C'est la différence quant à l'effet de l'événement.

A. Terme suspensif

Le terme suspensif retarde l'exécution de l'obligation. L'obligation existe bien, mais son exécution ne peut pas être exigée avant le terme. Exemple : l'acheteur promet de payer à la fin du mois. Ainsi, avant la fin du mois, rien ne peut lui être exigé.

B. Terme extinctif

C'est un événement dont réalisation mettra fin à l'obligation. Exemple un contrat à exécution successive (contrat de travail) prendra fin à telle date. Le terme extinctif est une cause d'extinction des obligations.

§3. Terme conventionnel, judiciaire, légal

C'est la différence quant à la source du terme.

A. Terme conventionnel

Il résulte de la convention des parties. Il peut être exprès : c'est le terme stipulé dans un contrat. Il peut aussi être tacite : on est en présence d'un terme tacite lorsque, compte tenu des circonstances, l'obligation ne peut pas être exécutée immédiatement. Exemple : parce qu'elle suppose l'accomplissement d'un travail ou en raison de la distance.

B. Terme légal et judiciaire

Le terme judiciaire est celui accordé par le juge ; c'est le cas notamment des délais de grâce (art. 142, al. 2 CCLIII). Le terme légal est celui accordé par la loi.

C. Terme de droit

Le terme de droit est celui qui est établi par la volonté des parties (terme conventionnel) ou par la loi (terme légal).

§4. Terme de grâce et moratoire

Cette distinction tient compte de la situation du débiteur.

A. Terme de grâce

Le terme de grâce (art 142 al. 2CCLIII) est accordé par le juge, qui tient compte de la situation du débiteur et des besoins du créancier. Le pouvoir du juge est assez étendu : il peut reporter le paiement de la dette ou l'échelonner, ou encore décider que les sommes dues produiront intérêt à un taux réduit. Dans le souci de protéger l'accomplissement par le débiteur d'actes propres à faciliter ou à garantir le paiement. Tout cela est décidé souverainement par les juges du fond. Pour certaines dettes, l'octroi d'un délai de grâce, est impossible, l'obligation de restitution incombant au dépositaire (art. 508 CCLIII).

Les effets du terme de grâce sont : d'une part, le délai de grâce suspend seulement les mesures d'exécution, mais la dette est échue et exigible, donc les intérêts continent à courir de plein droit et, d'autre part, la compensation peut se produire (art. 184 CCLIII).

B. Moratoire

Le moratoire est un délai de grâce accordée par la loi dans des circonstances exceptionnelles, (guerre grève) et à titre temporaire. Les mesures prises sont très variables : le moratoire peut avoir une portée générale et bénéficier en principe à tous les débiteurs ou seulement à certaines catégories d'entre eux : personnes condamnées à la peine de mort (cas du moratoire sur l'exécution de la peine capitale), ou à ceux qui sont tenus de certaines dettes (loyers, en vertu de divers textes spéciaux).

§5. Terme dans l'intérêt du débiteur ou du créancier

C'est la différence quant à la possibilité de renonciation au terme par son bénéficiaire.

A. Terme dans l'intérêt du débiteur

L'article 85 CCLIII dispose que le terme est toujours présumé en faveur du débiteur. Toutefois, il peut en être autrement soit en vertu d'une stipulation contractuelle soit en raison des circonstances. Ainsi, le débiteur peut y renoncer en exécutant immédiatement l'obligation.

B. Terme dans l'intérêt du créancier

La présomption de l'article 85 CCLIII est simple et le créancier peut la réserver en démontrant que le terme a été établi dans son propre intérêt. Dans ce cas, il peut y renoncer. Cependant, dans certaines hypothèses, c'est la loi elle-même qui présume en faveur du créancier. Exemple : en cas de dépôt, le terme est présumé stipulé au profit du déposant, qui est le créancier de l'obligation de restitution (art.508 CCLIII). Des fois aussi, le terme est stipulé au bénéfice des deux parties. Exemple : dans le prêt à intérêt, le terme est évidement convenu au profit de l'emprunteur, mais il est aussi en faveur du prêteur qui, grâce à ce délai, touchera des intérêts. Mais il est aussi en faveur du prêteur qui, grâce à ce délai, touchera des intérêts ; en conséquence, le débiteur ne peut pas lui imposer un paiement anticipé.

Section III. Effets du terme

Les effets du terme diffèrent selon qu'il s'agit d'un terme extinctif (§1) ou d'un terme suspensif (§2).

§1. Terme extinctif

Le terme extinctif est une modalité d'extinction de l'obligation : elle s'éteint, sans rétroactivité, à l'arrivée du terme (échéance).

§2. Terme suspensif

Deux périodes sont à distinguer : avant l'arrivée du terme (A) et à l'arrivée du terme (B).

A. Avant l'arrivée du terme

1. Existence de la dette

L'obligation existe bel et bien. En conséquence, si le débiteur paie, son paiement n'est pas indu et il ne peut pas exiger le remboursement. Ensuite, le créancier peut prendre des mesures conservatoires, c'est le cas par exemple de l'hypothèque pour protéger son droit. Enfin, s'il s'agit d'une obligation de livrer un corps certain, les risques de force majeure pèsent sur le créancier de cette obligation, car il est devenu propriétaire du bien dès le jour du contrat (art. 37 CCLIII).

2. Absence d'exigibilité de l'obligation

L'exécution de l'obligation est différée.

En conséquence, d'une part, le créancier ne peut pas exiger le paiement avant l'échéance (art. 84 CCLIII). Néanmoins, par analogie à l'article 76 CCLIII, relatif à la condition, il faut décider que le terme est réputé arrivé lorsque c'est le débiteur obligé à terme qui en a empêché l'intervention. D'autres part, il ne peut pas opposer sa créance en compensation d'une autre dont il serait redevable envers son créancier car cette compensation aboutirait à exiger un paiement immédiat. Il est à noter aussi que la prescription contre le créancier ne court pas avant l'arrivée du terme (art. 644 CCLIII).

B. A l'arrivée du terme ou échéance

L'obligation devient immédiatement exigible et le créancier peut poursuivre le débiteur.

Il en va de même quand la créance est devenue exigible par anticipation, notamment en cas de renonciation du terme ou de déchéance.

§3. Terme de grâce

Le terme de grâce ne suspend pas l'exigibilité du terme de la dette, il suppose au contraire que la dette est échue et exigible. Son effet est de sursoir à l'exécution des poursuites. Le créancier ne peut recourir aux mesures d'exécution.

Section IV. Extinction du terme

Il existe trois causes d'extinction du terme : l'échéance (§1), la renonciation (§2) et la déchéance (§3).

§1. Echéance

C'est la cause normale d'extinction, exemple : si le délai expire le 10 janvier, la créance est exigible le lendemain à 0 heure.

§2. Renonciation au bénéfice du terme

Elle doit émaner de celui au profit duquel le terme a été stipulé. S'il a été convenu au profit du créancier et du débiteur, la renonciation doit provenir des deux.

§3. Déchéance

Il y a déchéance du terme lorsque le terme est considéré comme étant échu alors que l'événement prévu ne s'est pas réalisé. C'est une sanction qui frappe le débiteur : il est tenu de payer immédiatement.

L'article 86 CCLIII traite du cas de la faillite et de la diminution de sûretés[540] : le débiteur ne peut plus réclamer le bénéfice du terme lorsque, par son fait, il a diminué les sûretés qu'il avait données par contrat à son créancier.

On présume alors que le créancier avait accordé le délai en contrepartie de la sûreté. Si cette garantie vient à être diminuée (en dehors d'un cas de force majeure), le débiteur ne mérite plus la confiance du créancier qui est alors en droit d'exiger un paiement immédiat.

La déchéance elle-même doit être prononcée par le juge, qui apprécie l'importance de la diminution des sûretés et les risques qui en résultent pour le recouvrement de la créance.

Outre l'hypothèse de diminution des sûretés, l'article 86 CCLIII traite aussi du cas de faillite. Pour cela, il faudra suivre la procédure prévue par l'Acte uniforme OHADA portant organisation des procédures collectives d'apurement du passif et attendre une décision de justice constate l'insolvabilité du débiteur.

---

[540] KALONGO MBIKAYI, *op. cit.*, pp. 402.

Outre la condition et le terme, les modalités des obligations concernent aussi les obligations plurales.

SOUS-TITRE II.
OBLIGATIONS PLURALES OU COMPLEXES

Une obligation est dite plurale ou complexe lorsqu'elle a plusieurs objets (chapitre 1) ou plusieurs sujets (chapitre 2)[541].

[541] KALONGO MBIKAYI, *op. cit.*, pp. 405 et ss.

CHAPITRE 1
PLURALITE D'OBJETS OU OBLIGATIONS A OBJETS MULTIPLES

La pluralité d'objets concerne les obligations conjonctives (section I), les obligations alternatives (sections II) et les obligations facultatives (section III).

Section I. Obligations conjonctives

La notion (§1) et les effets (§2) de l'obligation conjonctive sont à préciser.

§1. Notion

L'obligation conjonctive est celle qui astreint le débiteur à exécuter cumulativement plusieurs prestations[542]. C'est l'exemple de la dot en droit congolais tel que règlement dans le code de la famille (art. 361 du code de la famille) et pratiquée en famille par la remise d'une liste de biens à apporter cumulativement par le futur époux.

§2. Effets

Le débiteur n'est libéré que quand il a exécuté toutes les prestations prévues.

Section II. Obligations alternatives

La notion (§1) et les effets (§2) de l'obligation alternative sont à préciser

§1. Notion

Elles sont règlementées aux articles 87 à 94 CCLIII. Le débiteur ou le créancier ont le choix entre les différents objets de l'obligation, plusieurs objets sont dans l'obligation (*in obligatione)* mais une seule prestation doit être exécutée (*in solutione).* Exemple : telle somme d'argent ou tel bien.

Jugé que « peut être entendue comme une obligation alternative, la clause prévoyant deux monnaies pour la libération du débiteur avec le choix soit pour le créancier, soit pour le débiteur, de la monnaie dans

542 G. LEGIER, *op. cit.*, p. 179.

laquelle l'exécution de l'obligation s'effectuera »[543]. Les obligations alternatives sont aussi réglementées à l'article 265 al. 2 CCLIII en matière de vente.

§2. Effets

Le débiteur est libéré par l'exécution de l'une des prestations (art. 87 CCLIII). Le choix discrétionnaire appartient en principe au débiteur (art. 88 de CCLIII), mais une clause expresse du contrat peut laisser le choix au créancier.

Section III. Obligations facultatives

La notion (§1) et les effets (§2) de l'obligation facultatives sont préciser.

§1.Notion

L'obligation facultative est celle qui n'a qu'un objet unique c'est-à-dire un seul objet est dû *(in obligatione)*, mais le débiteur peut se libérer en exécutant une autre prestation (in *solutionne*)[544]. Le code civil, LIII ne l'a pas réglementé mais on en trouve une application à l'article 275 de la loi du 20 juillet 1973 sur le régime général des biens.

§2. Effets

Un seul objet est dû et l'autre n'est qu'une faculté de paiement, donc le créancier ne peut exiger que l'exécution de l'obligation principale. Si l'obligation principale est nulle ou ne peut plus être exécutée à cause d'une force majeure, le débiteur est libéré (à la différence de l'obligation alternative)[545].

La pluralité d'objets n'exclue pas la pluralité des sujets.

---

543 Léo, 15 décembre 1942, *RJCB* 1943, p. 194.
544 Ph. MALAURIE, L.AYNES et Ph. STOFFEL-MUNCK, *op. cit.*, n° 1085, p. 559.
545 G. LEGIER, *op. cit.*, p. 179.

CHAPITRE 2
PLURALITE DE SUJETS OU OBLIGATIONS A SUJETS MULTIPLES

La pluralité de sujets concerne les obligations conjointes (section I), les obligations solidaires (section II) et les obligations indivisibles (section III). La jurisprudence a élaboré la notion *d'obligations in solidum* (section IV).

Section I. Obligations conjointes

La notion (§1) et les effets (§2) de l'obligation conjointe sont à préciser.

§1. Notion

Une obligation est dite conjointe, lorsqu'elle comporte plusieurs débiteurs ou plusieurs créanciers et se divise entre eux, activement (entre les créanciers) ou passivement (entre les débiteurs) de sorte que s'il y a plusieurs créanciers, chacun ne peut réclamer que sa part dans la créance. Sauf disposition législative ou clause contraire, les parts dans la créance sont viriles, c'est-à-dire égales. Corrélativement, s'il y a plusieurs débiteurs chacun n'est tenu que pour sa part de la dette. En principe, ils sont tenus de parts égales[546].

§2. Effets

Les obligations conjointes produisent un effet principal (A) et des effets secondaires(B).

A. Effet principal : divisibilité de la dette et de la créance

1. Cas d'obligations conjointes passives : divisibilité de la dette

Dans l'obligation conjointe passive, il y a autant de petites dettes distinctes et indépendantes les unes des autres qu'il y a des débiteurs. La divisibilité de la dette constitue le droit commun des obligations à pluralité des débiteurs[547].

Ainsi, en cas d'obligations conjointes passives (c'est-à-dire avec débiteurs multiples), il y a divisibilité de la dette. Chacun des débiteurs n'est tenu que

---

546 G. LEGIER, *op. cit.*, p. 179.
547 KALONGO MBIKAYI, *op. cit.*, pp. 410.

pour sa part dans la dette. Les parts sont égales sauf stipulation conventionnelle contraire. Exemple : un créancier A a une créance de 1000FC envers plusieurs débiteurs liés dans un lien d'obligations conjointes B1, B2, B3, B4, B5, chacun étant tenu pour 200FC. Le créancier A ne peut réclamer à chaque débiteur que sa part, soit 200FC car la dette de divise en autant de fractions qu'il y a de débiteurs de telle sorte que chaque débiteur ne peut être poursuivi que pour sa part dans la dette.

2. Cas d'obligations conjointes actives : divisibilité de la créance

En cas d'obligations conjointes actives (c'est-à-dire avec créanciers multiples), il y a divisibilité de la créance. Chaque créancier ne peut réclamer que sa part dans la créance : les parts sont égales sauf stipulation conventionnelle contraire. Exemple : un débiteur B doit une dette de 1000FC envers plusieurs créanciers liés dans un lien d'obligations conjointes A1, A2, A3, A4, A5, le débiteur B étant tenu envers chaque créancier pour 200 FC. Le débiteur B ne peut payer à chaque créancier que sa part dans la créance, soit 200FC car la créance se divise en autant de fractions qu'il y a de créanciers de telle sorte que chaque créanciers ne peut réclamer que sa part dans la créance.

B. Effets secondaires

La mise en demeure adressée par un créancier à un débiteur ne produit d'effets qu'entre ces deux personnes.

L'interruption de la prescription ne profite qu'au créancier qui l'a faite et ne nuit qu'au débiteur à l'égard duquel elle a eu lieu.

§3. SOURCES

Les obligations conjointes sont le droit commun des obligations complexes ainsi, sauf disposition légale ou stipulation contractuelle contraire, les obligations complexes ou plurales sont conjointes[548].

Elles se rencontrent surtout en cas de décès du créancier ou du débiteur qui laisse plusieurs héritiers : la créance ou la dette de divise de plein droit entre les héritiers (art. 118 CCLIII).

L'obligation conjointe présente des inconvénients car les actes de poursuite sont multipliés, le créancier supporte l'insolvabilité de chaque

---

548 G. LEGIER, *op. cit.*, p.. A. BENABENT, *op. cit.*, n°788.

débiteur. Le caractère conjoint de l'obligation n'étant pas l'ordre public, il peut être écarté par d'autres techniques : ce sont les cas d'indivisibilité ou de solidarité.

Section II. Obligations solidaires

L'obligation est solidaire lorsque, en présence de plusieurs débiteurs ou créanciers, elle ne se divise pas, en vertu de la volonté des parties ou de la loi tout en étant divisible par nature. A la différence de l'obligation indivisible l'obligation solidaire se fractionne en cas de décès d'un débiteur ou d'un créancier (puisque la nature de son objet ne rend pas la division impossible).

Les obligations solidaires sont envisagées tans sur le plan de la pluralité des créanciers : solidarité active (§1) que sur le plan de la pluralité des débiteurs : solidarité passive (§2).

§1. Solidarité active

La définition(A), les sources(B) et le régime juridique (C) seront analysés.

A. Définition

Il y a solidarité entre plusieurs créanciers lorsque le titre donne expressément à chacun des créanciers le droit de demander le paiement total de la créance et que le paiement fait à l'un deux libère le débiteur (art. 95 CCLIII).

B. Sources

La solidarité active a pour source la convention des parties et résulte d'une clause expresse. Elle ne se présume pas. C'est le cas souvent des titulaires d'un compte bancaire joint entre époux) qui sont des créanciers solidaires de la banque et l'un d'eux peut faire des retraits sur le compte.

C. Régime juridique (art. 95 à 97)

1. Effets principaux

Chaque créancier peut réclamer le paiement de la totalité de la créance au débiteur. De même, le débiteur peut choisir de payer la totalité à l'un des créanciers (art. 96 al. 1 CCLIII). Exemple : un débiteur B doit dette de 1000 FC à plusieurs créanciers liés dans un lien d'obligations solidaires A1, A2, A3, A4, A5 , le débiteur B étant tenu envers chaque créancier pour 200FC. Chaque créancier peut réclamer au débiteur B la totalité de la créance, soit 1000 FC car la créance ne se divise pas de telle sorte que le paiement fait à l'un des créanciers libère le débiteur B.

Le débiteur qui a payé à un créancier est libéré à l'égard de tous les créanciers (art. 95).

2. Effets secondaires

La mise demeure, la demande d'intérêts ou l'interruption de la prescription fait par un créancier profite aux autres (art. 97CCLIII).

Le créancier qui a reçu le paiement doit remettre à chacun des autres créanciers la part à laquelle il a droit. Sauf convention contraire les parts sont égales (parts viriles).

Si l'obligation disparait à l'égard d'un créancier, par exemple, par l'effet d'une remise de dette qu'il a consentie, le débiteur n'est libéré que pour la part due à ce créanciers (art. 96 al. 2). La solidarité active a pour risque la dissipation ou d'insolvabilité de la créance reçue par un créancier malhonnête.

Elle offre moins de sécurité que la solidarité passive.

§2. Solidarité passive

La définition(A), les sources (B) et le régime juridique(C) seront analysés.

A. Définition

Il y a solidarité passive lorsque les débiteurs sont obligés à une même chose de manière que chacun puisse être contraint pour la totalité et que le paiement fait par un seul libère les autres envers les créanciers (art. 98CCLIII).

La solidarité passive suppose plusieurs débiteurs et présente un intérêt certain : c'est une technique destinée à éviter au créancier les inconvénients d'une division des poursuites et à le garantir contre le risque d'insolvabilité d'un débiteur.

B. Sources

Il y a plusieurs sources à l'obligation solidaire passive[549].

1. Volonté des parties

Selon l'article 100 CCLIII, la solidarité ne se présume point, il faut qu'elle soit expressément stipulée. Il suffit que la volonté des parties soit clairement exprimée.

En revanche, elle se présume en manière commerciale.

2. Loi

La loi prévoit de nombreux cas que l'on justifie par trois idées principales.

a. En raison d'une communauté d'intérêts entre débiteurs

Les articles 460 et 543 CCLIII prévoient des hypothèses de solidarité en raison d'intérêt entre débiteurs. Ainsi, lorsque plusieurs personnes ont emprunté ensemble la même chose, elles sont engagées solidairement envers le prêteur (art. 460 CCLIII). Lorsqu'un mandataire a été constitué par plusieurs personnes pour une affaire commune, chacune d'elles est tenue solidairement envers lui de tous les effets du mandat (art. 543 CCLIII).

b. Dans le but de renforcer le crédit

Dans les sociétés en nom collectif et en commandité simple, tous les associés sont solidairement responsables des dettes sociales.

c. Comme conséquence d'une responsabilité en commun

En droit comparé, en droit français notamment, la loi prévoit la responsabilité solidaire des père et mère pour le dommage causé par leurs enfants mineurs.

C. Régime juridique (art. 98 à 114)

Le régime juridique concerne les rapports entre le créancier et les débiteurs d'une part et, d'autre part, les rapports entre les codébiteurs.

---

549 G. G. LEGIER, *op. cit.*, p. 181.

1. Effets dans les rapports entre le créancier et les débiteurs : obligation de la dette solidaire

a. Effets principaux

Les effets principaux s'expliquent par deux idées directrices : l'unité d'objet et la pluralité de liens[550].

1° **Unité d'objet** : l'obligation solidaire est unique en ce qui concerne la prestation qui en est l'objet[551]. Il y a une dette, d'où trois conséquences principales quant aux droits du créancier :

- **Droit d'élection du créancier :** le créancier peut réclamer la totalité de la dette à l'un quelconque des débiteurs et la dette est éteinte quand il a reçu la totalité du paiement de la part d'un seul débiteur. Il choisit le débiteur à qui il veut réclamer la dette (art. 101 CCLIII). Le débiteur poursuivi ne peut obliger le créancier à diviser la dette c'est-à-dire il ne peut l'obliger à poursuivre les autres ; il n'y a pas de divisibilité de la dette. Chaque débiteur peut être obligé à payer l'intégralité de la dette. Cela présente un intérêt pour le créancier car si un débiteur est insolvable, il conserve l'intégralité de ses droits contre les autres débiteurs. Exemple : un créancier A a une créance de 1000FC envers plusieurs débiteurs liés dans un lien d'obligations solidaires : B1, B2, B3, B4, B5, chacun étant tenu pour 200FC. Le créancier A peut réclamer à chaque débiteur qu'il choisit la totalité de la dette, soit 1000FC car la dette ne se divise pas de telle sorte que chaque débiteur peut être poursuivi pour la totalité de la dette.

- **Le paiement effectué par un seul débiteur** libère les autres codébiteurs (art. 98 CCLIII).

- **En cas de décès d'un débiteur**, la dette devient divisible entre ses héritiers de sorte que le créancier ne pourra réclamer à chaque héritier que la part proportionnelle à sa part héréditaire dans la dette solidaire (art. 118 CCLIII sauf quelques exceptions établies à l'article 119 CCLIII)[552]. Exemple : un créancier A, a une créance de 1000FC envers plusieurs débiteurs liés dans un lien d'obligations solidaires B1, B2, B3, B4, B5, chacun étant tenu pour 200FC. B4 décède laissant quatre

550 G. LEGIER, *op. cit.*, pp. 181-183.
551 KALONGO MBIKAYI, *op. cit.*, pp. 412.
552 KALONGO MBIKAYI, *op. cit.*, pp. 411.

héritiers B4A, B4B, B4C et B4D pour des parts égales. Le créancier ne pourra demander à chaque héritier que 250FC.

2° **Pluralité de liens :** l'obligation est multiple sous le rapport des engagements contractés par différents codébiteurs[553]. Chaque débiteur est ainsi tenu en vertu d'un lien distinct de celui des autres, il y a plusieurs débiteurs face à un créancier unique. D'où les conséquences suivantes quant aux droits des débiteurs et leurs moyens de défense car les différents liens d'obligations peuvent répondre à des régimes juridique différents.

- **Le créancier peut poursuivre tous les débiteurs** jusqu'à complet paiement (art. 102 CCLIII).

- **Les débiteurs peuvent être tenus d'une façon différente tant en ce qui concerne** leur part dans la dette qu'en ce qui concerne les modalités de leur obligation. L'obligation, en effet, peut être conditionnelle pour l'un et à terme pour l'autre (art. 99 CCLIII).

- **Le débiteur poursuivi peut opposer des exceptions qui lui sont personnelles** qui sont de deux sortes : les exceptions purement personnelles et les exceptions simplement personnelles[554].

➢ **Exceptions purement personnelles** (art. 106 al. 1er CCLIII) : ce sont celles qui ne peuvent être invoquées que par le débiteur concerné et ne profitent qu'à lui et ne modifient pas le montant de la dette solidaire (art. 106 al. 1er CCLIII). Ces exceptions purement personnelles ne peuvent pas être invoquées par les autres débiteurs c'est-à-dire un débiteur ne peut pas opposer au créancier les exceptions qui sont purement personnelles aux autres débiteurs (art. 106 al. 2). Ce sont les exceptions tenant au rapport juridique de chaque codébiteur avec le créancier qui sont tirées soit de sa validité (incapacité du débiteur, du vice de consentement qui concerne un débiteur) soit de ses modalités (terme ou condition). Les autres débiteurs resteront tenus de la dette.

➢ **Exceptions simplement personnelles** : ce sont celles profitent aux autres débiteurs et ont pour effet de modifier le montant de la dette solidaire car la libération d'un débiteur aura pour effet la diminution

---

553 KALONGO MBIKAYI, *op. cit.*, pp. 412.

554 G. LEGIER, *op. cit.*, Ph. MALAURIE, L.AYNES et Ph. STOFFEL-MUNCK, *op. cit.*, n° 1362, p. 722.

du montant de la dette solidaire. Ce sont les hypothèses de la compensation et de la remise de dette. Pour la remise de dette, il faut opérer des distinctions.

- **En cas de remise de dette**, il faut opérer une distinction[555]. Dans la première hypothèse, la remise de dette se fait par la remise du titre : elle profite à tous les codébiteurs solidaires qui sont libérés tous (art. 176 CCLIII). Dans la deuxième hypothèse, la remise de dette se fait sans remise du titre : première sous hypothèse, il y a remise expresse à un débiteur sans réserver les droits contre les autres codébiteurs, il y a présomption qu'il y a remise de dette à tous qui seront libérés (art. 177 CCLIII). Deuxième sous hypothèse, il y a remise de dette expresse à un seul débiteur solidaire en se réservant les droits contre les autres codébiteurs, la dette solidaire demeurera déduction faite de la part du débiteur ayant bénéficié de la remise de solidarité. Les autres débiteurs vont invoquer cette exception dans cette dernière hypothèse pour obtenir la diminution de la dette solidaire.

- **En cas de compensation :** la compensation est à la fois une exception commune et personnelle. Si le débiteur poursuivi l'invoque, elle équivaut à un paiement, et par conséquent libère les autres codébiteurs et constitue à cet effet une exception commune. Mais si le codébiteur ne l'invoque pas, les autres codébiteurs ne peuvent pas s'en prévaloir 1294 al. 3 et de ce fait elle est une exception commune[556].

b. Effets secondaires

Les effets secondaires sont rattachés à une idée de représentation réciproque des débiteurs. C'est ainsi que l'acte fait par ou contre un débiteur produit aussi ses conséquences à l'égard des autres. Ce sont les effets ci-dessous.

La mise en demeure de l'un des débiteurs produits effet à l'égard de tous (art. 103 et 105 CCLIII).

L'interruption de la prescription contre un débiteur vaut à l'égard de tous (art. 104 CCLIII).

555KALONGO MBIKAYI, *op. cit.*, pp. 412 et ss.

556 Ph. MALAURIE, L.AYNES et Ph. STOFFEL-MUNCK, *op. cit.*, n°1363, p. 723.

La demande d'intérêts formées contre l'un des débiteurs fait courir les intérêts à l'égard de tous (art. 105 CCLIII). Les effets du serment : décisoire (art 241 al. 4 CCLIII).

Le jugement rendu contre un débiteur est opposable à tous (solution jurisprudentielle).

Si un débiteur exerce une voie de recours dans le délai prescrit, les autres peuvent s'y joindre même après l'expiration de leur délai.

2. Effets dans les rapports des codébiteurs entre eux : contribution à la dette[557]

a. Recours en contribution du codébiteur qui a payé

1° Division de la dette

Le codébiteur qui a payé (*solvens*) a un recours en contribution contre les autres. La solidarité n'est instituée qu'au profit du créancier, donc elle n'a plus à jouer dans les rapports entre les débiteurs ; l'obligation solidaire se divise de plein droit entre eux et chacun n'est tenu que pour sa part et portion (art. 111 CCLIII).

Sauf disposition légale ou conventionnelle contraire, les parts sont égales on dit, que chaque débiteur solidaire est tenu pour une part virile. Ainsi, celui qui a payé doit diviser son recours et répéter contre les autres codébiteurs pour les parts et portions de chacun d'eux (art. 112 al.1 CCLIII). Exemple : un créancier de 1000FC envers plusieurs débiteurs liés dans un lien d'obligations solidaires B1, B2, B3, B4, B5, chacun étant tenu pour 200FC. Le créancier A peut réclamer à chaque débiteur qu'il choisit la totalité de la dette, soit 1000FC car la dette ne se divise pas de telle sorte que chaque débiteur peut être poursuivi pour la totalité de la dette. Si B1 paie 1000FC à A, tous les codébiteurs sont libérés envers A. mais A va se retourner contre B2, B3, B4, et B5 pour récupérer la part de chacun c'est-à-dire il va réclamer à chacun 200FC ; il demander 200FC à B2, 200FC à B3, 200FC à B4 et 200FC à B5.

2° Cas d'insolvabilité d'un codébiteur

Si un codébiteur est insolvable, selon l'article 112 al. 2 CCLIII, l'insolvabilité d'un codébiteur se répartit par contribution entre tous les

[557] G. G. LEGIER, *op. cit.*, p. 183.

autres codébiteurs solvables et celui qui a fait le paiement. C'est l'intérêt de la solidarité passive : le risque d'insolvabilité est transféré du créancier sur les codébiteurs. [558]

On appliquera pour le calcul la règle des trois simples[559]. Exemple : un créancier A a une créance de 1000 FC envers plusieurs débiteurs liés dans un lien d'obligations solidaires B1, B2, B3, B4, B5 chacun étant tenu pour 200FC. Le créancier A peut réclamer à chaque débiteur qu'il choisit la totalité de la dette, soit 1000FC car la dette ne se divise pas. Si B1 paie 1000FC à A, tous les codébiteurs sont libérés envers A. Mais A va se retourner contre B2, B3, B4 et B5 pour récupérer la part de chacun soit 200FC chacun. Mais il se fait que B3 est insolvable, B1, B2, B3, B4 et B5 vont supporter son insolvabilité en raison de 50 FC chacune de sorte que B1 va supporter son insolvabilité en raison de 50FC chacun de sorte que B1 va récupère chez B2, B4 et B5 200FC + 50FC= 250 FC chacun, B1 lui-même supportant aussi 50FC.

3° Cas de remise de solidarité

En cas de remise de solidarité, le créancier peut renoncer à la solidarité sans renoncer à la dette. Cette remise peut profiter aux autres codébiteurs selon les hypothèses ci-dessous[560].

- En cas de remise expresse de la solidarité : si la remise expresse est générale, elle profite à tous les codébiteurs et la dette redevient conjointe et l'obligation devient divisible, le créancier conserve son action solidaire contre les autres débiteurs mais déduction faite de la part de celui qu'il a déchargé de la solidarité et dont la dette devient divisible. Exemple : un créancier A a une créance de 1000FC envers plusieurs débiteurs liés dans un lien d'obligations solidaires B1, B2, B3, B4, B5, chacun étant tenu pour 200FC. A décharge B2 individuellement de la solidarité. Seuls B1, B2, B3, B4 et B5, chacun étant tenu pour 200FC. A décharge B2 individuellement de la solidarité. Seuls B1, B2, B3, B4 et B5 demeurent dans la solidarité, la dette solidaire sera de 800FC, A ne pourra réclamer à B2 que 200FC.

- En cas de remise tacite de solidarité : le code civil l'assimile à la remise individuelle (art. 109 et 110 CCLIII).

558 A. BENABENT, *op. cit.*, n°793.
559 KALONGO MBIKAYI, *op. cit.*, p. 423.
560 KALONGO MBIKAYI, *op. cit.*, p. 423.

- Il faut signaler l'hypothèse d'insolvabilité en cas de remise solidarité : l'article 113 CCLIII dispose que celui qui a bénéficié de la remise de solidarité supporte aussi l'insolvabilité d'un codébiteur.

b. Fondement du recours

1° Action personnelle

Le premier fondement c'est l'action personnelle, soit de mandat s'il y a eu contrat entre les codébiteurs, soit de gestion d'affaires en payant, l'un des débiteurs a géré spontanément l'affaire des autres codébiteurs.

2° Action subrogatoire

L'action subrogatoire est celle qui appartenait au créancier lui-même, car le débiteur qui a payé bénéficie de la subrogation de plein droit accordée par l'article 149, 4° à celui qui était tenu avec d'autres. Cette action a des inconvénients et des avantages.

D'abord, le débiteur ne peut réclamer que ce qu'il a payé et non les intérêts qui sont exigés dans l'action personnelle : c'est l'inconvénient de l'action subrogatoire.

Ensuite, le débiteur qui exerce le droit du créancier bénéficie des sûretés qui protégeaient la créance originaire : c'est l'avantage de l'action subrogatoire.

Section IV. Obligations indivisibles

La notion (§1), les sources (§2) et le régime juridique des obligations indivisibles seront analysés. Ces obligations présentent une différence avec les obligations solidaires (§4).

§1. Notion

L'obligation est indivisible lorsqu'elle ne peut être exécutée qu'en entier et ne peut être fractionnée entre débiteurs ou entre créanciers. L'indivisibilité est donc un caractère de l'obligation découlant de son l'objet. L'objet ne peut être prestée en partie, c'est tout ou rien. Le recours à cette notion n'a d'utilité qu'en présence de plusieurs créanciers ou de plusieurs débiteurs : chaque créancier peut exiger le tout, chaque débiteur est tenu au tout[561].

§2. Sources

L'indivisibilité est soit naturelle (A) soit conventionnelle (B).

A. Indivisibilité naturelle

En raison de la nature de son objet, l'exécution de l'obligation ne peut pas être fractionnée, par exemple: l'obligation de livrer un animal vivant, l'impossibilité de diviser est matérielle (art. 115 CCLIII) ou l'obligation de ne pas faire (dans ce cas, la raison s'oppose à la division, puisque une abstention ne peut être partielle).

B. Indivisibilité conventionnelle ou artificielle

L'obligation pourrait être divisée (somme d'argent), mais elle est rendue indivisible de par la volonté des parties (art. 116 CCLIII).

§3. Régime (art. 120 à 123 CCLIII)

Le régime juridique diffère selon qu'il s'agit de l'indivisibilité passive ou de l'indivisibilité active quant aux effets principaux (A) et aux effets secondaires (B).

A. Effets principaux

1. Cas d'indivisibilité active

En cas d'indivisibilité active (plusieurs créanciers), chaque créancier peut réclamer l'exécution en totalité, et le débiteur qui a tout payé à ce créancier est libéré. Le créancier qui a reçu le paiement doit remettre à chacun des autres créanciers la part à laquelle il a droit. Sauf disposition contraire, les droits des créanciers sont égaux.

2. Cas d'indivisibilité passive

En cas d'indivisibilité passive (plusieurs débiteurs), chaque débiteur est tenu de payer la totalité. Celui qui a payé le créancier a un recours contre ses codébiteurs. Sauf disposition contraire, les parts des débiteurs dans la dette sont égales.

---

[561] G. LEGIER, *op. cit.*, p. 180.

B. Effets secondaires

Puisque l'objet est indivisible (naturellement ou par la volonté des parties), l'obligation ne se fractionne pas, en cas de décès d'une partie, entre ses différents héritiers. Ainsi, si un débiteur décède, chacun de ses héritiers est aussi tenu à la totalité. Exemple : une dette indivisible de 1000FC pèse sur cinq débiteurs, dont l'un est décédé et laisse quatre héritiers et si le créancier décide d'agir contre les héritiers du défunt, il réclamera à chacun la totalité soit 1000FC à chacun deux.

L'interruption de la prescription produit ses effets à l'égard de tous les créanciers ou de tous les débiteurs.

Le régime de l'obligation indivisible est très proche de celui de l'obligation solidaire mais avec des différences.

§4. Différence avec la solidarité

Les effets secondaires de la solidarité ne s'appliquent pas en principe en cas d'indivisibilité, au motif que, étant liée à la nature de l'objet, l'indivisibilité ne repose pas, à la différence de la solidarité, sur une idée d'intérêts communs entre les débiteurs et de représentation réciproque. Les effets secondaires constituent donc l'avantage de la solidarité, cette différence n'est toutefois pas toujours très marquée. L'interruption de la prescription, par exemple, produit les mêmes effets dans les deux cas.

La dette solidaire se divise entre les héritiers du débiteur, ce que ne fait pas la dette indivisible : c'est avantage de l'indivisibilité. Donc, si un débiteur solidaire décède, chacun de ses héritiers n'est tenu que proportionnellement à sa part successorale et non pas le tout. Exemple : une dette solidaire de 1000FC pèse sur cinq débiteurs, dont l'un décède et laisse quatre héritiers ; si le créancier décide d'agir contre les héritiers du défunt, il devra diviser sa poursuite et réclamer 250FC à chacun deux. D'où l'intérêt pour le créancier de stipuler dans un acte à la fois la solidarité et l'indivisibilité. Exemple : une dette indivisibilité de 1000FC pèse sur cinq débiteurs, dont l'un décède et laisse quatre héritiers ; si le créancier décide d'agir contre les héritiers du défunt, il réclame à chacun la totalité soit 1000FC à chacun d'eux.

Section V. Obligations in solidum

La notion (§1) et les effets (§2) seront analysés[562].

§1. Notion

L'obligation *in solidum* est de création prétorienne[563] pour contourner la règle « *pas de solidarité sans texte* »[564]. Elle concerne des dettes nées de sources différentes mais qui tendent à donner au créancier la même satisfaction[565]. L'article 100 CCLIII relatif aux contrats n'admet la solidarité que lorsqu'elle est expressément stipulée par le contrat ou prévue par la loi. C'est ainsi que dans des domaines non prévus, la jurisprudence condamne les débiteurs *in solidum.*

Des obligations *in solidium* se rencontrent notamment :

- en matière de responsabilité délictuelle telles les obligations pesant sur les coauteurs d'un délit civil (chacun est tenu de réparer la totalité du dommage ou sur l'auteur d'un délit civil et son assureur)[566]. En effet, le code civil, livre III n'a pas prévu la solidarité pour la réparation d'un dommage entre co-auteurs d'un délit ou d'un quasi-délit[567]. C'est ainsi que la solidarité ne peut être prononcée entre les personnes qui, chacune pour sa faute ou sa participation à la même faute, a causé le dommage ;
- en matière d'obligations alimentaires.

Intérêt de l'obligation *in solidium* : éviter la division des poursuites.

§2. Effets

C'est la transposition des effets principaux de la solidarité passive (A) et l'exclusion de ses effets secondaires (B).

---

562 G. LEGIER, *op. cit.,* p. 184.
563 KALONGO MBIKAYI, *op. cit.,* p. 421.
564 A. BENABENT, *op. cit.,* n°794.
565 G. LEGIER, *op. cit.,* pp. 185 et ss.
566 CSJ, TSR, 6 avril 1978, *RJZ*, 1979, p. 38.
567 M. RAE, « Note sur la responsabilité délictuelle plurale sous l'angle de la solidarité », *RJCB,* 1954, p. 2.

A. Transposition des effets principaux de la solidarité passive

Les obligations *in solidum* ont les effets principaux de la solidarité passive car :

- chaque débiteur est tenu à la totalité de la dette *in solidum* de sorte que le paiement fait par l'un met les autres à l'abri des poursuites du créancier ;
- le débiteur qui a payé à un recours en contribution contre les autres codébiteurs, chacun pour sa part dans la dette *in solidum*. Souvent, en matière de responsabilité civile, les juges déterminent déjà la part de chacun en fonction de la gravité respective des fautes en décidant du partage de responsabilités des coauteurs.

B. Exclusion des effets secondaires de la solidarité passive

L'obligation *in solidum* n'a pas les effets secondaires de la solidarité passive car l'idée de représentation réciproque ne s'applique pas.

L'obligation, qu'elle soit complexe ou pas, peut être transmise.

TITRE II. TRANSMISSION DES OBLIGATIONS

Si la cession d'une créance (chapitre 1) est admise sans difficulté (art. 352 et suivants CCLIII), la cession d'une dette (Chapitre 2) n'est pas admise en droit congolais.

CHAPITRE 1
CESSION DE CREANCE

Les obligations peuvent se transmettre de deux manières.

D'une part, la transmission peut s'opérer à titre universel, c'est-à-dire que l'obligation se transmet avec l'ensemble du patrimoine, notamment en cas de décès du créancier ou du débiteur (sauf si l'obligation est caractérisée par l'*intuitus personae*) : dans ce cas, la créance (en cas de décès du créancier) ou la dette (en cas de décès du débiteur) est transmise aux héritiers et se divise entre eux selon leur part successorale (art. 118 CCLIII) sauf si elle est indivisible.

D'autre part, la créance est cédée entre vifs et à titre particulier du vivant de son titulaire et fait l'objet d'une transmission d'un patrimoine à un autre : c'est la cession de créance.

C'est cette cession de créance que nous aborderons dans ce chapitre. Nous en analyserons la notion (section I), les conditions (section II), les effets (section III) ainsi que ses formes simplifiées (section IV).

Section I : Notion

La cession est une convention par laquelle un créancier (le cédant) transmet sa créance à l'encontre de son débiteur (le cédé) à un tiers (le cessionnaire). Il y a substitution du créancier dans le rapport d'obligation. Cette transmission s'opère soit gratuitement (c'est une donation) soit moyennant un prix (c'est la vente)[568]. Le code civil en ses articles 352 et suivants l'envisage comme une vente sous certaines conditions.

Section II : Conditions

Les conditions concernent la validité entre parties (§1) ainsi que l'opposabilité à l'égard des tiers (§2).

§1. Conditions de validité entre parties

La cession de créance est une convention conclue entre le cédant et le cessionnaire, elle est donc soumise aux conditions de validité communes à tous les contrats[569] : consentement, objet, capacité, cause telles que contenues aux articles 8 et suivants CCLIII. La cession peut être à titre

568 MULUMBA KATCHY, *op. cit.*, p. 76.
569 G. LEGIER, *op. cit.*, p. 185.

onéreux pour un prix au cédant souvent inférieur à la valeur nominale de la créance ; elle peut aussi être à titre gratuit, c'est alors une donation en faveur du tiers qui est cessionnaire. En cas de vente, la solvabilité du débiteur n'est pas garantie.

En ce qui concerne l'objet, toute créance peut être cédée : créance de somme d'argent, prestation de service, créance actuelle ou future, pure et simple, à terme, conditionnelle, future, créance non encore exigible. Par contre, la loi interdit la cession de certaines créances dans le but de protéger leurs titulaires : les créances alimentaires et la fraction insaisissable des traitements et salaires.

Le consentement du débiteur, qui n'est pas partie à la cession, n'est pas nécessaire.

En vertu du principe du consensualisme, la cession n'est assujettie à aucune condition de forme pour sa validité : la créance est cédée dès l'accord de volontés entre parties. Le terme « *remise du titre* » de l'article 352 CCLIII n'est qu'un moyen d'exécution et non une condition de validité[570].

§2. Conditions d'opposabilité a l'égard des tiers

L'article 353 CCLIII exige une formalité, non pour la validité de la cession entre les parties, mais pour son opposabilité aux tiers dont il faut préciser la notion (A). Les formalités doivent être précisées (B) avant d'en donner les effets (C).

A. Notion de tiers au sens de l'article 353 CCLIII

Il s'agit du débiteur cédé, d'un autre cessionnaire (dans le cas où le cédant a cédé deux fois la même créance) ou d'un créancier du cédant qui voudrait saisir la créance et qui évidemment ne pourra plus le faire si la cession lui est opposable[571].

B. Formalités

L'article 353 CCLIII envisage deux types d'actes qui ont date certaine à l'égard des tiers. Il s'agit soit de la signification au débiteur soit de l'acceptation dans un acte authentique.

---

570 KALONGO MBIKAYI, *op. cit.*, p. 311.
571 G. LEGIER, *op. cit.*, p. 186.

1. Signification du transfert faite au débiteur

Ainsi, la cession de créance est opposable aux tiers si la signification de la cession est faite au débiteur cédé, c'est-à-dire que le débiteur est informé solennellement de la cession. L'objectif poursuivi est que le nouveau créancier soit informé de l'existence de la créance auprès du débiteur qu'on lui désigne. L'article 353 CCLIII ne précise pas la forme de la signification. Selon la doctrine, elle peut être écrite, authentique ou pas, voire verbale[572].

2. Acceptation du débiteur dans un acte authentique

L'autre formalité que les parties peuvent choisir aux termes de l'article 353 CCLIII est soit l'acceptation de la cession par le débiteur cédé dans un acte authentique. L'acte authentique peut être l'exploit introductif d'instance[573].

C. Effets de la formalité de l'article 353 CCLIII

1. A l'égard du débiteur cédé

Avant la formalité, le débiteur paie sa dette au cédant.

Après la formalité, le débiteur ne doit payer que le nouveau titulaire de la créance qu'est le cessionnaire. S'il paie le cédant, son paiement ne sera pas libératoire et il devra payer aussi le cessionnaire[574].

2. A l'égard des autres tiers

En cas de conflit entre cessionnaires successifs auxquels le cédant aurait transmis la créance, préférence est donnée à celui qui, le premier, a effectué la formalité d'opposabilité.

A l'égard des créanciers du cédant : la formalité les informe de la cession et ils ne peuvent plus saisir la créance, puisqu'elle n'appartient plus au cédant.

---

572 KALONGO MBIKAYI, *op. cit.*, p. 312.

573 Elis, 3 janvier 1961, *RJCB* 1941, p. 144.

574 A. BENABENT, *op. cit.*, n°728.

Section III : effets de la cession de créance

La cession de créance opère la transmission d'un droit (§1) et emporte création des droits (§2). Les créances litigeuses posent un problème particulier (§3).

§1. Transmission de la créance

1° La créance est cédée pour son montant nominal, quel que soit le prix payé par l'acheteur : c'est la différence avec la subrogation.

2° La créance est cédée avec les garanties et accessoires qui l'accompagnent (caution, privilège, hypothèque) : c'est la différence avec la novation par changement de créancier.

3° Il y a l'opposabilité des exceptions : la créance est cédée avec les vices qui l'infectent : le débiteur cédé peut donc opposer son incapacité ou le vice de son consentement au cessionnaire comme il aurait pu l'invoquer contre le cédant : c'est le principe de l'opposabilité des exceptions : c'est la différence avec la délégation.

§2. Création d'obligations

Si la cession est à titre gratuit, elle produit les effets d'une donation. Si elle est à titre onéreux, elle entraine les obligations d'une vente[575].

1° Ainsi, d'abord le cessionnaire doit payer le prix convenu.

2° Ensuite, le cédant doit lui remettre le titre de créance.

3° Enfin, le cédant doit garantie au cessionnaire : il garantit l'existence de la créance (art. 356 CCLIII), mais non la solvabilité du débiteur (art. 357 CCLIII). La garantie légale peut être modifiée par une clause expresse de la convention. La garantie peut être aggravée : exemple, le cédant garantit la solvabilité actuelle du débiteur (c'est-à-dire au jour de l'échéance). Dans cette hypothèse, la garantie n'est toutefois donnée qu'à concurrence du prix de la cession, et non du montant de la créance (art. 357 CCLIII). Il peut aussi garantir la solvabilité futur du débiteur : c'est la « clause de fournir et faire valoir », le cédant agit dans ce cas comme une caution. En sens inverse, elle est parfois atténuée : exemple, le cédant ne garantit pas l'existence de la créance

575 G.LEGIER, *op. cit.*, p. 187.

(sauf si elle s'est éteinte de son fait, exemple parce qu'il a cédé une créance, dont il avait déjà reçu le paiement de la part du débiteur).

Jugé qu'en cas de cession de créance, si le tiers cessionnaire a indument reçu paiement de débiteur cédé, l'obligation principale qui nait du paiement indu étant l'obligation de l'accipiens de restituer ce qu'il a indument reçu, le cédant n'a plus aucune action contre le débiteur cédé[576].

§3. Cession d'une créance litigeuse

Dans le cas particulier de la cession d'une créance litigieuse, c'est-à-dire faisant l'objet d'une contestation en justice (art. 363 CCLIII), le débiteur peut exercer le retrait litigieux, c'est-à-dire se substituer au cessionnaire en lui remboursant le prix réel de la cession (art. 362 CCLIII). Cette faculté de retrait s'explique par la méfiance du législateur à l'égard des acquéreurs de créances litigieuses[577].

Section IV : formes simplifiées de cession de créance

La loi admet des modes simplifiées de cession de créance, caractérisés par la dispense des formalités de l'article 352 CCLIII. Il s'agit des créances en matière commerciale (§1) et des créances hypothécaires (§2).

§1. En droit commercial : titres négociables

Il y a des titres négociables qui répondent à des règles particulières de transmission de créance[578]. Trois types de titres négociables sont à distinguer.

A. Pour les titres nominatifs

Le droit de créance est constaté par une inscription sur un registre tenu par le débiteur. Par exemple, une société, lorsque le titre est une action, la cession s'opère par une inscription sur le registre.

---

576 TGI. Kin/Gombe, 26 septembre 1995, *RAJZ* 1996, p. 71.

577 G. LEGIER, *op. cit.*, p. 187.

578 Lire à ce sujet : LUKOMBE NGHENDA, *Droit congolais des sociétés Tome III : Règles sur les généralités, émission, cession et transmission des titres,* Kinshasa, Presse Universitaires du Congo, 1999, KALONGO MBIKAYI, *op. cit.*, p. 319.

B. Pour les titres au porteur

La créance est incorporée dans le titre et se transmet donc par la simple remise matérielle du titre de la main à la main (ou tradition).

C. Pour les titres a ordre

Les titres à ordre sont des écrits contenant la clause invitant le débiteur à payer « à l'ordre de x », ou telle autre personne désignée par « x » (lettre de change, chèque, billet à ordre). La cession s'effectue par une signature au dos du titre, apposée par le cédant. D'où le nom « d'endossement ».

§2. Cession des créances hypothécaires

La cession des créances hypothécaires, quant à son opposabilité aux tiers, est régie à l'article 282 de la loi du 20 juillet 1973 sur le régime général des biens, régime foncier et immobilier et régime des sûretés.

Il faut un acte authentique ou un jugement passé en force de chose jugée et une inscription sur le certificat inscrit au livre d'enregistrement. Le débiteur cédé ne se voit opposé que du jour où il reçoit signification d'un certificat du conservateur des titres immobiliers constatant le transfert ou la dation en gage. Mais la cession de dette n'est pas admise.

CHAPITRE 2
CESSION DE DETTE

Section I. Notion

La cession de dette est en théorie l'opération symétrique par rapport à la cession de créance : le débiteur céderait sa dette à un cessionnaire, sans le consentement du créancier cédé. En conséquence, le cédant serait libéré et le cessionnaire deviendrait le débiteur[579].

Section II. Non admission de la cession de dette : incessibilité de la dette

Le droit congolais ignore la cession de dette entre vifs calqué sur le modèle de la cession de créance.

Néanmoins, la cession de dette à titre universel est admise à cause de mort car la dette passe à l'héritier car il continue la personne du de cujus[580].

Mais du vivant de toute personne, son obligation peut s'éteindre.

---

579 G.LEGIER, *op. cit.*, p. 188.
580 KALONGO MBIKAYI, *op. cit.*, p. 321.

TITRE III. EXTINCTION DES OBLIGATIONS

L'article 132 CCLIII énumère les causes d'extinction de l'obligation : le paiement, la novation, la remise volontaire, la compensation, la confusion, la perte de la nullité ou rescision, les effets de la condition résolutoire et la prescription extinctive.

Certaines causes ont déjà été analysées comme la nullité, la perte de la chose et la condition résolutoire. Les autres causes peuvent être regroupées comme suit : le paiement (Chapitre 1), les modes volontaires d'extinction (Chapitre 2) et les modes égaux d'extinction (Chapitre 3).

CHAPITRE 1 PAIEMENT

Dans le langage courant, le paiement s'entend du versement d'une somme d'argent. Mais sur le plan juridique, le paiement est l'exécution de la prestation due par le débiteur quelle qu'en soit l'objet telle la remise d'une somme d'argent, la remise d'une chose quelconque ou l'exécution d'une prestation[581].

Le paiement a un double effet libératoire et extinctif. Effet libératoire car il libère le débiteur de sa dette et effet extinctif car la dette est éteinte[582].

Selon l'article 133 CCLIII, tout paiement suppose une dette. Le paiement peut être pur et simple (section I) ou avec subrogation (section II) par compensation (section III).

Section I. Paiement pur et simple

Le paiement suppose les parties qui y prennent part (§1), l'objet de ce paiement (§2) ainsi que la date et le lieu du paiement (§3). Certaines situations peuvent survenir et compliquer le paiement : c'est le cas d'une part des imputations des paiements lorsque le débiteur a plusieurs dettes de même nature envers un créancier (§4) et, d'autre part, du refus du créancier de recevoir paiement entrainant ainsi les offres réelles (§5). Celui qui prétend avoir payé doit en apporter la preuve (§6).

§1. Parties au paiement

Les parties au paiement sont la personne qui paie (A) ainsi que celle qui reçoit paiement (B).

A. Qui peut payer

1. Du solvens

La personne qui paie s'appelle le *solvens.*

581 KALONGO MBIKAYI, *op. cit.*, p. 327 ; G. G. LEGIER, *op. cit.*, p. 190.
582 A. BENABENT, *op. cit.*, n°793. A. BENABENT, *op. cit.*, n°782.

Le *solvens* est en principe le débiteur lui-même ou son mandataire.

Il peut s'agir aussi de toute personne intéressée au paiement (art. 134 al. 1 CCLIII), telle qu'une caution ou un codébiteur solitaire. C'est aussi un tiers quelconque (art. 134 al. 2 CCLIII) qui rend service au débiteur, par exemple un gérant d'affaires ou celui qui fait une donation.

Néanmoins, le créancier peut refuser le paiement dans le cas d'une obligation de faire qui aurait un caractère personnel ou d'une obligation intuitu personae (exécution d'une œuvre d'art par tel artiste).

2. Conditions requises chez le *solvens*

Le *solvens* doit être, selon l'article 136, al. 1er CCLIII, propriétaire de la chose donnée en paiement et être capable d'aliéner. En l'absence de ces deux conditions, le paiement est nul et le remboursement s'impose.

Si le *solvens* n'est pas propriétaire de la chose donnée en paiement, la nullité peut être invoquée par le créancier ou par le *solvens*. Par contre, si le *solvens* est incapable, la nullité ne peut être soulevée que par lui.

Exceptionnellement, le paiement d'une somme d'argent ou d'une autre chose qui se consomme par l'usage ne donne pas lieu à remboursement lorsque le créancier l'a consommée de bonne foi (art. 136, al. 2 CCLIII).

B. A qui payer ?

1. De l'accipiens

La personne qui reçoit le paiement est l'*accipiens*.

L'accipiens est le créancier (art. 137 al. 1 CCLIII) ou à celui qui a pouvoir de recevoir en son nom (père, époux, mandataire).

Lorsque l'*accipiens* n'avait pas droit au paiement, le paiement est nul. En conséquence, l'*accipiens* est tenu de le restituer (action en répétition de l'indu) et le débiteur n'est pas libéré.

Le paiement fait à un tiers qui n'avait pas pouvoir de le recevoir est néanmoins libératoire d'abord si le paiement est ratifié par le créancier (art. 137, al 2 CCLIII), ensuite si le créancier a profité du paiement (art. 137 al. 2 CCLIII), enfin si le paiement a été fait de bonne foi et par suite d'une erreur légitime à un tiers « *en possession de la créance* » (art. 138 CCLIII).

2. Conditions requises chez l'accipiens

L'accipiens doit être capable. A défaut de capacité du créancier, le payement n'est pas valable, sauf si le débiteur prouve que la chose payée a tourné au profit du créancier (art. 139 CCLIII). La nullité découlant de l'incapacité est relative et ne peut être invoquée que par l'incapable[583].

§2. Objet du paiement

Deux règles s'imposent: il faut payer la chose due(A) et il faut payer la totalité de la dette (B). D'autres règles sont propres au paiement d'une somme d'argent (C).

A. Chose, objet de la dette

Le créancier ne peut être contraint de recevoir une autre prestation (art. 141 CCLIII). S'il s'agit d'un corps certain, le « *débiteur est libéré par la remise de la chose en l'état où elle se trouve lors de la livraison* » (art. 143 CCLIII). Lorsque la chose a été détériorée dans l'intervalle séparant l'engagement et la livraison, le débiteur n'est libéré que si les détériorations ne proviennent pas de son fait (ou de celui des personnes dont il est responsable).

S'il s'agit d'une chose de genre, autre que de l'argent, « *le débiteur ne sera pas tenu de la donner de la meilleure espèce, mais il ne pourra l'offrir de la plus mauvaise* » (art. 144 CCLIII) : il donnera la qualité moyenne.

Il y a dation en paiement lorsque le créancier accepte en paiement autre chose que ce qui était dû. Exemple : le débiteur, au lieu de payer la somme due, fournit une marchandise ou une prestation que le créancier a acceptée ou bien il devait une marchandise, il fournit une somme d'argent[584].

B. Totalité de la dette

En principe, le débiteur doit payer la totalité de la dette. Le créancier peut refuser un paiement partiel (art. 142, al. 1 CCLIII). Il y a des exceptions à ce principe.

---

583 G. LEGIER, *op. cit.*, p. 191.
584 G.LEGIER, *op. cit.*, p. 191.

D'abord, le juge peut accorder, un délai de grâce en autorisant des versements fractionnées (art. 142 al. 2 CCLIII).

Ensuite, en cas de compensation de dettes inégales, la dette primitive peut être éteinte jusqu'à une certaine concurrence, laissant subsister un surplus.

En troisième lieu, en cas de cautionnement non solidaire, la caution peut réclamer le bénéfice de division (Acte uniforme portant organisation des suretés OHADA). Enfin, en cas de décès du débiteur, il y a division de la dette entre les héritiers (art.118 CCLIII).

C. Paiement d'une somme d'argent

1. Principe

Les parties choisissent la monnaie de paiement, mais en respectant la réglementation de change en vigueur.

2. Nominalisme monétaire

Le nominalisme monétaire est la constance juridique de la monnaie dans le temps, malgré l'instabilité de fait de sa valeur réelle ce qui signifie un franc est juridiquement égal à un franc[585].

Le code civil, livre III en matière d'obligations de sommes édicte le principe du nominalisme monétaire. En principe, le débiteur n'est tenu de payer que la somme convenue entre parties. Ainsi, à propos du prêt d'argent, l'article 468 CCLIII énonce que « *l'obligation qui résulte d'un prêt en argent n'est toujours que la somme numérique énoncée au contrat* ». Cette solution est étendue à toutes les obligations de somme d'argent.

Mais le nominalisme n'a pas un caractère impératif. Pour éviter les effets de la dépréciation monétaire, les parties ont souvent recours dans les contrats qui s'échelonnent dans le temps, à diverses clauses d'indexation (par exemple indexation à une monnaie forte ou au prix d'une marchandise). L'indexation est un procédé qui permet de corriger les effets produits par la dépréciation monétaire et l'écoulement du temps[586].

---

585 A. BENABENT, *op. cit.,* p. 118, n°151; Ph. MALAURIE, L.AYNES et Ph. STOFFEL-MUNCK, *op. cit.,* n° 1097, p. 608.

586 Ph. MALAURIE, L.AYNES et Ph. STOFFEL-MUNCK, *op. cit.,* n°1100, p. 610.

§3. Date et lieu du paiement

Le paiement se fait à une date (A) et au lieu (B) prévus. Mais ce paiement nécessite aussi des frais (C).

A. Date

Si la créance est pure et simple, le paiement est immédiatement exigible. Si elle est à terme, il doit s'effectuer au jour convenu[587].

Le juge peut aussi accorder des délais de grâce (art. 142, al. 2 CCLIII).

B. Lieu

Le paiement doit être fait au lieu convenu (art. 145, al. 1 CCLIII).

A défaut de convention, il faut distinguer deux hypothèses. S'il s'agit d'une dette de corps certain, le paiement se fait au lieu où se trouvait la chose au moment de la conclusion du contrat (art. 145 al. 1 CCLIII), s'il s'agit d'une dette de somme d'argent, le paiement se fait au domicile du débiteur (art. 145, al. 2 CCLIII) : c'est le principe selon lequel les dettes sont « *quérables* » et non « *portables* ».

C. Frais

Les frais de paiement sont à charge du débiteur (art. 146 CCLIII).

§4. Imputation des paiements

Un problème d'imputation des paiements se pose lorsque le débiteur, qui est tenu de plusieurs dettes de même nature (exemple de l'argent) envers le même créancier, effectue un paiement incomplet : à quelle dette faut-il imputer ce paiement [588]?

L'imputation suit certaines règles édictées par le code civil, livre III.

- Il faut d'abord se référer à l'accord des parties.

- A défaut d'accord des parties, le débiteur choisit d'abord (art. 151 CCLIII), mais dans certaines limites par exemple, s'il verse une somme d'un montant inférieur à l'une des dettes, il ne peut imputer son

587 G .LEGIER, *op. cit.*, p. 193.
588 KALONGO MBIKAYI, *op. cit.*, p. 332.

paiement sur celle-ci, car ce serait imposer au créancier un paiement partiel.

- A défaut de choix par le débiteur, le créancier décide de l'imputation (art. 153 CCLIII) ;
- A défaut de choix par l'un ou l'autre, l'imputation est réglée par la loi (art. 154 CCLIII) dans l'ordre ci-après :

  - on acquitte d'abord la dette échue avant la dette non échue ;
  - Si toutes les dettes sont pareillement échues, l'imputation se fait sur la dette que le débiteur avait le plus d'intérêt d'acquitter c'est-à-dire celle qui est la plus onéreuse (notamment celle qui tient compte du taux d'intérêt, des pénalités) ;
  - En cas de dettes pareillement échues et onéreuses, l'imputation se fait sur la dette la plus ancienne ;
- Si toutes les dettes sont égales, l'imputation se fait proportionnellement (art. 154, al. 1 et 2) ;
- Cas de l'article 152 CCLIII : en cas de paiement non intégral d'une dette qui porte sur le capital et les intérêts, l'imputation se fait d'abord sur les intérêts en cas de plusieurs dettes de même nature (exemple de l'argent).

§5. Offres réelles et consignation

Il s'agit du cas dans lesquels le créancier refuse le paiement au débiteur qui veut se libérer, en raison par exemple d'une contestation sur la somme due. Le débiteur doit alors recourir à la procédure des offres réelles (A) et de la consignation (B). Un jugement intervient pour déclarer ces offres bonnes et valables (C)[589].

A. Offres réelles

Le débiteur fait par l'intermédiaire d'un huissier désigné par le juge, des offres réelles au créancier, c'est-à-dire avec présentation effective de la chose due au lieu convenu pour paiement à la personne du créancier (art. 155 et 156 CCLIII). Si le créancier accepte, l'huissier paie au créancier.

---

589 KALONGO MBIKAYI, *op. cit.*, p. 334 ; G. LEGIER, *op. cit.*, pp. 193-194.

B. Consignation

Si le créancier refuse les offres, le débiteur se dessaisit de la somme ou de la chose offerte et la consigne au greffe du tribunal de grande instance ou d'appel (art. 155 et art. 157 CCLIII).

A partir de cette consignation, d'abord le débiteur est à l'abri des poursuites, ensuite les intérêts ne courent plus, enfin, s'il s'agit d'un objet de corps certain, les risques de force majeure pèsent sur le créancier.

Si le créancier accepte la consignation, le débiteur est libéré.

C. Jugement déclarant les offres et la consignation bonnes et valables

Si le créancier persiste dans son refus, le débiteur doit faire rendre un jugement qui déclare les offres et la consignation bonnes et valables : ce jugement le libère de sa dette.

§6. Preuve et effet

La charge de la preuve incombe au débiteur (art. 197 al. 2 CCLIII).

Mais la loi prévoit aussi des présomptions de paiement exemple : lorsque le créancier a remis au débiteur le titre de créance (art. 174 CCLIII). En principe, un écrit est exigé dans les conditions de l'article 207 CCLIII.

Quant aux effets, le paiement éteint l'obligation et ses accessoires comme une hypothèque, un gage et libère donc le débiteur.

Section II. Paiement avec subrogation

La subrogation est une opération qui substitue un des éléments du rapport juridique sans modifier le rapport lui-même. La subrogation est réelle lorsqu'un bien prend la place d'un autre dans le rapport juridique. Elle est personnelle lorsqu'une personne, sujet actif du droit remplace une autre dans le rapport de droit[590].

Le paiement avec subrogation, qui est une modalité de paiement selon les articles 147 à 150 articles 147 à 150 CCLIII, concerne la subrogation

---

590 KALONGO MBIKAYI, *op. cit.*, p. 336.

personnelle. Il y a lieu d'en donner la notion (§1), les sources (§2) et les effets (§3).

§1. Notion

La subrogation personnelle est une hypothèse où une personne, appelée le *solvens* ou subrogé, paie volontairement la dette d'un débiteur, ce qui lui permet (*solvens*) d'exercer à son profit les droits du créancier en disposant d'un recours contre ce débiteur : on dit qu'il est subrogé dans les droits du créancier, appelé subrogeant[591].

§2. Sources

La subrogation peut être conventionnelle (A) ou légale (B).

A. Subrogation conventionnelle

La subrogation conventionnelle résulte d'un accord conclu entre, d'une part, le *solvens* et, d'autre part, soit le débiteur, soit le créancier.

1. Subrogation consentie par le créancier (art. 148 1)

a. Notion

Cette subrogation est aussi appelée « *ex parte creditoris* ». C'est l'hypothèse de l'article 148 1° CCLIII où « *le créancier recevant son payement d'une tierce personne, la subroge dans ses droits, actions, privilèges ou hypothèques contre le débiteur…* ». C'est ainsi que le créancier qui veut être payé immédiatement s'adresse à un tiers qui accepte de lui verser le montant de la créance à la condition d'être subrogé dans le droit du créancier contre le débiteur. L'application la plus courante est celle de l'affacturage : un commerçant remet ses créances à une société d'affacturage (le *factor*), qui en effectue immédiatement paiement moyennant rémunération. Le factor est alors subrogé dans les droits du commerçant créancier et agit contre le débiteur en remboursement de ce qu'il a payé au créancier[592].

b. Conditions de validité

- Des formes particulières ne sont pas exigées.

---

591 G LEGIER, *op. cit.*, p. 195.
592 A. BENABENT, *op. cit.*

- Néanmoins, il faut d'abord un accord exprès de volonté : il faut que l'accord des parties soit exprès (art. 148 1° CCLIII). Cet accord concerne le créancier et le *solvens.* Le débiteur n'y est pas partie. Contrairement à la cession de créance, il n'y a pas de mesures particulières d'information du débiteur.

- Ensuite, un accord contemporain au paiement : il faut que la subrogation soit consentie en même temps que le paiement. L'article 148 1° précise « *en même temps que le payement* ». Si l'accord est fait plus tôt, il ne s'agirait que d'une simple promesse, puisque, tant que le créancier n'a pas été payé, un tiers ne peut pas être subrogé dans ses droits. Si l'accord se fait plus tard, la créance serait déjà éteinte. La date de l'accord est importante car elle détermine la subrogation. C'est pourquoi la quittance de subrogation doit avoir date certaine.

- Enfin, un paiement fait à par un tiers : « *lorsque le créancier recevant payement d'une tierce personne* » (art. 148 1°). Un tiers paie et libère la personne sur laquelle pèse la charge définitive de la dette.

2. Subrogation consentie par le débiteur (art. 148, 2)

a. Notion

Elle est appelée « subrogation *ex parte debitoris* ». Le débiteur qui veut payer sa dette emprunte des fonds à un tiers et le subroge (c'est-à-dire le remplace) dans les droits du créancier qu'il va désintéresser. Il n'y a pas d'accord du créancier qui est évincé mais néanmoins, il est payé. L'article 148 2° CCLIII encadre cette subrogation de certaines conditions.

b. Conditions de validité

- Condition de fond : il faut un accord exprès de volonté entre le débiteur et le *solvens*, auquel n'est pas partie le créancier.

- Condition de forme : d'une part, l'acte d'emprunt souscrit pour rembourser la première dette et la quittance délivrée par le créancier désintéressé doivent être conclus par acte authentique. D'autre part, l'acte d'emprunt doit indiquer que les deniers empruntés sont utilisés pour payer l'ancienne dette. Enfin, la quittance doit constater que le paiement a été fait avec les deniers empruntés.

B. Subrogation légale

De nombreux cas sont prévus par le code civil (art. 149 CCLIII) et des textes spéciaux où la subrogation a lieu de plein droit. Ces cas ci-après sont énumérés à l'article 149 CCLIII :

1. Le créancier qui paie un créancier de rang préférable est subrogé dans ses droits et prend donc son rang (art. 149 1° CCLIII).

2. L'acquéreur d'un immeuble qui emploie le prix pour payer les créanciers titulaires d'une hypothèque sur l'immeuble (art. 149 2° CCLIII) leur est subrogé.

3. Celui qui, tenu avec d'autres (situation de débiteurs solidaires) ou pour d'autres (cas de la caution), a payé la dette, est subrogé dans les droits du créancier (art. 149 3° CCLIII).

4. La sécurité sociale ou l'assureur qui a payé une indemnité à son assuré, victime d'un accident, est subrogé dans les droits de son assuré contre le responsable[593].

§3. Effets

La subrogation personnelle a un effet de paiement (A) et un effet translatif de la créance (B)[594].

A. Effet extinctif : le paiement

La subrogation est une modalité de paiement car le créancier est payé par le tiers, le *solvens*.

Ainsi, la créance est éteinte à l'égard du créancier subrogeant à cause de ce paiement.

B. Effet translatif : transmission de la créance et ses accessoires

La subrogation personnelle produit un effet translatif de la créance avec recours subrogatoire du *solvens* contre le débiteur. Mais, il y a des limites à cet effet[595].

---

593 Loi n°15/005 du 17 mars 2015 portant code des assurances, *J.O.*, n° spécial du 30 avril 2015 ; décret-loi organique de la sécurité sociale.

594 G. G. LEGIER, *op. cit.*, *op. cit.*, p. 196.

595 KALONGO MBIKAYI, *op. cit.*, pp. 348 et ss.

1. Principe de l'effet translatif

La créance avec ses accessoires (hypothèque, gage) est transmise à celui qui a payé. Ce dernier est subrogé au créancier.

Il exerce tous les droits et actions attachés à la créance (action en nullité, garantie). Le débiteur peut aussi opposer au créancier tous les moyens de défense qu'il aurait pu opposer au créancier subrogeant (compensation, prescription, remise de dette).

Néanmoins, si la dette est éteinte à l'égard du créancier subrogeant et originaire, il est à noter que le débiteur n'est pas libéré : le *solvens* à qui est transmise la créance lui intentera une action pour obtenir le paiement de la créance qui lui a été transmise : c'est le recours subrogatoire.

2. Limites à l'effet translatif

Les limites de l'effet translatif révèlent la différence entre la subrogation et la cession de créance. Ces limites concernent l'absence de garanties de la part du créancier subrogeant, la transmission des actions, le moment de la transmission, la transmission à la mesure du montant payé, le cas de division du recours dans la dette solidaire et la transmission limitée par les droits du créancier en cas de subrogation partielle.

a. Absence de garantie du créancier subrogeant

Le créancier qui a reçu paiement n'est pas tenu à garantie. Alors que le cédant a une action en garantie, car la cession de créance est une vente.

Si la créance n'existe pas, le subrogé a certes un recours contre celui qu'il a payé, mais ce recours est fondé sur la répétition de l'indu et n'est pas une action en garantie.

b. Transmission des actions

Le subrogé, ayant fait un paiement, conserve son action propre contre le débiteur (action fondée sur le mandat ou la gestion d'affaires selon les cas).

Le cessionnaire dans la cession de créance, au contraire, n'a pas d'action personnelle : il n'a que l'action du cédant.

c. Moment de la transmission

C'est le paiement qui fixe le moment où la subrogation se produit.

Tandis que pour la cession de créance, il faut distinguer selon qu'il s'agit des rapports entre parties, c'est le moment de l'accord de volontés entre le cédant et le cessionnaire ou selon qu'il s'agit de l'opposabilité à l'égard du débiteur cédé, c'est soit la signification ou l'acceptation dans un acte authentique (art. 353 CCLIII).

d. Transmission à la mesure du montant payé

Le subrogé (*solvens*) ne peut réclamer au débiteur une somme supérieure à celle qu'il a versée au créancier.

Dans la cession de créance, le cessionnaire a le droit d'exiger la totalité de la créance, quel que soit le prix qu'il a payé pour l'acquérir.

La justification à cette différence est le fait que la cession de créance est une opération de spéculation alors que la subrogation n'est qu'une garantie donnée au solvens pour le remboursement de ses avances[596].

e. Du recours dans la dette solidaire

Il est évident que le codébiteur tenu avec d'autres et qui a payé la totalité de la dette bénéficie de la subrogation légale selon l'article 149, 3°, il est subrogé dans les droits du créancier. Cependant, il ne profite pas intégralement des droits du créancier, puisqu'il divise son recours entre les autres codébiteurs.

Tandis que, le cessionnaire d'une créance à l'encontre de plusieurs débiteurs dispose de tous les droits dont le cédant était titulaire.

f. Transmission limitée par les droits du créancier en cas de subrogation partielle

Il peut arriver que la subrogation soit partielle. C'est l'hypothèse où le créancier subrogeant reçoit un paiement partiel. Dans ce cas, le créancier subrogeant conserve tous ses droits sur le restant de la créance qui n'a pas fait l'objet de la subrogation. Lors du paiement, il sera payé par préférence au subrogé (art. 150 CCLIII). C'est l'application de l'adage « *nemo contra se subrogasse censentur* » qui signifie nul n'est censé avoir

596 Ph. MALAURIE, L.AYNES et Ph. STOFFEL-MUNCK, *op. cit.*, n°1404, p. 753.

subrogé à son détriment ou encore la subrogation étant un paiement, elle ne peut nuire au créancier.

La situation est différente en cas de cession partielle de créance. Certes, le cédant reste titulaire de la partie de la créance non cédée. Cependant, lors du paiement, le cessionnaire est placé au même rang que le cédant et ils seront payés par contribution. Il n'y a pas de préférence comme dans la subrogation.

Ainsi par exemple, si une créance de 1000 FC est payée à 600 Fc par un tiers *solvens*, il sera subrogé pour ce montant, le créancier réclamera 400 Fc au débiteur. Si à l'échéance, le patrimoine du débiteur est insuffisant et qu'il ne dispose que de 700 FC, le créancier subrogeant sera payé par préférence soit 400 FC, le solvens ne recevra que 300 FC. Tandis qu'en cas de cession partielle de créance, pour le même exemple, le cessionnaire et le cédant seront payés par contribution : créancier cédant : 400 x 700 / 1000 = 280 FC ; le cessionnaire : 600 x 700 / 1000 = 420 FC. La règle de l'article 150 CCLIII n'est pas d'ordre public et peut être écartée par les parties.

Section III. Paiement par compensation

La compensation est un mode d'extinction des obligations réglementé aux articles 181 à 191 CCLIII. Après la notion (§1), l'on notera que la compensation peut être légale (§2), conventionnelle (§3) ou judiciaire (§4).

§1. Notion

La compensation est l'extinction de deux obligations de la même espèce en particulier de deux obligations ayant pour objet de l'argent ou des choses fongibles, lorsque deux personnes deviennent respectivement créancières et débitrices l'une de l'autre (art. 181 CCLIII)[597]. Exemple : A doit 1000FC à B, et par ailleurs B, doit aussi 1000FC à A.

L'extinction est totale si les deux obligations sont du même montant, sinon elle est partielle et se produit à concurrence de la plus faible. C'est une technique de simplification de paiement et de garantie pour le créancier qui a la certitude d'obtenir un paiement et d'éviter le concours des autres créanciers.

597 KALONGO MBIKAYI, *op. cit.*, p. 351.

Elle aboutit à une sorte de double paiement abrégé [598]qu'il s'agisse de la compensation légale, de la compensation conventionnelle et de la compensation judiciaire.

§2. Compensation légale

Le code civil, livre III organise la compensation légale en donnant les conditions (B) et les cas où elle est écartée (C). Mais sa notion doit être précisée (A).

A. Notion

La compensation légale est celle qui s'opère de plein droit en dehors de la volonté des parties et des fois à leur insu. Selon l'article 182 CCLIII, la compensation « s'opère de plein droit par la force de la loi, même à l'insu du débiteur ». Elle s'opère de plein droit si certaines conditions sont réunies.

B. Conditions

Les quatre conditions cumulatives énumérées aux articles 181 et 183 sont :

- Deux dettes réciproques : les deux personnes doivent être à la fois débitrices et créancières l'une envers l'autre (art. 181 CCLIII) ;
- Deux dettes fongibles : c'est-à-dire porter sur de l'argent ou des choses de même espèce (art. 183 CCLIII) ;
- Deux dettes liquides : c'est-à-dire certaines et d'un montant déterminé ;
- Deux dettes exigibles : c'est-à-dire échues. La compensation légale ne peut pas s'opérer si une dette est à terme. Néanmoins, elle est possible lorsqu'un délai de grâce a été accordé par le juge, car il s'agit simplement d'un report d'échéance pour permettre au débiteur en difficulté de payer plus tard. Par conséquent, s'il est en même temps titulaire d'une créance contre son créancier, rien n'empêche un paiement immédiat par compensation (art. 184 CCLIII).

C. Cas où la compensation légale est écartée

La compensation ne peut pas se réaliser dans certaines circonstances notamment :

---

[598] G. LEGIER, *op. cit.*, p. 197.

- En cas de demande en restitution d'un objet dont le créancier propriétaire a été dépouillé (art. 185 1° CCLIII) ;
- En cas de demande en restitution d'un dépôt ou du prêt à usage ;
- En cas d'une dette qui a pour cause des aliments déclarés insaisissables ;
- Si l'une des créances est insaisissable, exemple, une créance alimentaire ;
- Si les parties y ont renoncé expressément ou tacitement.

D. Effets de la compensation légale

Les effets sont précisés à l'article 182 CCLIII.

- C'est d'abord l'extinction des dettes réciproques au même instant avec leurs accessoires ;
- Ensuite, les dettes de même valeur s'éteignent totalement ; exemple : deux dettes de 1000FC s'éteignent totalement. Tandis que les dettes inégales s'éteignent jusqu'à concurrence de la plus faible, la plus forte survit pour le surplus ; exemple : deux dettes de 1000FC et 1500 FC, la première s'éteint totalement, la seconde survit à concurrence de 500FC avec ses accessoires ;
- Enfin, l'extinction est de plein droit. C'est un automatisme qui doit être nuancé car la compensation doit être invoquée par l'une des parties et les parties peuvent y renoncer.

§3. Compensation conventionnelle

La compensation légale n'est pas d'ordre public, les parties peuvent déroger. C'est un contrat par lequel deux personnes respectivement créancières et débitrices l'une de l'autre sont d'accord pour une compensation qui ne peut pas se faire de plein droit. C'est le cas par exemple des dettes de nature différence ou non exigibles[599].

La condition de réciprocité est exigée mais les autres conditions peuvent être supplées par les parties. La compensation conventionnelle produit ses effets au jour de l'accord des parties et non au jour de la naissance des dettes comme dans la compensation légale.

§4. Compensation judiciaire

Elle n'est pas expressément prévue par le code civil, livre III, le juge peut la prononcer lorsque certaines conditions de la compensation légale

[599] G. LEGIER, *op. cit.*

ne sont pas réunies (cas de la dette non liquide). Mais il doit respecter la condition de réciprocité et de fongibilité.

Elle est opérée par le juge saisi de deux demandes fondées sur les créances réciproques dont l'une n'est pas liquide ou n'est pas exigible. Le juge, suite à une demande d'une des parties au procès, peut décider souverainement s'il convient de liquider cette créance et de procéder à la compensation[600].

La compensation judiciaire rétroagit au jour de la demande[601].

Outre le paiement soit pur et simple, soit avec subrogation soit par compensation, les parties peuvent convenir des modes volontaires d'extinction des obligations.

600 G. LEGIER, *op. cit*, p. 197.
601 KALONGO MBIKAYI, *op. cit*, p. 357.

CHAPITRE 2
MODES VOLONTAIRES D'EXTINCTION DES OBLIGATIONS

L'obligation peut s'éteindre par des modes qui tiennent à la volonté des parties soit par la remise d'une dette (section I), soit par la novation et incidemment la délégation (section II).

Section I. Remise de dette

La notion (§1), les conditions (§2), la preuve (§3) et les effets de la remise de dette (§4) sont précisés aux articles 174 à 180 CCLIII.

§1.Notion

La remise de dette est l'acte par lequel le créancier renonce à sa créance et libère de débiteur qui accepte de son obligation pour le tout ou en partie avec tous ses accessoires. Il y a abandon complet ou total de la créance[602]. Ce n'est pas un acte unilatéral, mais une convention. Elle relève des fois de l'adage « un tiens vaut mieux que deux tu l'auras » lorsque l'on veut remettre une partie de la dette à un débiteur aux abois : le créancier perd une partie de sa dette afin d'être certain d'être payé du reste[603].

§2. Condition

Ce sont les conditions de fond (A) et de forme (B).

A. Conditions de fond

La remise de dette est une convention entre le créancier et le débiteur : ce n'est donc pas un acte unilatéral. Elle est donc soumise aux conditions de validité exigées pour tout contrant (art. 8 CCLIII)[604].

Elle peut être consentie tantôt à titre gratuit. Dans ce cas, il faut l'intention libérale du créancier : les conditions de fond mais non de forme des donations lui sont alors applicables. Elle peut aussi être consentie à titre onéreux. C'est le cas par exemple, d'une transaction

602 G. LEGIER, *op. cit.*, p. 201.
603 MALAURIE (P), AYNES (L) et STOFFEL-MUNCK (PH), *op. cit.*, p. 656, n° 1171.
604 KALONGO MBIKAYI, *op. cit.*, p. 360.

dans laquelle le créancier abandonne tout ou partie d'une créance, en échange d'une concession de la part de son adversaire[605].

B. Conditions de forme

Aucune condition de forme n'est requise.

§3. Preuve

La preuve est soumise aux règles de droit commun (A). Cependant, le code civil instaure une présomption de libération du débiteur (B).

A. Droit commun

La remise de dette peut être expresse ou tacite et les règles de preuve des actes juridiques lui sont applicable (art. 197 CCLIII et suivants). La preuve doit être écrite si la créance est de 2000 FC et plus (art. 217 CCLIII).

B. Présomption légale

1. Principe

Toutefois, les articles 174 et 175 du CCLIII instaurent une présomption légale : lorsque le créancier remet volontairement son titre de créance au débiteur, celui-ci est présumé libéré, soit par l'effet d'un paiement, soit par une remise de dette. Parfois il est nécessaire de savoir si la libération découle d'un paiement ou d'une remise de dette (car, dans ce dernier cas seulement, l'opération peut être à titre gratuit). Il appartient alors à celui qui invoque l'une ou l'autre de ces éléments de les démontrer[606].

2. Force de la présomption

Elle varie selon que l'acte est authentique ou sous seing privé.

En cas d'acte sous seing privé, le créancier qui le remet au débiteur perd le seul moyen qu'il avait de prouver son droit. On en déduit que son intention de libérer le débiteur est certaine et que la présomption de libération est irréfragable ou absolue.

---

605 G. LEGIER, *op. cit.*, p. 201.
606 G. LEGIER, *op. cit.*, p. 201.

En cas d'acte authentique, le créancier n'a pas perdu tout mode de preuve, puisqu'il peut se faire délivrer une autre copie. On déduit que la présomption de libération est simple et peut être renversée par tout moyen[607].

§4. Effets

Les effets concernent l'extinction de la créance et ses accessoires (A). Les cas particuliers de remise de la dette plurale (B), de cautionnement (C) et de nantissement (D) méritent d'être analysés.

A. Extinction de la créance et ses accessoires

La remise de dette éteint l'obligation du débiteur, en totalité ou en partie suivant ce qui a été convenu. Vont disparaitre avec la créance les suretés qui en garantissaient le paiement[608].

B. Cas de la remise de dettes plurales

En cas de débiteurs conjoints, la remise de dette faite à l'un ne profite pas aux autres. Il en va toutefois différemment lorsqu'elle résulte de la remise du titre, puisque le créancier s'est démuni de preuve (la force de la présomption de libération varie alors selon la forme du titre).

En cas de débiteurs solidaires, la remise de dette accordée à l'un profite aux autres, sauf volonté contraire du créancier (art. 177 al. 11).

Dans le cas où le créancier a réservé ses droits contre les autres, il ne peut plus les poursuivre que déduction faite de la part de celui auquel il a fait remise (art. 177, al. 2 CCLIII)[609].

C. Cas de cautionnement

En cas de cautionnement, la remise de dette accordée au débiteur principal libère la caution, mais la remise faite à la caution ne libère pas le débiteur principal. La remise accordée à l'une des cautions ne libère pas les autres (art. 179 CCLIII), à moins qu'il ne s'agisse de cautions solidaires (Acte uniforme OHADA portant organisation des sûretés).

---

607 G. LEGIER, *op. cit.*, p. 202.
608 KALONGO MBIKAYI, *op. cit.*, p. 363.
609 G. LEGIER, *op. cit.*, p. 202.

D. Cas de la chose donnée en nantissement

Selon l'article 178 CCLIII, la remise de la chose donnée en nantissement ne suffit pas pour faire présumer la remise de dette.

Section II. Novation et délégation

La novation (§1) et la délégation (§2) sont des modes volontaires d'extinction des obligations. Parfois, la délégation peut emporter novation dans certaines conditions.

§1. Novation

La notion (A), les conditions (B) et les effets (C) seront analysée.

A. Notion

La novation est un contrat par lequel les parties éteignent une obligation ancienne pour la remplacer par une obligation nouvelle par l'effet d'un changement apporté à un des éléments constitutifs de l'obligation ancienne[610].

B. Conditions

Trois conditions sont exigées à savoir : le remplacement d'une obligation valable par une autre obligation valable différente de l'ancienne, l'intention de nover et la capacité de contracter.

1. Remplacement d'une obligation valable par une autre obligation valable

a. Extinction de l'ancienne obligation

La novation poursuit comme but l'extinction de l'obligation ancienne pour la substituer à la nouvelle obligation. L'obligation ancienne doit être valable pour donner naissance à une obligation valable. Si elle est entachée de nullité, la novation n'a pas d'effet. Cependant, en cas de nullité relative, la règle est tempérée car la novation peut être assimilée à une confirmation tacite de l'obligation annulable.

---

[610] PORCHY-SIMON (S), *Droit civil 2ème année les obligations*, Paris, 6è édition Dalloz, 2010, p. 497, n°1073 ; A. BENABENT, op. cit, n°829 ; KALONGO MBIKAYI, *op. cit.*, p. 364.

b. Naissance de la nouvelle obligation

1° Validité de l'obligation nouvelle

L'obligation nouvelle doit être valable car une obligation nulle ne peut remplacer une obligation novée. Si la nullité est absolue, l'obligation nouvelle ne peut remplacer l'obligation ancienne. Si la nullité est relative pour l'obligation ancienne, la nouvelle obligation ne sera atteinte de nullité que si la cause de nullité subsistait au moment de la novation (voir cas de confirmation).

2° Nouveauté de l'obligation substituée

L'obligation nouvelle doit être différente de la première par une de ses éléments. Il faut qu'il y ait un *aliquid novi*, un élément nouveau par rapport à l'ancienne obligation. Selon l'article 163 CCLIII, trois éléments nouveaux entrent en ligne de compte de la novation à savoir le changement de créancier, le changement de débiteur et le changement de dette.

i. Novation par changement de la dette ou d'un élément important de l'obligation (art. 163. 1° CCLIII)

Les parties restent les mêmes, mais sont d'accord pour modifier un élément important de l'obligation. Il peut s'agir de [611]:

- **L'objet de l'obligation**, exemple : à une dette de somme d'argent est substituée une dette de corps certain. Cette opération se distingue de la dation en paiement car celle-ci suppose un paiement immédiat sans création d'une nouvelle obligation, alors que, dans la novation, une nouvelle dette remplace la première qui s'éteint, l'élément temps intervient dans la dation en paiement.

- **La cause de l'obligation,** le débiteur est tenu en vertu d'un autre titre, exemple : le locataire qui doit payer le loyer, convient avec le bailleur qu'il paiera ce prix à titre de location-vente de la maison jadis louée.

- **Une modalité importante, comme la suppression d'une condition,** car l'existence même de l'obligation en dépend. Mais l'octroi d'un terme, qui ne concerne que l'exigibilité de la dette, ne la nove pas.

611 G. LEGIER, *op. cit.*, p. 199.

ii. Novation par changement de débiteur (art. 163. 2° CCLIII)

Un nouveau débiteur se substitue à l'ancien, dont la dette est éteinte. L'opération suppose le consentement du créancier et du nouveau débiteur, mais l'accord de l'ancien débiteur, qui est libéré, n'est pas toujours indispensable. D'où deux variantes :

- **1ère variante :** il y a l'accord du débiteur originaire. C'est l'hypothèse du premier débiteur qui demande à une personne, qui est le plus souvent son propre débiteur, de s'engager envers son créancier et, en contrepartie, celui-ci le libère (167 CCLIII). L'opération suppose l'accord des trois parties : du premier débiteur, puisqu'il en est l'investigateur, du nouveau débiteur, puisqu'il ne peut évidemment pas être engagé sans le vouloir et du créancier, puisqu'on ne peut pas lui imposer un changement de débiteur. Cette opération se ramène très souvent à une délégation parfaite.

- **2ème variante :** il y a absence d'accord du débiteur originaire : l'opération se réalise sans le concours du premier débiteur (art. 166 CCLIII). C'est l'hypothèse où un tiers accepte de s'engager envers le créancier moyennant la libération du premier débiteur. On peut en effet libérer quelqu'un sans qu'il ait manifesté son accord, en s'engageant à sa place (on parle d'*expromissio*), de même qu'il est possible de payer pour lui (art. 134, al. 2 CCLIII).

La novation par changement de débiteur se rapproche de la cession de dette, mais s'en distingue car dans la novation la première dette est éteinte et non transmise comme dans la cession de dette, d'une part et, d'autre part, l'accord du créancier est toujours nécessaire.

iii. Novation par changement de créancier (art. 163. 3° CCLIII)

C'est le cas par exemple du débiteur d'un prix qui s'engage, à la demande du vendeur, à verser la somme due à un tiers ; ce tiers est ainsi le nouveau créancier. Cette opération est voisine de la cession de créance, mais elle s'en distingue par deux traits[612].

- Une créance nouvelle remplace l'ancienne dans la novation, donc le débiteur ne peut opposer au nouveau créancier les exceptions qu'il pouvait opposer à l'ancien créancier : c'est le principe de l'inopposabilité des exceptions. De même, le nouveau créancier ne

---

[612] G. LEGIER, *op. cit.*, p. 198.

bénéficie pas des garanties qui éventuellement protégeaient la première créance. C'est le contraire dans la cession de créance où la créance est cédée avec ses accessoires, la même obligation étant maintenue.

- L'accord du débiteur dans la novation est nécessaire, puisqu'il va être tenu d'une dette différente de la première ; ce qui n'est pas le cas dans la cession de créance, le débiteur cédé n'étant pas partie au contrat.

2. Intention de nover

Les parties doivent avoir l'intention de nover, c'est *l'animus novandi.* C'est un élément essentiel de la novation. Cette condition est exprimée à l'article 165 CCLIII en ces termes : « *la novation ne se présume point, il faut que la volonté de l'opérer résulte clairement de l'acte* ». La volonté des parties doit être certaine et non équivoque et résulter de l'acte. Il faut la volonté d'éteindre une obligation et de donner naissance à une autre obligation.

3. Capacité de contracter

Cette condition de capacité est exprimée à l'art. 164 CCLIII. La novation s'opère entre personnes capables de s'obliger sinon la seconde obligation ne sera pas valable.

C. Effets

Le principe sera abordé ainsi que sa conséquence.

1. Principe

La novation a un double effet :

a. Effet extinctif

La novation provoque l'extinction de la première obligation avec ses accessoires et garanties, sauf accord des parties pour les reporter sur la nouvelle dette (art. 170 et 171 CCLIII)[613].

b. Effet créatif

La novation entraîne la création d'une obligation nouvelle qui se substitue à l'ancienne. Il y a une rupture entre l'obligation ancienne et l'obligation nouvelle.

---

613 KALONGO MBIKAYI, *op. cit.,* p. 369.

2. Conséquences

a. Principe : inopposabilité des exceptions

Il y a inopposabilité des exceptions nées de la première obligation. L'obligation ancienne est en effet éteinte avec tous ses accessoires. Il y a donc disparition des sûretés et l'obligation nouvelle est totalement à l'abri des exceptions et des moyens de défense que le débiteur originaire pouvait invoquer contre l'ancienne créance. L'obligation nouvelle seule régit les parties.

b. Exception : dérogation au principe d'inopposabilité des exceptions

Mais les parties peuvent déroger à ce principe en réservant les sûretés attachées à l'obligation ancienne (art. 170 in fine CCLIII). Il y aura ainsi transfert des sûretés de l'ancienne obligation à la nouvelle obligation par manifestation expresse de la volonté du créancier.

§2. Délégation

L'étude de la délégation tournera autour de sa notion (A), de la délégation parfaite (B) et de la délégation imparfaite (C).

A. Notion

La délégation est l'opération par laquelle une personne (le délégant) donne l'ordre à une autre personne (le délégué), de s'engager envers une troisième, un tiers (le délégataire)[614].

Exemple : B qui doit 1000 FC à A, vend un objet pour 1000 FC à C en lui demandant de verser cette somme à A. B est le délégant ; C, s'il accepte, est le délégué et A le délégataire. La délégation intervient souvent entre personnes liées par des rapports juridiques antérieurs. C'est une opération souvent utilisée entre commerçants : virement bancaire, effets de commerce.

On distingue deux types de délégations. Il y a d'abord la délégation parfaite ou *expromissio*, et la délégation imparfaite ou *adpromissio* que nous allons analyser. Mais il y a aussi la délégation certaine et la délégation incertaine selon qu'elle est indépendante de l'un des rapports antérieurs ou y faire référence (*delegatio certa et delegatio incerta*).

---

[614] Ph. MALAURIE, L.AYNES et Ph. STOFFEL-MUNCK, *op. cit.*, n°1465, p. 791.

B. Délégation parfaite

La notion de délégation parfaite doit être précisée avant d'en donner les conditions et les effets.

1. Notion

Il y a délégation parfaite lorsque le délégué s'engage à l'égard du délégataire qui entend libérer le délégant. Elle poursuit donc un effet novatoire, puisqu'un nouveau débiteur (délégué) se substitue à un ancien (délégant) qui est libéré[615]. Elle est identique à la novation par changement du débiteur (art. 167 CCLIII).

2. Conditions

Il y a des conditions de fond et de forme

a. Conditions de fond

Il faut d'abord le triple consentement des parties : le délégant, le délégué et le délégataire.

Il faut ensuite l'*animus novandi*, c'est-à-dire l'intention de nover.

Il faut enfin la validité des obligations primitives et des obligations nouvelles.

b. Conditions de forme

La délégation parfaite exige que l'intention du créancier délégataire de libérer son débiteur (délégant) soit faite dans une déclaration expresse (art. 167 CCLIII).

Jugé que viole les dispositions de l'article 167 du code civil livre III, la décision qui, faisant application de la délégation novatoire par changement de débiteur, omet de constater la manifestation expresse de volonté du créancier[616].

Alors que pour la novation, il suffit que l'intention de libérer le débiteur résulte des circonstances et qu'elle soit claire (art. 165 CLIII).

---

615 G. LEGIER, *op. cit.*, p. 199.

616 CSJ, 22 mars 1978, *Bull. Arr.* 1978, p. 54.

3. Effets

a. Effets dans le rapport délégataire et délégué

Il y'a création d'un nouveau rapport d'obligation entre le délégataire et le délégué. Cette obligation nouvelle est indépendante de l'obligation que le délégué avait à l'égard du délégant.

Il y'a application du principe de l'inopposabilité des exceptions. Puisque cet engagement entre le délégataire et le délégué est indépendant de celui du délégant et qu'il est autonome des rapports juridiques antérieurs constituant le support de la délégation, le délégué ne peut opposer au délégataire les exceptions et moyens de défense qu'il pouvait invoquer contre le délégant ; il ne peut non plus invoquer les vices qui affectent l'obligation du délégant à l'égard du délégataire. Mais l'on peut invoquer la nullité car le rapport d'obligation ancien doit être valable.

Mais il y'a une exception, le délégué et le délégataire peuvent convenir que l'obligation nouvelle soit subordonnée à une condition (exemple : que le délégant exécute ses obligations) ou qu'il y'a délégation incertaine où l'obligation est limitée c'est-à-dire le délégué est obligé seulement dans la limite de ce que délégant doit au délégataire. En conséquence de cet accord, le délégué pourra opposer au délégataire une exception tirée de l'inexécution par le délégué de ses obligations.

b. Effets dans le rapport délégataire et délégant

Le délégant est libéré envers le délégataire, il est remplacé par un nouveau débiteur, le délégué car la délégation parfaite constitue une novation par changement de débiteur. Le délégataire est le nouveau créancier du délégué. Le délégant est immédiatement libéré et remplacé par le délégué. Le délégataire (le créancier) ne peut donc réclamer le paiement qu'au délégué et n'a pas de recours contre le délégant si le délégué devient insolvable : il ne répond donc pas de l'insolvabilité future du délégué.

Néanmoins, le délégataire a un recours contre le délégant qui doit répondre de l'insolvabilité du délégué dans l'acte soit s'il y a une clause expresse des parties soit cas d'insolvabilité du délégué au jour de la délégation dans les cas énumérés à l'art 168 CCLIII que sont la faillite ouverte ou la déconfiture du délégué au moment de la délégation.

c. Effets dans le rapport délégué et délégant

La délégation parfaite libère le délégué envers le délégant. Il produit l'effet d'une novation par changement de débiteur : le délégant est immédiatement libéré et remplacé par le délégué. Le rapport délégant et délégué est éteint par la novation et est indépendant du rapport délégataire et délégué.

C. Délégation imparfaite

1. Notion

La délégation est imparfaite lorsque le délégataire n'a pas manifesté l'intention de libérer le délégant (art 167 CCLIII)[617]. En conséquence, le créancier délégataire a deux débiteurs car il conserve ses droits contre le délégant et il accepte le nouveau débiteur, le délégué.

Contrairement à la délégation parfaite, la délégation imparfaite n'a pas d'effet novatoire. Elle est souvent utilisée dans la pratique.

2. Conditions

La délégation imparfaite exige d'abord le triple consentement des parties : le délégant, le délégué et le délégataire.

Ensuite, il n y'a pas de libération du délégant donc il y'a pas novation.

Enfin il y'a pas exigence de manifestation expresse de volonté du délégataire, le consentement des parties suffit.

3. Effets

a. Effets dans le rapport délégataire et délégué

Le délégué à un engagement personnel à l'égard du délégataire et cette obligation est autonome et indépendante. En conséquence, il y'a application du principe de l'inopposabilité des exceptions et moyens de défense qu'il pouvait invoquer contre le délégant.

Mais il y'a une exception en cas de délégation incertaine. C'est lorsque le délégué s'engage auprès du délégataire à payer ce que lui doit le délégant ; le délégant est aussi tenu à la dette du délégant. Cette référence

617 KALONGO MBIKAYI, *op. cit.*, p. 372.

donne un caractère accessoire à l'obligation du délégué qui peut alors opposer au délégataire les exceptions tirées du rapport entre le délégant et le délégataire.

b. Effets dans le rapport délégataire et délégant

Le délégataire conserve tous ses droit contre le délégant car il n'y a pas d'effet novatoire, il n'y a pas substitution de débiteur. Ainsi le délégataire a deux débiteurs : le délégant et le délégué, mais les deux obligations sont indépendantes. Le délégant ne sera libéré que lorsque le délégué paiera le délégataire. Si le délégué ne paie pas, le délégataire a le droit d'agir contre le délégant.

c. Effets dans le rapport délégué et délégant

La créance du délégué envers le délégant n'est pas éteinte tant que le délégué n'a pas désintéressé le délégataire. L'exécution par le délégué de son obligation envers le délégataire entraîne l'extinction de tous les rapports d'obligation.

D. Comparaison avec d'autres techniques

La comparaison concerne l'indication de paiement, la cession de créance, la novation par changement de débiteur et la stipulation pour autrui[618].

1. Indication de paiement

La délégation est différente de la simple indication du payeur (art. 169 CCLIII). Dans l'indication de paiement, le débiteur indiqué ne devient pas personnellement débiteur du créancier, s'il paie le créancier, il le fait comme représentant ou mandataire du débiteur principal. Alors que le délégué accepte personnellement la délégation.

2. Cession de créance

La délégation entraîne la création d'une obligation nouvelle (entre le délégataire et le délégué), et non une simple transmission. Le délégué (nouveau débiteur) déclare s'engager au profit du délégataire, alors que, dans la cession de créance, le consentement du débiteur cédé n'est pas nécessaire. Les formalités de la cession de créance destinées à informer le débiteur sont donc inutiles en cas de délégation. En effet, dans la cession

---

618 G. LEGIER, *op. cit.,* p. 200.

de créance, le débiteur cédé a un rôle passif se bornant à prendre acte du changement de créancier. Tandis que dans la délégation, le débiteur joue un rôle actif, il est une partie dont l'obligation procède à l'échange des consentements avec l'autre partie[619].

En outre, dans la cession de créance, il y a opposabilité des exceptions alors que dans la délégation, il y a inopposabilité des exceptions.

3. Novation par changement de débiteur

Le délégataire à deux débiteurs dans la délégation imparfaite. La délégation parfaite se combine ordinairement avec une novation par changement de débiteur.

Cependant, il y'a des différences entre la délégation parfaite et la novation par changement de débiteur :

- En vertu de l'article 165 CCLIII, pour la novation par changement de débiteur, l'intention de nover « *ne se présume point, et il faut qu'elle résulte clairement de l'acte* ». Il est cependant admis quelle peut être tacite, à condition, de ne pas être équivoque.

- Pour la délégation parfaite, d'après l'article 167 CCLIII, la volonté du délégataire de libérer le délégant doit être « *expressément* » déclarée.

- L'opposabilité des exceptions est différente dans les deux techniques : dans la novation, la nullité de l'obligation ancienne entraine celle de l'obligation nouvelle tandis que dans la délégation, il y a le principe de l'inopposabilité des exceptions dont la nullité tirées des rapports antérieurs[620].

4. Stipulation pour autrui

a. Trait commun de la stipulation pour autrui et de la délégation imparfaite

Le tiers bénéficiaire, comme le délégataire, dispose de deux actions, l'une contre le premier débiteur (stipulant ou délégant) et l'autre contre le nouveau débiteur (promettant ou délégué).

---

619 Ph. MALAURIE, L.AYNES et Ph. STOFFEL-MUNCK, *op. cit.*, n° 1472, p. 799.
620 Ph. MALAURIE, L.AYNES et Ph. STOFFEL-MUNCK, *op. cit.*, n° 1474, p. 802.

b. Différences entre la stipulation pour autrui et la délégation imparfaite

1° Quant à la formation, la validité de l'opération suppose :

- L'accord des trois parties, dans la délégation ;
- Seulement l'accord du stipulant et du promettant, dans la stipulation pour autrui.

2° Quant au tiers, son droit est irrévocable :

- Dès le jour où la délégation est convenue, si le tiers est le délégataire, puisque, par hypothèse, il a donné son consentement à ce moment ;
- Seulement à partir de son acceptation, s'il s'agit du bénéficiaire de la stipulation pour autrui.

3° Quant aux exceptions

- Le promettant peut opposer aux tiers les exceptions opposables au stipulant.

- Au contraire, l'engagement du délégué envers le délégataire est indépendant de ses rapports avec le délégant : le délégué ne peut donc opposer au délégataire les exceptions opposables au délégant, sauf stipulation contraire entre le délégué et le délégant.

Outre les modes volontaires d'extinction qui viennent d'être analysés, il y a des modes légaux d'extinction des obligations.

CHAPITRE 3
MODES LEGAUX D'EXTINCTION DES OBLIGATIONS

Les modes légaux d'extinction sont confusion (section I) et la prescription (section II).

Section I. Confusion

La notion (§1) et les effets (§2) seront analysés.

§1. Notion

La confusion est l'extinction d'une obligation par la réunion, dans la même personne, des qualités de créancier et de débiteur d'une même obligation (à la différence de la compensation qui suppose deux obligations distinctes). Elle est réglementée aux articles 192 et 193 CCLIII.

C'est l'hypothèse d'un débiteur qui hérite de son créancier [621]ou inversement d'une société qui fusionne avec une autre, dont elle était créancière ou débitrice[622].

§2. Condition

La condition exigée pour qu'i y ait confusion est qu'une même personne à la qualité de créancière et de débiteur d'une même obligation.

§3. Effets

A. Extinction des deux créances

Selon l'article 192 CCLIII, l'effet de la confusion est l'extinction des deux créances. La dette est éteinte avec ses accessoires.

B. Cas particuliers des cautions et des codébiteurs solidaires

Selon l'article 193 CCLIII, la confusion qui s'opère dans la personne débiteur profite à ses cautions, tandis que celle qui s'opère dans la personne de la caution n'entraine pas l'extinction de l'obligation principale.

---

621 KALONGO MBIKAYI, *op. cit.*, p. 375.

622 G. LEGIER, *op. cit.*, p. 197.

De même, la confusion qui s'opère dans la personne du créancier ne profite à ses codébiteurs solidaires que dans la portion dont il était débiteur[623].

Section II. Prescription extinctive

La notion (§1), les délais (§2), le régime juridique (§3), ainsi que la mise en œuvre (§4) feront l'objet de la section[624].

§1. Notion

L'article 613 CCLIII traite à la fois des deux sortes de prescription : la prescription acquisitive et la prescription extinctive.

La prescription extinctive ou libératoire est le mode d'extinction de l'obligation résultant du non exercice de son droit par le créancier pendant une durée déterminée par la loi[625]. Elle est à distinguer de la prescription acquisitive qui permet à une personne d'acquérir un droit réel au bout d'un certain temps de possession.

Le fondement de la prescription extinctive est la paix sociale, car il faut éviter de remettre en cause les situations acquises depuis un certain laps de temps. Il ne faut pas troubler ce que le temps a consolidé : *quieta non movere*.

§2. Délais de prescription

Le code civil, livre III prévoit le délai de principe de trente ans (A) ainsi que des délais de dix ans (B), de cinq ans (C) ainsi que d'autre délais plus courtes (D).

A. Prescription trentenaire

En principe, elle est de trente ans (art. 647 CCLIII). C'est le délai de droit commun des actions tant réelles que personnelles.

---

623 A. SOHIER, *op. cit.*, n°663, p. 334.
624 G. LEGIER, *op. cit.*, p. 203-204.
625 KALONGO MBIKAYI, *op. cit.*, p. 376.

B. Prescription décennale

Certaines actions sont prescrites de dix ans telle la prescription décennale prévue à l'article 439 CCLIII sur la responsabilité des architectes et entrepreneurs.

C. Prescription quinquennale

Il y'a aussi des actions qui se prescrivent de cinq ans. Cela concernent les créances périodiques, c'est-à-dire « *tout ce qui est payable par année ou à des termes périodiques plus courts* » (art. 657 CCLIII), notamment les loyers, les pensions alimentaires et les intérêts des sommes prêtées.

D. D'autres prescriptions

Il existe d'autres prescriptions de moins de cinq ans. C'est le cas notamment des prescriptions de :

- Trois ans ; en matière de lésion, vice de consentement : action en réduction (art. 131 bis CCLIII).

- Deux ans : les créances des médecins, chirurgiens, dentistes pour leurs visites, opérations et médicalement (art. 653, al. 3 CCLIII) et les créances des marchands pour les marchandises qu'ils vendent aux particuliers.

- Six mois pour les créances des hôteliers et restaurateurs (art. 652 CCLIII).

Des textes autres que le code civil édictent des délais de prescription. C'est la cas notamment de la prescription de quinze ans de la loi portant code des assurances en son article 159 pour les actions en responsabilité extracontractuelle ouvertes aux victimes d'accidents impliquant un véhicule terrestre à moteur à compter de la date de l'accident[626].

§3. Calcul du délai

Le calcul du délai nécessite de connaitre le point de départ (A) tout en notant que la prescription peut être interrompue (B) ou suspendue (C).

---

626 Loi n°15/005 du 17 mars 2015 portant code des assurances, *J.O.*, n° spécial du 30 avril 2015.

A. Point de départ

Le délai court, en principe, à dater du jour où la créance est exigible, donc si la créance est sous condition, du jour de l'arrivée de l'événement ou de l'échéance (art. 644, al. 2 et 4 CCLIII). Pour les intérêts ou les loyers, le délai court à compter de chaque échéance.

B. Interruption de la prescription

1. Notion de l'interruption

L'interruption est un arrêt du cours de la prescription qui recommence à dater de l'événement interruptif, pour toute sa durée, sans qu'on puisse tenir compte de la période déjà écoulée.

2. Causes de l'interruption

Deux actes entrainent l'interruption du cours de la prescription

a. Acte de poursuite

Un acte de poursuite du créancier (art. 638 CCLIII), c'est-à-dire un acte par lequel il manifeste solennellement son intention d'être payé. C'est le cas par exemple d'un commandement (sommation par huissier), d'une saisie ou d'une assignation en justice.

b. Reconnaissance de la dette

La reconnaissance par le débiteur de sa dette (art. 640 CCLIII) soit expressément (dans un acte quelconque, sans forme particulière), soit tacitement. Exemple : en payant un acompte, en demandant un délai de paiement.

3. Effets de l'interruption

La période déjà écoulée n'est pas prise en compte et la prescription recommence à courir pour toute sa durée légale.

C. Suspension de la prescription

1. Notion de suspension

C'est l'arrêt temporaire du cours de la prescription et qui, à la différence de l'interruption, ne fait pas disparaître les effets de la durée déjà écoulée.

2. Causes de la suspension

Le cours de la prescription est en principe suspendu, lorsque le créancier est dans l'impossibilité d'agir, soit en vertu d'un texte spécial soit, plus généralement, en vertu de la règle selon laquelle la prescription ne court pas contre celui qui a été empêché d'agir : *contra non valentem agere non currit praescriptio.*

3. Effets de la suspension

La prescription s'arrête de courir tant que dure la cause de suspension. Elle reprend son cours pour la période qui reste, compte tenu du temps déjà écoulé.

Il faut noter que les délais dits préfix ne sont pas susceptibles d'interruption ni de suspension.

§4. Mise en œuvre et effet de la prescription

La prescription doit être mise en œuvre (A) et produit des effets (B).

A. Mise en œuvre

La prescription ne joue pas de plein droit ; le débiteur doit l'invoquer (art. 617 CCLIII) et ne doit pas y avoir renoncé.

Jugé que en soulevant d'office l'exception d'ordre privé tirée de la prescription de l'action, dont le défendeur n'était plus recevable à se prévaloir au degré d'appel pour ne l'avoir pas soulevée au premier degré, le juge d'appel a violé l'article 617 du CCLIII et sa décision encourt cassation totale[627]. Viole l'article 617 du CCLIII, la décision qui supplée d'office à un moyen de prescription non soulevée par une des parties[628].

Le débiteur ne peut pas valablement renoncer par avance à une prescription, mais il peut renoncer expressément ou tacitement au bénéfice d'une prescription déjà écoulée (art. 614 CCLIII), sauf si elle a un caractère d'ordre public.

---

627 CSJ, 9 mai 1979, *Bull. Arr.* 1979, p. 73, *Bull. Arr.* 1984, p. 73-74.
628 CSJ, 20 février 1978, *Bull. Arr.* 1979, p. 15.

B. Effet

L'écoulement du délai de prescription a pour effet l'extinction de l'obligation.

§5. Délais préfix

Il existe des délais imposés impérativement par la loi pour accomplir un acte ou faire valoir un droit sous peine de déchéance[629]. Ce sont des délais préfix, c'est-à-dire fixés préalablement et impérativement par la loi.

Ils sont d'ordre public et sont à distinguer des délais de prescription. L'on ne peut y renoncer, le juge les applique d'office et ils ne sont susceptibles ni de suspension ni d'interruption.

C'est le cas notamment de certains délais édictées par certaines lois : les cas des délais de procédure (appel, opposition, cassation), des délais données dans certaines matières du droit de la famille (délai de viduité, de publication des bancs pour la célébration du mariage), des délais pour certains contrats spéciaux (cas de de l'action relative aux vices cachées de l'article 325 CCLIII qui doit être intentée dans les 60 jours).

Sous ce titre, il a été analysé les modes d'extinction des obligations. Mais avant l'extinction, le droit civil offre aux créanciers des moyens d'obtenir exécution de l'obligation du débiteur par des moyens de contrainte sur ses biens.

[629] KALONGO MBIKAYI, *op. cit.*, p. 387.

TITRE IV.
DROITS DU CREANCIER NON PAYE SUR LES BIENS DE SON DEBITEUR

Le créancier non payé dispose de certaines garanties contre son débiteur.

D'une part, il a un droit de gage général sur les biens du débiteur (chapitre 1).

D'autre part, le créancier dispose de certaines mesures conservatoires de gel de l'actif de son débiteur (chapitre 2).

Enfin, le créancier peut mettre en œuvre certaines actions pour reconstituer l'actif de son débiteur (chapitre 3).

CHAPITRE 1
LE DROIT DE GAGE GENERAL DES CREANCIERS SUR LES BIENS DU DEBITEUR

Le créancier a un droit de gage général sur les biens de son débiteur qu'il faut énoncer (section I) tout présentant ses caractères (section II)[630].

Section I. Enoncé

L'existence du droit de gage général est affirmée dans l'article 245 de la loi n°73-021 du 20 juillet 1973 « *tous les biens du débiteur, présents et à venir, sont le gage commun de ses créanciers et le prix s'en distribue entre eux par contribution, à moins qu'il n'y ait entre les créanciers des causes légales de préférence* ». Ce droit de gage général permet au créancier de saisir l'un quelconque des biens du débiteur.

Le droit de gage général est à distinguer du gage, sûreté réelle portant sur un meuble déterminé et conférant au créancier qui en bénéficie un droit de préférence sur les autres[631].

Dans le droit de gage général, le créancier est appelé créancier chirographaire car il n'a aucun droit de préférence.

Section I. Caractères

Le droit de gage général comporte certains caractères : personnel (§1), sans dépossession (§2), absence de droit de préférence (§3) et de droit de suite (§4).

§1. Caractère personnel du droit de gage général

Le créancier a le droit d'exiger de son débiteur l'exécution de son obligation : c'est un droit personnel ou droit de créance. Ce n'est pas un droit réel. S'il ne s'exécute pas, son patrimoine servira de garantie à son créancier. Ainsi, ce droit porte sur tous les biens qui composent son patrimoine, à l'exception des biens insaisissables et des biens déjà aliénés (sauf exercice de l'action paulienne en cas de fraude pour les biens aliénés art. 65 CCLIII).

---

630 Lire : M.T. KENGE NGOMBA TSHILOMBAYI, *Droit civil, Les sûretés*, Kinshasa, Ed. Mont Sinaï, 2008.

631 G. LEGIER, *op. cit.*, p. 205.

§2. Absence de dépossession

Le droit de gage général n'emporte pas mise en possession des biens du débiteur. Le débiteur dispose de ses biens. Le créancier chirographaire ne pourra lui enlever la possession que lors de la saisie. Contrairement au gage, sûreté réelle, le débiteur peut soit se déposséder de ses biens soit en conserver la garde à condition d'inscrire son gage au Registre de commerce et du crédit mobilier (RCCM) selon l'Acte uniforme portant organisation des sûretés en droit OHADA (AUS).

§3. Absence de droit de préférence

Les créanciers chirographaires sont soumis, en cas d'insuffisance des biens du débiteur, à la loi du concours « *le prix s'en distribue entre eux par contribution…* », C'est-à-dire selon l'article 245 de la loi du 20 juillet 1973, proportionnellement au montant de leurs créances, sauf quand, selon le même article 245 in fine, il existe des causes de préférence découlant de la loi, d'un contrat ou d'un jugement, telles notamment l'hypothèque, le gage ou le privilège qui sont des sûretés[632].

§4. Absence de droit de suite

Les créanciers chirographaires ne peuvent saisir que les biens qui se trouvent encore dans le patrimoine du débiteur. Tout ce qui sort du patrimoine du débiteur échappe au droit de gage général. Alors que le créancier titulaire d'une sûreté réelle (gage, hypothèque) bénéficie du droit de suite et peut suivre le bien en quelques mains qu'il se trouve.

Le créancier peut aussi recourir à certaines mesures conservatoires.

---

632 G. LEGIER, *op. cit.*, 205.

CHAPITRE 2.
MESURES CONSERVATOIRES DE GEL DE L'ACTIF DU DEBITEUR

Le débiteur peut organiser son insolvabilité. C'est pourquoi, le créancier peut prendre des mesures qui laissent en l'état le patrimoine du débiteur pour empêcher la fuite des biens. On analysera la notion (section I), les mécanismes et sortes (section II), les conditions (section III) et les effets (section IV).

Section I. Notion

Les mesures conservatoires sont des mesures d'ordre procédural ordonnées par le juge et qui ont pour objet de geler les droits et biens du débiteur pendant une période provisoire en attendant le jugement sur le fond constatant l'existence de la dette[633].

Section II. Mécanismes et sortes

Ces mesures concernent la saisie des biens du débiteur soit entre ses mains soit entre les mains d'un tiers. Elles sont organisées par le code de procédure civile et par l'Acte uniforme OHADA portant organisation des procédures simplifiées de recouvrement du passif et des voies d'exécution du 10 avril 1998[634]. L'article 54 de l'Acte uniforme en posant le principe.

Il s'agit de :

- la saisie conservatoire des biens du débiteur ;
- les mesures de saisie des biens du débiteur entre les mains d'un tiers ;
- l'hypothèque forcée judiciaire.

L'Acte uniforme OHADA portant organisation des sûretés en son article 213 prévoit que le créancier peut être autorisé par le juge à prendre inscription provisoire d'hypothèque sur les immeubles de son débiteur en vertu d'une décision de la juridiction compétente. Il s'agit

633 A. BENABENT, *op. cit.*, pp. 605 et s.

634 Lire à cet effet : LUTUMBA wa LUTUMBA, *Procédures simplifiées de recouvrement et voies d'exécution,* Kinshasa, Editions C.C.D.A., 2014 ; MUKADI BONYI et KATUALA KABA KASHALA, *Procédure civile,* éd. Batena Ntambua, Kinshasa, 1999.

d'une hypothèque conservatoire. L'Acte uniforme portant organisation de sûretés en organise la procédure[635].

Selon l'article 54 de l'Acte uniforme sur la mesure simplifiée de recouvrement, pour demander au juge l'autorisation de pratiquer une mesure sans commandement préalable, deux conditions peuvent être relevées : d'abord, la créance doit paraître fondée en son principe ; ensuite, il faut de justifier de circonstances susceptibles d'en menacer le recouvrement.

Les mesures conservatoires ont pour effet de rendre indisponibles les biens du débiteur. En cela, le patrimoine du débiteur est maintenu en l'état. Ce qui empêche la fuite de ses biens qui sont le gage commun de ses créanciers. Mais, le créancier peut aussi reconstituer l'actif de son débiteur sous certaines conditions.

---

635 Lire à ce sujet : M.T. KENGE NGOMBA TSHILOMBAYI (sous la direction de) et alii, *Sûretés OHADA,* Kinshasa, Editions Mont Sinaï, 2014, p. 165.

CHAPITRE 3
MESURES DE RECONSTITUTION DE L'ACTIF DU DEBITEUR

Les mesures à prendre par le créancier peuvent avoir pour effet de reconstituer le patrimoine du débiteur. Il s'agit de l'action oblique (section I), de l'action paulienne (section II) et de l'action directe (section III).

Section I. Action oblique

La notion (§1), les conditions (§2), le domaine et les effets (§4) seront analysés.

§1. Notion

L'action oblique est celle par laquelle le créancier exerce les droits et actions de son débiteur lorsque ce dernier est négligent (art. 64 CCLIII). Il fait entrer dans le patrimoine de son débiteur une valeur, qu'il pourra ultérieurement saisir[636].

§2. Conditions d'exercice

- Le créancier doit être titulaire d'une créance quelconque, à condition qu'elle soit certaine, liquide et exigible.
- Le créancier doit justifier d'un intérêt sérieux et légitime, ce qui suppose :
  - la négligence ou plus généralement l'inaction de son débiteur qui s'abstient de recouvrer ses créances envers ses propres débiteurs ;
  - la négligence qui compromet les droits du créancier en mettant sa créance en péril, notamment parce que le débiteur risque d'être insolvable[637].

§3. Domaine

Le créancier peut exercer tous les droits et actions de son débiteur (mesures conservatoires, actions en justice, voies d'exécution) contre les débiteurs de celui-ci, sauf les droits et actions exclusivement attachés à la

---

[636] G. LEGIER, *op. cit.*, p. 206. Lire aussi : P. VAN OMMESLAGHE, *Traité de droit civil belge, Tome II : Les obligations, Volumes 1 à 3*, Bruxelles, Bruylant, 1ère édition 2013, n°s 1521 et ss.

[637] G. LEGIER, *op. cit.*, p. 206.

personne, c'est-à-dire les droits extrapatrimoniaux (par exemple l'action en divorce) et les droits patrimoniaux qui mettent en jeu des considérations d'ordre moral (par exemple la révocation d'une donation pour ingratitude) ou concernent des biens insaisissable (par exemple le recouvrement d'une pension alimentaire)[638].

§4. Effets

A. Absence de droit propre du créancier

Le créancier n'exerce pas un droit propre, mais le droit de son débiteur, par conséquent :

- Le tiers poursuivi peut opposer au créancier poursuivant toutes les exceptions qu'il pourrait invoquer contre son propre créancier. Exemple : la compensation ;
- L'action oblique fait entrer dans le patrimoine du débiteur un bien qui devient le gage commun de tous ses créanciers. Le poursuivant n'a donc pas de privilège : l'action oblique est individuelle dans son exercice mais collective par ses effets.

B. Absence de dessaisissement par le débiteur de ses droits

L'action oblique n'est pas une saisie et le débiteur n'est pas dessaisi. Donc il conserve l'exercice de ses droits et actions l'égard du tiers, d'où, la possibilité pour le débiteur de recevoir un paiement de ce tiers ou de transiger avec lui[639].

C. Relativité de la chose jugée

En vertu de la relativité de la chose jugée, le jugement rendu contre le tiers n'a pas l'autorité à l'égard du débiteur, sauf s'il a été mis en cause. D'où l'utilité de le mettre en cause afin que le jugement soit opposable à toutes les personnes concernées[640].

Section II. Action paulienne

La notion (§1), les conditions (§2) et les effets (§3) seront analysés[641].

---

638 KALONGO MBIKAYI, *op. cit.,* p. 481 ; G. LEGIER, *op. cit.,* p . 206.

639 G. LEGIER, *op. cit.,* p. 207.

640 KALONGO MBIKAYI, *op. cit.,* p. 483.

641 G. LEGIER, *op. cit.,* p. 207-208.

§1. Notion

L'action paulienne est celle par laquelle un créancier peut faire déclarer inopposable à son égard un acte que le débiteur a conclu en fraude de ses droits (art. 65 CCLIII).

§2. Conditions d'exercice

A. Conditions relatives à la créance du demandeur

1. Créance certaine

La créance doit être certaine au moment de l'exercice de l'action. Il n'est pas nécessaire qu'elle soit liquide et exigible, s'agissant d'une simple mesure conservatoire.

2. Créance née

La créance doit être née, au moins dans son principe, antérieurement à l'acte attaqué. Le créancier ne peut en effet pas se plaindre des actes que son débiteur a conclus avant la naissance de sa créance.

B. Conditions relatives à l'acte : le préjudice du créancier

1. Acte préjudiciable au créancier

Le débiteur doit avoir conclu un acte préjudiciable au créancier. Le préjudice découle d'un acte d'appauvrissement qui entraine l'insolvabilité du débiteur.

2. Acte d'appauvrissement

Il faut qu'il y'ait un acte d'appauvrissement telle une donation ou une vente à vil prix, la renonciation à une succession.

Ne sont pas des actes d'appauvrissement : d'abord l'acte relatif à des droits exclusivement attachés à la personne ou à des biens insaisissables ; ensuite, le paiement d'une dette échue ; enfin le partage.

3. Acte entrainant l'insolvabilité du débiteur

Cet appauvrissement doit entrainer ou aggraver l'insolvabilité du débiteur. Le créancier n'a pas à se plaindre s'il reste suffisamment de biens saisissables dans le patrimoine du débiteur. Cette condition d'insolvabilité est exigée lorsqu'il s'agit de protéger le droit de gage général du créancier. Toutefois, lorsque l'acte frauduleux a pour effet de rendre impossible l'exercice d'un droit spécial dont disposait le créancier sur une chose du débiteur (exemple : une sûreté réelle), l'insolvabilité n'est pas nécessaire.

C. Condition relative aux parties : la fraude

1. Quant au débiteur

La fraude du débiteur est nécessaire : il faut qu'il ait conclu l'acte avec conscience qu'il causait un dommage à son créancier, notamment en se rendant insolvable ou en augmentant son insolvabilité[642].

2. Quant au tiers

Si l'acte attaqué est à titre gratuit, peu importe que le tiers ait été ou non complice de la fraude.

Si l'acte est à titre onéreux, le demandeur doit prouver la complicité du tiers, c'est-à-dire sa connaissance du préjudice que l'acte causait au créancier.

§3. Effets

L'acte est déclaré inopposable au demandeur, qui pourra donc exiger du tiers la restitution du bien aliéné ou des dommages et intérêts, mais dans la limite de son intérêt, c'est-à-dire sans excéder la valeur de sa créance.

L'action est personnelle et ne profite pas aux autres créanciers (à la différence de l'action oblique). L'acte n'est pas annulé : il continue à produire ses effets dans les rapports entre le débiteur et le tiers.

Section III. Actions directes

La notion (§1), le domaine (§2) et les effets (§3) seront analysés[643].

§4. Notion

L'action directe est celle que la loi accorde seulement dans des cas particuliers permet à un créancier d'agir directement, en son nom personnel, contre certains débiteurs de son débiteur. A la différence de

642 KALONGO MBIKAYI, *op. cit.*, p. 485.
643 G. LEGIER, *op. cit.*, p, 207.

l'action oblique, elle donne au créancier un droit propre contre le sous-débiteur : celui-ci devient le débiteur direct du créancier, sans l'intermédiaire du patrimoine du débiteur[644].

§5. Domaine

La loi accorde une action directe dans des cas déterminés :

- au bailleur d'immeuble contre le sous-locataire (art. 409 CCLIII) ;
- à l'ouvrir contre le client de l'entrepreneur (art. 445 CCLIII) ;
- au mandant contre le tiers que le mandataire s'est substitué (art. 535, al. 2) ;
- à la victime d'un dommage contre l'assureur du responsable (art. 9 de la loi n°73-013 du 05 janvier 1973 sur l'assurance obligatoire de véhicules).

§6. Effets

- Le créancier agit en son nom personnel : c'est la différence avec l'action oblique.

- Le débiteur est dessaisi de son droit : l'action, dès qu'elle est exercée, rend inopposables au créancier (le demandeur à l'action) les actes de son débiteur relatifs à la créance, notamment un paiement qu'il ferait.

- Le bénéfice de l'action est réservé au créancier, auquel la loi l'a accordée. Il échappe ainsi au concours des autres créanciers, et là, réside la supériorité de l'action directe sur l'action oblique.

Quelle que soit la mesure à prendre quant aux biens du débiteur défaillant, le créancier doit prouver sa créance en cas de contestation de cette dernière par son débiteur. C'est toute la problématique de la preuve des obligations.

644 MALAURIE (P), AYNES (L) et STOFFEL-MUNCK (PH), *op. cit.*, p. 649, n° 1153.

TITRE V. PREUVE DES OBLIGATIONS

Le droit civil organise un régime de preuve propre (chapitre 1) tout en organisant les différents modes de preuves (chapitre 2).

CHAPITRE 1
REGIME DE PREUVE EN MATIERE CIVILE

Ce chapitre sera consacré aux notions (section I), au système de la preuve légale (section II), à la prééminence de la preuve écrite (section III) et à l'attitude du juge (section IV).

Section I. Notions

Prouver, c'est établir la vérité d'un fait contesté ou à la démontrer. En droit plus spécialement, c'est établir la vérité d'un fait d'où découlent des conséquences juridiques. Le principe est énoncé par l'article 197 CCLIII qui dispose que : « *celui qui réclame l'exécution d'une obligation doit la prouver* ». Jugé que celui qui se prétend libéré d'une obligation doit justifier le paiement ou le fait qui produit l'extinction de son obligation[645].

D'autre part, la charge de la preuve est déterminée par le rôle des parties devant le tribunal. Celle-ci est exprimée par deux adages latins à savoir : « *Actori incumbit onus probandi* », ou « *actori incumbit probatio* » c'est-à-dire « *la charge de la preuve incombe au demandeur* », et « *Reus in excipiendo fit actor* », c'est-à-dire : « *le défendeur, en soulevant une exception, devient demandeur au point de vue de la preuve* ».

En droit, l'on entend par preuve, les éléments que les parties sont autorisées à soumettre au juge pour entrainer la conviction de celui-ci et pour établir le fondement d'une prétention. Ce qui doit être prouvé en justice, ce sont les frais matériels ou juridiques qui servent de base à la prétention dont on veut établir le fondement. Ce n'est pas la règle de droit.

Section II. Système de la preuve légale et hiérarchisée

Le droit civil se caractérise par un régime de preuve légale, contrairement à d'autres branches du droit où la preuve est libre. Le siège de la matière est le sixième chapitre du titre premier du CCLIII comprenant les articles 197 et 245 subdivisé en cinq sections, procédés de deux articles de portées général.

---

645 CSJ, RC 1978, 6 février 1997, inédit ; KALONGO MBIKAYI, *op. cit.*, p. 433.

Dans le système légal de preuve, les dispositions, la loi établit entre les procédés de preuve admissibles une hiérarchie au point de vue de leur valeur probatoire comme suit visant à assurer la sécurité des relations juridiques en ces termes : la preuve littérale, la preuve testimoniale, la preuve par présomptions (ou les présomptions), la preuve par aveu et la preuve par serment[646].

Ces dispositions doivent être complétées par les règles relatives à l'administration de la preuve et aux procédures particulières telles que : l'expertise, la procédure d'enquête, l'interrogation des parties, etc.

La preuve en matière pénale répond à d'autres principes. D'abord, le principe « *actori incumbit probatio* » s'applique comme en matière civile et c'est le Ministère public qui a la charge de cette preuve et exceptionnellement le prévenu s'il veut écarter le fait infractionnel[647]. Cependant, il y a certaines particularités à relever en matière pénale.

D'abord, ce principe est tempéré par le principe constitutionnel de la présomption d'innocence de tout prévenu avant que sa culpabilité n'ait été établie par un jugement définitif[648].

Ensuite, en matière pénale, la preuve est libre. Ainsi, le juge pénal apprécie les preuves produites devant lui : c'est le principe de l'intime conviction c'est-à-dire le juge se prononce selon l'effet qu'ont produit sur sa conscience les preuves qui lui ont été présentées[649].

Jugé à cet effet qu'en matière pénale, hormis les cas où la loi impose un mode de preuve privilégié, les juges du fond apprécient souverainement les éléments susceptibles d'emporter leur intime conviction[650].

---

[646] E. LAMY, *op. cit.*, p. 232, n°130.

[647] A. RUBBENS, *Le droit judiciaire congolais, Tome III, L'instruction criminelle et la procédure pénale*, Bruxelles 1965, n°153.

[648] E.J. LUZOLO BAMBI LESSA et N. BAYONA bA MEYA, *op. cit.*, p. 410.

[649] J.L. AUBERT, *Introduction au droit, et thèmes fondamentaux du droit civil*, Paris, Armand Colin, 4ème édition, 1990, p. 215, n°221 ; A. VITU, Droit pénal spécial, Tome 2, Paris, 1982, n°s 2419 et ss ; G. STEFANI et G. LEVASSEUR, *Droit pénal général et procédure pénale, Tome II, procédure pénale*, 4ème édition, 1970, p. 23.

[650] CSJ, 14 janvier 1986, *Bull. Arr.* 2002, p. 114.

En droit commercial, le principe de la liberté de la preuve est consacré[651]. Les actes juridiques peuvent être prouvés par tous moyens : témoignages, documents comptables (livre-journal, grand-livre, balance général des comptes, livre d'inventaire), factures, correspondances, etc. Cette liberté est justifiée par les besoin de souplesse et de rapidité propre à l'activité commerciale. Ce régime s'adresse aux actes juridiques et non pour les faits juridiques comme le dommage par accident[652]. Cette liberté de preuve est exprimée à l'article 5 de l'Acte uniforme OHADA portant droit commercial général qui dispose « *Les actes de commerce se prouvent par tous moyens même par voies électronique à l'égard des commerçants* »[653].

Section III. Prééminence de la preuve écrite

§1. Principe

La preuve littérale et celle qui résulte des écrits dressés en vue de servir de preuve. Ce sont les actes ou titres. On l'appelle aussi préconstituée parce qu'elle est établie d'avance en dehors de toute contestation et par pure précaution. La preuve écrite est toujours admise en justice.

Contrairement à certains systèmes juridiques de droit étranger, comme les systèmes anglo-saxons qui accordent une place prépondérante aux témoignages, notre droit positif affirme le principe de la priorité de la preuve écrite, appelée preuve littérale.

§2. Exceptions

La règle de la primauté de la preuve écrite connait des exceptions, de sorte que la preuve pourra être apportée par voie de témoignages et de présomptions :

- S'il existe un commencement de preuve par écrit ;
- En cas d'impossibilité de se pré constituer en écrit, pour des raisons morales ou matérielles. Ainsi, ne sont pas soumis à la nécessité de l'écrit, l'acte et faits juridiques ne permettant pas de se réserver une telle preuve, tels que : les vices de consentement, les quasi-contrats, les délits et quasi-délits ;

---

651 J. MBUYU LUYONGOLA, *Droit commercial général OHADA*, Kinshasa, Editions ANJELANI, 2014, p. 211.

652 J.L. AUBERT, *op. cit.*, p. 222, n°217

653 Acte uniforme portant droit commercial général du 15 décembre 2010.

- Dans les domaines où il n'est pas d'usage de recouvrir à l'écrit. Exemple : contrat avec un médecin, achats de denrées alimentaires, achats ;
- En cas de perte de l'écrit suite à un cas de force majeure.

Section IV. Attitude du juge

§1. Principes

- L'attitude du juge est coordonnée par deux principes qui s'imposent à lui, dans le domaine de la preuve en droit civil.

- Le juge ne peut former sa conviction que d'après les procédés de preuve légaux ou la mise en œuvre du système de la preuve réglementaire, c'est-à-dire indiqués par la loi. La conviction d'après la connaissance personnelle qu'il aurait des faits ; il ne peut statuer que sur des éléments qui ont fait l'objet d'une preuve légale.

- Il est de principe que le juge reste passif dans le débat sur la preuve : Il écoute les parties, il apprécie les moyens qu'elles lui apportent : c'est que l'on appelle le principe de la neutralité du juge ou le principe dispositif. Toutefois, ce principe est beaucoup moins rigide que le premier. Ainsi le juge peut être actif et ordonner certaines mesures propres à préciser ou à compléter la preuve : descente sur les lieux, expertise, enquête, etc. Il peut, selon la jurisprudence, ordonner à une des parties de produire des pièces qu'elle a en sa possession et qu'elle n'invoque pas, lorsque cette mesure s'avère utile pour établir la vérité et permettre une juste solution du litige lui soumis.

§2. Formalisme

Une autre remarque concerne le formalisme légal de la preuve civile. Il faut en effet savoir qu'en droit congolais, l'administration de la preuve n'est pas absolument libre. Dans les sociétés primitives, on appliquait le système dit de la preuve libre, qui consistait à admettre la preuve par tous les moyens possibles, dès l'instant où ils paraissaient susceptibles d'entraîner la conviction du juge. En droit écrit, au contraire, le législateur y a substitué le système dit de la preuve légale, dans lequel les procédés de preuve sont réglementés par la loi et hiérarchisés. Cette hiérarchie est la suivante : la preuve littérale (l'écrit), la preuve testimoniale (témoignage), la preuve par présomptions, la preuve par aveu et la preuve par serment.

CHAPITRE 2
DIFFERENTS MODES DE PREUVE EN MATIERE CIVILE

En droit civil, la loi énumère divers procédés de preuve établis selon une hiérarchie que sont: la preuve littérale (section I), la preuve testimoniale (section II), la preuve par présomptions (section III), la preuve par aveu (section IV) et la preuve par serment (section V)[654].

Section I. Preuve littérale

La preuve littérale concerne les écrits dressés en vue de servir de preuve : ce sont les actes ou titres. On l'appelle aussi preuve préconstituée parce qu'elle est établie d'avance et en dehors de toute contestation et par pure précaution[655].

La preuve écrite comprend les actes authentiques et les actes sous-seing privé (§1). Il existe aussi en actes confirmatifs et recognitifs (§2).Des fois, les écrits non signés sont utilisés comme modes de preuve (§3).

§1. Actes authentiques et actes sous seing prive

La définition(A) et les différences entre les deux catégories d'actes(B) seront examinées.

A. Définition

Selon l'article 199 CCLIII, l'acte authentique est celui qui est dressé par un officier public dans les lieux et dans les cas où la loi lui permet d'instrumenter et avec les formalités requises. Quand il s'agit de contrats entre particulier, c'est généralement notaire qui intervient comme officier public.

Tandis que l'acte sous-seing privé est celui qui est rédigé par des particuliers (parties elles-mêmes ou mandataire)[656].

B. Différences entre actes authentiques et actes sous seing privé

Ces différences sont relatives aux formalités de rédaction, à la force exécutoire et à la force probante[657].

---

654 KALONGO MBIKAYI, *op. cit.*, p. 435.
655 KALONGO MBIKAYI, *op. cit.*, p. 439.
656 KALONGO MBIKAYI, *op. cit.*, p. 439.

1. Quant aux formalités de rédaction

a. Actes authentiques

Les actes authentiques sont soumis à des formes nombreuses, qui ont pour but d'en assurer la régularité et la véracité. Elles sont généralement sanctionnées par la nullité.

Ces formes, pour les actes notariés, concernent :

- La compétence territoriale et personnelle du notaire ;
- La capacité du notaire ;
- Les formalités instrumentaires ou de la rédaction de l'acte.

Ces formalités ont été réglées l'ordonnance-loi n°66/344 du 9 juin 1966. Ainsi :

- L'acte est soumis à un droit perçu au profit du trésor (art. 13) ;
- Il doit être rédigé en un seul contexte, sans blancs ni interlignes (art. 7) ;
- Il doit être signé des parties après qu'il leur en a donné lecture (art. 6) ;
- Il doit porter la signature du notaire (art.6)

L'acte authentique est nul si les formalités ne sont pas respectées. Jugé que la date ainsi que la signature de l'agent instrumentant constituent des mentions essentielles dont l'omission entraine l'inexistence de l'exploit d'assignation[658].

La nullité de l'*instrumentum* n'entraine pas celle du *negotium* sauf à l'égard des actes solennels. Le titre nul comme authentique, selon l'article 200 du code civil, livre III, peut valoir acte sous seing privé. L'*instrumentum* est le support servant au constat de la manifestation de la volonté et le *negotium* est l'acte juridique correspondant à la manifestation de la volonté elle-même , à sa substance[659].

Mais il faut distinguer. S'il s'agissait d'un *negotium* qui ne pouvait se réaliser que par acte authentique (acte solennel), le titre demeurera sans aucun effet. Dans les autres cas, le titre vaut comme écriture privée s'il a été signé par les parties (art. 207 CCLIII).

---

657 KALONGO MBIKAYI, *op. cit.*, p. 440 à 450.
658 CSJ, 2 février 1978, *Bull. Arr.*, p. 194.
659 J.L. AUBERT, *op. cit.*, p. 212, n°217

b. Actes sous-seing privé

1° Principe : absence de formalités

Ces actes n'exigent aucune formalité de rédaction particulière. L'élément exigé est la signature de l'auteur ou des auteurs de l'acte. La signature est un trait manuscrit et permanent caractéristique de son auteur et doit se mettre à la fin de l'acte. L'apposition d'une croix, d'un sceau ou l'une griffe au bas d'un acte est dépourvue de toute valeur. Un tel acte ne voudrait même pas le commencement de preuve par écrit. De même, l'acte portant au lieu de signature, une empreinte digitale même avec attestation signée d'un témoin que cette empreinte a été apostée par l'auteur prétendu, ne constitue pas un acte de preuve par écrit.

La Cour suprême de Justice a fait évoluer la jurisprudence en décidant que les empreintes digitales peuvent dans certains cas être équipollentes à la signature manuscrite et servir de déterminer l'auteur des actes sur lesquels elles sont apposées, encore faut-il que leur auteur ne sache pas écrire ou soit dans l'impossibilité d'écrire[660].

2° Exceptions : Formes particulières à certains actes sous seing privé

i. Actes constatant un contrat synallagmatique

L'article 207 CCLIII contient deux règles :

La première règle exige que les titres sous seing privé constatant des contrats synallagmatiques doivent être rédigés en autant d'exemplaires qu'il y'a des parties ayant des intérêts distincts ou plusieurs exactement opposés : c'est la « *formalité du double* ». Le but de cette disposition est de maintenir l'égalité entre les parties au point de vue de la preuve. On voit par là que chacun des titres à valeur d'original.

La deuxième règle exige que chaque original doit contenir la mention du nombre d'originaux dressés. En cas d'absence de cette formalité, il y'a sanction. En effet, est nul en tant que mode de preuve d'un contrat synallagmatique conclu entre deux parties, l'acte sous seing privé qui ne comporte pas la mention qu'il a été rédigé en double original. Ainsi, donc l'*instrumentum* est frappé de nullité et non le *negotium*. Celui-ci pourra donc

[660] CSJ, 4 avril 1973, *Bull. Arr.* 1973, p. 88.

éventuellement être établi par d'autres modes si ces modes sont admissibles.

L'article 207 in fine contient un tempérament : celui qui a exécuté la convention ne peut plus se prévaloir du défaut de la formalité. On peut avoir une sorte de confirmation. La nullité est également couverte quand tous les originaux sont représentés, la certitude de leur rédaction est alors complète.

L'acte nul pourrait servir de commencement de preuve par écrit. La portée de l'article 207 CCLIII est limitée par certains tempéraments :

Il ne s'applique pas aux contrats synallagmatiques dits « *imparfaits* » qui n'engendrent qu'une obligation principale unilatérale.

Il ne s'applique pas non plus pour un motif analogue aux contrats synallagmatiques déjà exécutés par l'une des parties, quand l'écrit est dressé.

On peut éluder la formalité du double en déposant un seul original entre les mains d'un tiers chargé de le conserver dans l'intérêt commun des parties. Il peut s'agir d'un notaire.

L'article 207 CCLIII ne s'applique pas aux conventions constatées par lettres missives.

Enfin, ces prescriptions sont étrangères à la preuve des actes commerciaux.

ii. Promesses unilatérales de sommes d'argent ou des choses appréciables en argent (c'est-à-dire en qualité, Kg, litre…)

La loi n'interdit pas en principe les actes sous seing privé en blanc-seing, c'est-à-dire signés d'avance avant la rédaction de l'écrit. Toutefois, afin d'en éviter les abus, elle édite en son article 208 une règle spéciale pour les promesses unilatérales de sommes d'argent ou de choses appréciables en argent.

L'acte doit ou bien être écrit en entier de la main du souscripteur, ou bien porter la mention « *bon jour* » ou « *approuvé pour* » avec le montant de la somme en toutes lettres en plus de la signature. Des formalités du « *bon pour* » n'empêche pas de tels engagements mais il doit résulter de la formalité que le souscripteur sera rendu un compte exact de l'étendue possible de son obligation.

Entre marchands, en particulier, la formalité du « *bon pour* » ou « *approuvé pour* » n'est pas de rigueur lorsqu'il s'agit de billet ou de promesse sous seing privé contenant engagement d'une seule partie envers une autre.

S'il y'a plusieurs débiteurs, chacun d'eux doit accomplir formalité. L'objet de la règle est uniquement les reconnaissances des sommes ou des choses qui s'estiment au poids, au nombre ou à la mesure.

En cas d'absence de la formalité : c'est la nullité mais celle-ci comme dans le cas précédent, frappe exclusivement l'acte instrumentaire. L'écrit irrégulier vaudra comme commencement de preuve par écrit.

Aux termes de l'article 209 CCLIII, lorsque la somme exprimée au corps de l'acte est différente de celle exprimée au bon, l'obligation est présumée n'être que de la somme moindre

L'article 208 CCLIII dispense certaines personnes de la formalité : les marchands, les artisans, les laboureurs, les vignerons, les gens de journée et de service.

2. Quant à la force exécutoire

On appelle force exécutoire d'un titre la faculté qu'il donne à son titulaire de recouvrir à l'exécution forcée de plano, sans recours préalable à la justice. Elle résulte de l'apposition sur le titre de la formule exécutoire, c'est-à-dire d'une injonction faite par le chef de l'Etat aux agents de la force publique, notamment aux huissiers, de procéder à cette exécution quand ils ne sont requis.

Les actes authentiques ont la force exécutoire, les actes sous seing privé ne l'ont pas.

Le créancier muni d'un acte notarié peut donc de plano procéder, faute de paiement à la saisie des biens de son débiteur.

Le porteur d'un acte sous-seing privé doit au contraire s'adresser à la justice pour obtenir une condamnation de son débiteur, c'est-à-dire « *minute* » (original de l'acte, de « *minutis litteris* ») mais sur la première

« *expédition* » (copie officielle) appelée « *grosse* » (de grossoyer, écrire en grosse lettre).

3. Quant à la force probante

La force probante est l'aptitude présentée par un élément de prouver les faits et les actes qu'il vise. La force probante des écrits doit être appréciée à trois points de vue différents : origine de l'acte, contenu de l'acte et date de l'acte.

a. Origine de l'acte

Il faut savoir de qui émane l'acte. Il y'a lieu de distinguer l'acte authentique de l'acte sous seing privé.

1° Acte authentique

Aucune disposition de la loi ne fixe la force avec laquelle l'acte authentique fait preuve de son origine. Se référant à l'article 217 CCLIII, celle démonstration peut être faite par toutes les voies de droit, témoins et présomptions compris.

2° Acte sous seing privé

La question de l'origine de l'acte sous-seing privé est réglée par les articles 205 et 209 CCLIII. Aux termes de ces articles, aucun acte sous seing privé ne peut être produit en justice sans qu'on le soumette au cours du débat judiciaire, à celui duquel on prétend qu'il émane. Cette personne se voit alors obligée, soit de reconnaitre que l'acte émane d'elle, auquel cas tout doute à propos de l'origine de l'acte disparait, soit de désavouer formellement l'origine de l'acte.

A l'issue de la procédure de vérification d'écriture soit que le tribunal déclare par jugement que l'acte émane de son signataire, soit qu'il décide, au contraire, que l'acte est faux. L'origine de l'acte sera établie incontestablement.

b. Contenu de l'acte

Il s'agit de voir si le contenu traduit ce qui a été convenu par les parties.

1° Acte authentique

L'article 201 CCLIIIL énonce le principe de la foi due aux actes authentiques. Jugé que la foi due aux actes authentiques n'est pas un principe général de droit mais une règle consacrée par les articles 201 et 202 du CCLIII[661].

Le contenu de l'acte authentique peut être décomposé en autant de mentions parmi lesquelles il importe de distinguer celles qui sont l'œuvre propres de la personne publique et dont la rédaction entre dans la mission légale de celle-ci. Seules ces mentions sont revêtues de la force probante particulière qui s'attache à l'acte authentique. Pour les combattre, il faudra se conformer à la règle portée en l'article 201 CCLIII, c'est-à-dire qu'il faudra produire en justice une preuve littérale contraire, soit un autre acte authentique, soit un acte sous seing privé reconnu.

Jugé que l'acte authentique fait foi jusqu'à preuve littérale contraire. La procédure d'inscription en faux n'est pas organisée en droit congolais[662]. Le procès-verbal de vente publique est un acte authentique faisant foi jusqu'à preuve littérale contraire et qui a pour effet de lier obligatoirement le juge de fond[663]. De même, viole les articles 201 et 202 du code civil livre III, le jugement qui altère le contenu de la note d'expertise[664]. Viole la foi due aux actes, un arrêt qui dénature le contrat résilié par les parties en le considérant encore existant[665]. Lorsque le juge ne tient pas compte de la volonté des parties exprimée dans une nouvelle convention remplaçant l'ancienne, il viole la foi due aux actes[666]. Se trouvant en présence d'un acte authentique, le juge d'appel ne peut pas apprécier librement et suivant son intime conviction, sans violer la loi. C'est donc à bon droit qu'il a exigé que l'accusation rapporte la preuve littérale contraire de l'acte authentique qu'elle contestait[667].

---

661 CSJ, RC 1262, 30 aout 1989, inédit.

662 CSJ, RP 279, 22 février 1983, inédit.

663 CSJ, RC 217, 21 mars 1981, inédit.

664 CSJ, RC 869, 25 mars 1987, inédit.

665 CSJ, RC 518, 24 décembre 1986, inédit.

666 CSJ, RC 518, 24 décembre 1986, inédit.

667 CSJ, RP 820, 25 novembre 1986, inédit, cité par KATUALA KABA KASHALA, LUMBALA ILUNGA(V) et MUANZA KATUALA, *Arrêts de principe et autres principales décisions de la Cour Suprême de Justice*, Kinshasa, éditions Batena Ntambua, p. 27.

Les autres mentions par contre n'ont jamais une force probante supérieure à celle qui leur reviendrait si l'acte avait été passé sous seing privé. C'est de cette manière que l'article 201 CCLIII doit être interprété. Cet article fixe uniquement la force probante des mentions relatives à la convention que l'acte est destiné à constater. Il demeure muet sur la valeur à reconnaitre aux autres mentions et dans cette mesure, il demande à être complété.

Constituent des mentions essentielles : la signature du notaire, celle des parties, la date, le fait que les parties ont exprimé telle ou telle volonté, l'accomplissement des formalités légales, l'identité des parties résultant des mentions énonciatives, les pièces produites par elle, les faits juridiques accomplis par les parties devant l'officier, la sincérité des déclarations des parties.

2° Acte sous seing privé

Des dispositions combinées des articles 201 et 204 CCLIII, il résulte que deux hypothèses doivent être distinguées. Ou bien l'acte sous seing privé est reconnu en justice ou légalement tenu pour tel. Dans ce cas, la force probante des mentions qu'il porte est identique à celle des mentions principales de l'acte authentique. Il en découle que ces mentions prouvent les faits et les actes qu'elles relatent jusqu'à preuve littérale contraire.

Cette preuve littérale sera administrée par la production en justice, soit d'un acte authentique, soit d'un autre acte sous seing privé reconnu. Si l'acte sous seing privé est désavoué par la personne à laquelle on l'oppose, il perd toute force probante.

La preuve contraire tant pour l'acte authentique que pour l'acte sous seing privé doit être littérale. La procédure de l'inscription en faux.

c. Date de l'acte

1° Acte authentique

La date fait partie de la convention ou de l'acte authentique. Il faut la preuve littérale contraire.

Seule par conséquent, la production en justice, soit d'un acte authentique, soit d'un acte sous seing privé reconnu, pourra établir la fausseté de la date que porte l'acte authentique.

2° Acte sous seing privé

Il faut distinguer selon que l'on envisage la probante de l'acte entre parties ou à l'égard des tiers.

- Entre parties

Entre parties, la date de l'acte sous seing privé est traitée comme l'une des clauses de la convention. Il en résulte que deux cas doivent être distingués. Si l'acte sous seing privé est reconnu ou légalement tenu pour tel, la date qu'il porte fait foi (art 201 et 404 CCLIII), jusqu'à preuve littérale contraire. La conséquence en est que ni les témoins, ni les présomptions ne peuvent être invoqués contre la date ainsi constatée. Si au contraire l'acte n'est pas reconnu, la date qu'il porte se voit privée de quelque autorité que ce soit.

- A l'égard des tiers

Comme il y'a toujours lieu de redouter une antidate résultant d'une connivence des deux signatures de l'écrit privé en vue de frauder les tiers, l'acte ne fait pas foi de sa date à leur égard. Il faut pour qu'il soit opposable, que son antériorité résulte de l'acquisition d'une date certaine. Cette acquisition ne peut résulter que de l'impossibilité de l'antidate, laquelle découle notamment des deux faits mentionnés dans l'article 210 CCLIII:

- La mort de l'une des parties qui ont souscrit l'acte ;
- La relation de cet écrit dans un acte authentique comme par exemple.

Mais il faudra savoir qui est « *tiers* » aux termes de l'article 201CCLIII ?

Le mot tiers n'a pas dans l'article 210 CCLIII la même signification que dans l'article 63CCLIII où il désigne les personnes qui n'ont pas de rapport juridique avec les contractants relativement à l'objet du contrat et les créanciers chirographaires.

Ainsi ne sont pas des « *tiers* » au sens de l'article 210 CCLIII :

- Les parties, qu'elles soient présentes ou représentées à l'acte ;
- Leurs ayants cause universels ou à titre universel, ceux-ci recueillent en effet, toutes les obligations contractées par leurs auteurs, quelle que soit leur date ;

- Les créanciers chirographaires sauf dans l'hypothèse énoncée ci-après, ces créanciers subissent l'effet de tous les actes accompli par leur débiteur sur son patrimoine.

Par contre, sont des « *tiers* » au sens de l'article 210 CCLIII:

- Les ayants causes à titre particulier des contractants. Ceux-ci doivent subir l'effet de certains actes passés par leur auteur avant l'acquisition (art. 399 CCLIII) ;
- Les créanciers chirographaires des contractants lorsqu'ils invoquent contre l'auteur de l'acte, un droit propre qu'ils tiennent de la loi et non de lui.

Exception à la règle de l'article 210 CCLIII

L'article 210 CCLIII reçoit plusieurs limitations :

- De nombreux actes juridiques voient leur date établie par des modes légaux différents le cas de cession de créance (art. 353 CCLIII), de transmission de meubles corporels, tradition (art. 658 CCLIII) ;
- L'article 210 CCLIII ne s'applique pas testament ;
- Il ne s'applique pas non plus, en vertu de la tradition, aux quittances ;
- Il est toujours loisible aux tiers de renoncer au bénéfice de l'article 210 CCLIII qui n'est pas d'ordre public ;
- Il est étranger aux matières commerciales;
- Enfin, un tiers de mauvaise foi ne peut s'en prévaloir ;
- Il convient au surplus de remarquer que l'article 210 CCLIII ne s'applique pas aux actes formant de simple commencement de preuve par écrit.

§2. Actes recognitifs et confirmatifs

A. Notion

L'acte recognitif ou titre nouvel est celui qui contient la reconnaissance d'un droit antérieur, déjà constaté par un acte primordial.

L'acte confirmatif est l'acte dressé en vue de valider un contrat en supprimant le vice qui l'affectait.

B. Régime des actes recognitifs

L'acte recognitif n'est pas une simple copie. Il est, comme l'acte primordial, signé par les parties. Son utilité est double :

- Il sert à faciliter ou à assurer la preuve, quand le titre primordial est perdu ou en danger de l'être ;
- Il sert à interrompre la prescription (art. 640 CCLIII). La valeur probante des actes recognitifs est traditionnellement réglée par la distinction suivant :
  - Si l'acte recognitif relate spécialement la teneur de l'acte primordial, il équivaudra à ce dernier (art. 215, al. 1er CCLIII).
  - Si l'acte recognitif ne relate pas le teneur de l'acte primordial, il ne vaudra que commencement de preuve par écrit. On mentionnera toutefois l'hypothèse prévue par l'article 215 CCLIII : « *Néanmoins, s'il y'avait plusieurs reconnaissances conformes, soutenues de la possession, et dont l'une eut trente ans de date, le créancier pourrait être dispensé de représenter le titre primordial* »

Il est essentiel d'observer le titre recognitif n'a jamais de valeur que quand le titre primordial est perdu. Jamais un titre recognitif ne dispense de réduire l'acte primordial, quand celui-ci existe encore. Le titre recognitif n'aura alors que la seule portée d'interrompre la prescription.

C. Régime des actes confirmatifs

La théorie générale de la confirmation est énoncée par l'article 216 CCLIII. Cette question a abordée lors de l'examen de la nullité des contrats.

§3. Ecrits non signes pouvant servir de preuve

A. Livres des commerçants

Les commerçants sont obligés par la loi à tenir certains livres : livre journal, copie des lettres, livre d'inventaires. Ces livres font-ils pleine foi entre commerçants pour faits de commerce. Entre commerçants, il faut distinguer :

- Le commerçant, car on ne peut se créer unilatéralement de titre à soi-même. Toutefois, comme il s'agit des livres spéciaux, la loi leur accorde une certaine valeur, celle d'un commencement de preuve autorisant le juge à déférer le serment supplétoire (art. 211 CCLIII). Cette procédure ne peut toutefois avoir lieu qu'a été jugé que le tribunaux sont libres d'admettre les livres de commerce d'un commerçant, même à l'égard d'un non commerçant lorsque celui-ci ne contredit pas la régularité des livres invoqués. L'ordre public ne s'oppose pas à ce genre de preuve.

- Le non commerçant peut se prévaloir des livres d'un commerçant, mais il peut diviser leur énonciation pour n'en retenir que ce qui est favorable à ses prétentions (art. 212 CCLIII). C'est l'application de l'idée de l'indivisibilité de l'aveu. Cette individu toutefois qu'aux livres régulièrement tenus. En cas d'irrégularité, le juge serait en droit de se fonder uniquement sur les énonciations défavorables au commerçant.

B. Registres et papiers domestiques

Les particuliers tiennent des registres, livres de comptes, ou conservent leurs papiers domestiques. Contre celui qui les a tenus, ils peuvent faire foi dans les conditions indiquées à l'article 213 CCLIII. En réalité, ce sont des aveux.

C. Ecritures mise par le créancier sur le titre

L'art. 214 CCLIII envisage ici les énonciations écrites émanant du créancier, mais non signées de lui. Si ces énonciations tendent à établir la libération du débiteur, elles font foi, de manière suivante :

- Ecrites sur un titre resté toujours en possession du créancier, elles font foi sauf preuve contraire au profit du débiteur.

- Ecrites sur le double titre ou sur une quittance qui se trouve aux mains du débiteur, elles font foi en faveur de ce dernier.

D. Copies, photocopies, copies sur carbones et télégrammes

Il existe un certain nombre d'écrits non signés par les parties qui relatent des faits juridiques dont on peut étudier la force probante : il s'agit des copies de document, des écrits sur carbones, des télégrammes.

1. Copies, photocopies, copies sur carbones

Ces écrits ne sont pas des actes sous seing privé tant qu'ils ne portent pas la signature de leurs auteurs. Ils n'ont par conséquent pas la force probante d'un acte sous seing privé. Ils peuvent éventuellement servir de renseignement voire de commencement de preuve par écrit.

2. Télégrammes, télex

Quant aux télégrammes, ils ne sont l'œuvre de leurs auteurs. Ils sont rédigés par les agents de la poste et parfois pas et, ils réduisent les messages des clients. Ils n'ont rien d'un acte sous seing privé.

§4. Ecrits sous forme électronique

Les progrès techniques avec l'ordinateur reposent la problématique de la preuve car non seulement la signature traditionnelle n'est pas concevable, mais encore les règles traditionnelles relatives aux actes sous seing privé seraient difficiles à appliquer aux écrits par internet.

Le code civil congolais, livre III n'a pas réglementé la question. En droit comparé, droit français notamment, le code civil a connu une réforme sur la question[668].

Section II. Preuve testimoniale

La notion (§1), les formes (§2) et le régime juridique (§3) seront analysés.

§1. Notion et définition

La preuve testimoniale est celle qui se réalise par les déclarations des personnes qui relatent les faits dont elles ont eu personnellement connaissance (*ex propriis sensibus*)[669].

§2. Diverses formes de témoignage

A. Témoignage oral

Le témoignage est en principe oral. Les déclarations des témoins sont reçues soit à l'audience soit en dehors de l'audience (art. 29 code de procédure sur les enquêtes).

[668] Lire à ce sujet : F. TERRE, *Introduction générale au droit*, Dalloz, 6ème édition, 2003, p. 511, n°s 545 et ss.

[669] KALONGO MBIKAYI, *op. cit.*, p. 457.

B. Témoignage écrit

Le témoignage peut aussi être écrit. C'est le récit d'un événement dans une lettre missive, c'est aussi des certificats divers donnés par des hommes de l'art, des constats d'huissier dressés à la requête des particuliers , des actes de notoriété, d'un dossier pénal produit devant un juge civil, aux fins d'utiliser les témoignages qui y sont contenus[670].

Jugé qu'en matière de quasi-délit les tribunaux puisent leur conviction dans tous les éléments de preuve ; ils peuvent donc, à cet effet, se fonder sur les données d'un dossier pénal dont ils apprécient souverainement la force probante[671].

§3. Règles qui président au témoignage

Ces règles concernent l'appréciation souveraine(A), le non administration de plano (B), la limitation de la preuve testimoniale (C)[672].

A. Appréciation souveraine de la preuve

Contrairement à la preuve écrite, le juge apprécie souverainement la preuve testimoniale.

B. Non administration de plano

La preuve testimoniale ne s'administre pas de plano ou de plein droit. Elle doit être demandée en justice. Le juge l'ordonne par un jugement avant-dire droit.

C. Limitation de son administration

L'article 217 énumère deux règles que sont: la preuve testimoniale est interdite au-dessus de 2.000 francs et contre le contenu d'un écrit.

---

670 KALONGO MBIKAYI, *op. cit.*, p. 458.

671 Inst. Léo, 22 mai 1939, inédit, cité par A. SOHIER (sous la direction de) *Droit civil du Congo belge, Tome III*, in Bruxelles, Larcier, 1956, n°92 bis, p. 390.

672 KALONGO MBIKAYI, *op. cit.*, p. 458.

1. Règes édictées à l'article 217 CCLIII

a. Non administration de la preuve testimoniale au-delà de 2000 Frans congolais

La preuve testimoniale n'est admise que pour les choses n'excédant pas 2.000 francs. Pour que celle-ci s'applique, la règle relative à la valeur du litige, son évaluation et sa matière doivent être observée.

Pour ce qui concerne la valeur du litige, le chiffre est de 2.000 francs.

Pour ce qui concerne l'évaluation de l'objet du litige, elle se fait au moment de l'acte et non au moment du procès. Cela résulte du texte même de l'article 217, la loi ne dit pas au juge d'écarter la preuve testimoniale pour tout litige dont la valeur excède 2 francs. Elle enjoint aux parties de « *dresser un acte* » pour tout acte excédant cette somme. Or, c'est au moment de la conclusion de cet acte qu'elles doivent dresser un écrit. Jugé que s'agissant de la remise d'une somme de six millions de francs belges, l'article 217 du code civil livre III exige une preuve écrite pour un tel montant. En effet, est fondé et entraine cassation de l'arrêt attaqué le moyen tiré de la violation des articles 16 alinéa 3 de la constitution et 23 CPP, en ce que la Cour n'a pas répondu aux conclusions du demandeur suivant lesquelles le défendeur en cassation n'avait pas fourni la preuve écrite de la remise de 600.000/0 FB au demandeur ainsi que le requiert l'article 207 CCZ Liv. III[673].

Pour ce qui concerne la matière du litige, les expressions « *de toutes choses* » prévus à l'article 217 ne visent pas seulement les conditions, mais tous les actes juridiques unilatéraux ou bilatéraux à l'exclusion des faits ou actes matériels, c'est-à-dire ceux qui ne font naître qu'accidentellement des effets de droit. Ici, il ne s'agit que des actes juridiques du domaine patrimonial. Les actes du droit de la famille et de l'état des personnes obéissent à des règles propres.

b. Non administration de la preuve testimoniale contre et outre un écrit

La preuve testimoniale ne peut pas être administrée contre un écrit et outre un écrit.

---

673 CSJ, RC 1270, 28 septembre 1988, inédit, cité par KATUALA KABA KASHALA, LUMBALA ILUNGA(V) et MUANZA KATUALA, *op. cit.*, Kinshasa, éditions Batena Ntambua, p. 262.

Jugé qu'en matière d'obligations supérieures à 2.000 Zaïres, le témoignage ne doit pas établir l'existence du contrat ou un paiement quelconque du prix convenu, mais plutôt établir le fait matériel de savoir si le vendeur a réellement envoyé des messages pour réclamer son dû et que l'acheteur a refusé de payer le solde[674].

2. Exceptions

Les deux règles de l'article 217 connaissent des exceptions relatives à la preuve testimoniale en matière commerciale, à l'admission du commencement de preuve par écrit et à l'admission de la preuve testimoniale dans l'impossibilité de se procurer la preuve écrite.

a. En matière commerciale

L'article 217 CCLIII in fine précise que ses principes ne s'appliquent pas en matière commerciale.

En effet en droit commercial, le formalisme et la hiérarchie de la preuve en droit civil ne sont pas de mise. L'on peut admettre la preuve sans respecter la hiérarchie des modes de preuve du droit civil. En effet, il est possible de prouver outre et contre le contenu d'un écrit par le témoignage ou par présomption[675].

En droit commercial, le principe de la liberté de la preuve est consacré[676]. Les actes juridiques peuvent être prouvés par tous moyens : témoignages, documents comptables (livre-journal, grand-livre, balance général des comptes, livre d'inventaire), factures, correspondances, etc. Cette liberté est justifiée par les besoin de souplesse et de rapidité propre à l'activité commerciale. Ce régime s'adresse aux actes juridiques et non pour les faits juridiques comme le dommage par accident[677]. Cette liberté de preuve est exprimée à l'article 5 de l'Acte uniforme OHADA portant droit commercial général qui dispose « *Les actes de commerce se prouvent par tous moyens même par voies électronique à l'égard des commerçants* »[678].

---

674 CSJ, RC 1521, 12 février 1992, *inédit*.

675 J.L. AUBERT, *op. cit.*, p. 217, n°222.

676 J. MBUYU LUYONGOLA, *Droit commercial général OHADA*, Kinshasa, Editions ANJELANI, 2014, p. 211.

677 J.L. AUBERT, *op. cit.*, p. 222, n°217

678 Acte uniforme portant droit commercial général du 15 décembre 2010.

b. Commencement de preuve par écrit (art. 223 CCLIII)

Il sous-entend un écrit, au sens large du mot émanant de la personne contre laquelle on l'invoque et rendant vraisemblable le fait allégué. C'est le cas par exemple d'une lettre missive ou d'un projet d'acte signé.

Le juge de fond apprécie souverainement si l'acte invoqué rend vraisemblable le fait allégué.

c. Impossibilité pour le créancier de se procurer une preuve littérale de l'obligation contractée envers lui

1° Principe (art. 224 CCLIII)

Il s'agit tant de l'impossibilité matérielle que de l'impossibilité morale de se procurer une preuve écrite (art. 224 al. 2 et 3).

C'est l'hypothèse des relations contractuelles entre médecins et clients, entre maître et domestique, entre parents.

L'article 217 ne s'applique en principe qu'entre les parties contractantes et que les tiers peuvent prouver par tous les moyens l'existence d'un contrat ou d'un acte juridique surtout lorsqu'il faut prouver que le contrat cache une fraude.

2° Perte du titre par cas fortuit (art. 224 CCLIII)

En cas de perte du titre par cas fortuit, il faudra, avant d'établir la teneur de l'acte juridique dont le titre a été perdu, prouver trois choses :

- Qu'il existait un titre écrit ;
- Qu'il a été un titre écrit ;
- Qu'il a été détruit par cas fortuit.

Section III. Preuve par présomption

Au sens de l'article 225 CCLIII, les présomptions sont des conséquences que la loi ou le magistrat tire d'un fait connu à un fait inconnu. Il existe deux sortes de présomptions légales : les présomptions humaines ou du magistrat (§1) et les présomptions légales (§2).

§1. Présomptions humaines (art. 229 ccliii)

A. Notion

Les présomptions humaines sont celles qui résultent des indices soumis au juge par les parties[679].

Ainsi, la présomption correspond à des faits ou des événements qui sont en relation plus ou moins indirecte avec le fait à prouver et qui peuvent constotuer, pour le juge, des indices de la réalité de ces faits[680].

B. Force de la présomption

La preuve présomption est subsidiaire par rapport à la prééminence de la preuve écrite. Les présomptions humaines ne sont pas limitées.

Les présomptions humaines soumises quant à leur recevabilité à toutes les règles qui gouvernent la preuve testimoniale.

Le magistrat n'accepte ces présomptions que si elles emportent sa conviction, il a la liberté d'apprécier et il est souverain.

§2. Présomptions légales

A. Notion

Les présomptions légales sont celles où c'est la loi qui tire la conséquence d'un fait connu à un fait inconnu[681].

La loi se fonde sur deux raisons : d'abord le « *quod plerumque fit* » et décider que ce qui est vrai dans la plupart des cas doit être tenu pour tel dans tous les cas ; ensuite, elle peut se baser sur des motifs d'intérêt public.

B. Force de la présomption

La présomption légale fait foi et s'impose au magistrat, tandis que la présomption humaine est du domaine de son appréciation souveraine.

Il faut distinguer cette force de la présomption légale selon qu'elle est irréfragable ou absolue (A) ou réfragable ou relative (B).

---

679 KALONGO MBIKAYI, *op. cit.*, p. 465.
680 J.L. AUBERT, *op. cit.*, p. 219, n°213.
681 KALONGO MBIKAYI, *op. cit.*, p. 466.

1. Présomption irréfragable

La présomption irréfragable, appelée aussi « *juris et jure* », ne souffre d'aucune preuve contraire. D'après l'article 228 CCLIII, il y'a présomption irréfragable :

- Quand la loi « *annule certains actes* » ;

- Quand la loi « *dénie l'action en justice* ».

- Il existe aussi la présomption de l'autorité de la chose jugée prévue à l'article 227 CCLIII. Jugé qu'en considération de l'article 37 du code de procédure devant la Cour Suprême de Justice, viole l'autorité de la chose jugée, la juridiction de renvoi qui s'écarte des termes de l'injonction qui lui est faite par un arrêt de cassation[682].

2. Présomption refragable

C'est celle qui souffre de la preuve contraire et est appelé « *juris tantum* ». Les présomptions simples peuvent donc être renversées.

Section IV. Preuve par aveu

L'on analysera la notion (§1), la force probante (§2) ainsi que l'indivisibilité de l'aveu (§3).

§1. Notion

L'aveu est la reconnaissance par une partie de l'existence de l'exactitude d'un fait allégué contre elle et susceptible de produire des effets juridiques à son encontre. L'aveu est la meilleure des preuves « *probatio probatissimo* »[683].

En admettant le fait qui fonde les prétentions de l'autre partie, la partie qui fait l'aveu dispense en réalité l'autre partie de reporter la preuve du fait en question.

L'aveu ne peut être évoqué à la place d'un écrit ou à l'encontre d'un écrit.

---

682 CSJ, 7 décembre 1995, *RAJZ*, 1996, p. 15.
683 KALONGO MBIKAYI, *op. cit.*, p. 469.

L'aveu est un acte juridique unilatéral. Il peut être exprès ou tacite : l'aveu peut notamment être déduit du comportement adopté par une partie.

L'aveu est admis dans toutes les matières, sauf lorsque la loi l'interdit.

§2. Règles relatives à la force probante

La force probante est à distinguer selon qu'il s'agit de l'aveu extrajudiciaire(A) ou de l'aveu judiciaire(B).

A. Aveu extrajudiciaire

L'aveu extrajudiciaire est celui qui intervient en toutes circonstances. Il peut être écrit ou verbal et doit être admis par le juge qui exerce un contrôle sur le contexte dans lequel l'aveu est fait.

Le juge dispose d'un pouvoir souverain d'appréciation quant à la sincérité et la fiabilité de l'aveu extrajudiciaire.

L'aveu extrajudiciaire doit être prouvé selon la hiérarchie des modes de preuves établie par la loi.

L'admissibilité de ce mode de preuve est liée à celle de la preuve testimoniale (art. 231 CCLIII).

Quant à l'aveu extra judiciaire écrit, c'est en réalité un écrit, auquel s'appliqueront les règles de la preuve littérale.

B. Aveu judiciaire

L'aveu judiciaire résulte de la déclaration en justice de la partie qui confirme ainsi le fait sur lequel portent les prétentions de la partie adverse, et ce dans le cours de la procédure visant à trancher le bien-fondé de ces prétentions.

L'aveu judiciaire fait foi de plein droit contre la partie dont il émane : le juge n'a pas à apprécier la valeur probante de l'aveu, mais demeure libre de déclarer de sa pertinence pour la résolution du litige.

La force probante de l'aveu est complète, l'article 232 al. 2 CCLIII, dispose qu'il fait foi. Le juge doit donc s'incliner devant lui et tenir pour vrai ce qu'il contient.

§3. Indivisibilité et irrévocabilité de l'aveu

Diviser un aveu c'est prendre ce qui est favorable et rejeter ce qui est défavorable. L'article 232 al. 2 CCLIII interdit de diviser l'aveu[684].

En outre, l'aveu est irrévocable une fois prononcé. Il ne peut être révoqué que pour cause d'erreur de fait et non pour erreur de droit.

Section V. Preuve par serment

Le serment sera défini (§1) avant d'en donner les catégories (§2).

§1. Définition

Le serment est l'affirmation solennelle devant un juge, par une partie, d'un fait qui est favorable.

C'est l'acte à la fois civil et religieux, par lequel une personne prend Dieu à témoin de la vérité d'un fait ou de la sincérité d'une promesse et l'invoque comme vengeur du parjure[685].

Une partie tente d'établir un fait à l'appui de ses prétentions et dont il n'existe aucun autre moyen de preuve.

Le faux serment est puni par le code pénal.

§2. Catégories

On distingue deux sortes de serment :

A. Serment décisoire ou litisdécisoire

C'est une convention sous le contrôle du juge, par laquelle l'une des parties s'en remet à la conséquence de son adversaire pour faire dépendre du serment la solution du litige. Le juge, dans ce cas, cesse d'avoir un rôle actif ; il n'est plus qu'un simple spectateur qui enregistre le résultat de la procédure et il est lié par ce résultat (art. 233 al. 1 CCLIII)[686].

Lorsqu'une partie est acculée à défaut de pouvoir prouver ce qu'elle avance, elle peut déférer un serment litisdécisoire à l'autre partie qui fera

684 KALONGO MBIKAYI, *op. cit.*, p. 471.
685 KALONGO MBIKAYI, *op. cit.*, p. 473.
686 KALONGO MBIKAYI, *op. cit.*, p. 473.

preuve de bonne foi et de probité, en accréditant la demande de la première partie.

Les faits sur lesquels porte le serment litisdécisoire doivent être personnels aux parties et ne peuvent constituer des faits pénalement punissables.

Le juge décide de l'admissibilité du serment litisdécisoire en examinant si les faits soumis à la preuve par serment sont décisifs, dont le sens où ils permettront de mettre fin à la contestation qui oppose les parties.

B. Serment déféré d'office

Le serment déféré d'office est une simple mesure instruction à laquelle le juge peut recouvrir en certains cas, mais qui ne le lie pas et dont il apprécie librement la valeur. Il est supplétoire ou estimatoire (Article 242 CCLIII)[687].

Le serment supplétoire et le serment estimatoire sont des mesures d'instruction ordonnées par le juge, à la demande d'une partie ou d'office soit pour compléter les preuves existantes (serment supplétoire) ou soit pour fixer la valeur d'une chose (serment estimatoire).

1. Serment supplétoire (art. 243 CCLIII)

Le serment supplétoire est celui que le juge peut déférer d'office, quand il n'est pas convaincu par les preuves produites devant lui et qu'il veut en corroborer la conclusion ou en compenser l'insuffisance.

L'article 243 fixe les deux conditions nécessaires : que la demande ne soit pleinement justifiée d'une part et, d'autre part, qu'elle ne soit pas complètement dénuée de preuve.

Il résulte de là qu'à la différence du serment décisoire (art 236 CCLIII), le serment supplétoire ne peut être proposé en l'absence de toutes preuves.

S'il s'agit d'un fait susceptible d'être démontré par témoins, le juge a toute la liberté pour proposer le serment supplétoire, sous la seule condition qu'il y'ait dès à présent certains éléments conviction résultant de témoignage déjà fournis, ou des présomptions simples, si faibles

---

687 KALONGO MBIKAYI, *op. cit.*, p. 475.

soient-elles, contraire à la preuve littérale et nécessaire, le juge ne peut recouvrir au serment supplétoire, en l'absence d'écrit, que s'il y'a un commencement de preuve par écrit.

2. Serment estimatoire ou in litem (art. 245 CCLIII)

C'est une variété du serment supplétoire, qui est employé quand il s'agit d'évaluer une chose, objet et d'un litige. C'est le cas par exemple d'une malle perdue dans un accident. Seul le juge peut le déférer et uniquement au demandeur sous certaines conditions d'admissibilité sont[688] :

- L'absence d'autre moyen d'évaluation ;
- La fixation par le juge de la somme jusqu'à concurrence de laquelle le demandeur se crut sur son serment.

Jugé que lorsqu'il a été ordonné aux parties d'évaluer leur litige et que l'une d'entre elles s'abstient d'y procéder tout en ne contestant pas l'estimation faite par son adversaire, elle est censée s'en être remise à cette estimation et au contrôle de la Cour[689].

---

688 KALONGO MBIKAYI, *op. cit.*, p. 475.
689 CSJ, 31 juillet 1974, *Bull. Arr.*, 1975, p. 198.

BIBLIOGRAPHIE SOMMAIRE

A. Ouvrages généraux

1. AMISI HERADY, *Droit civil. Les personnes, les incapacités, la famille, Volume I*, Kinshasa, Editions de l'Université Protestante au Congo, 4ème édition 2016.

2. J.L. AUBERT, *Introduction au droit, et thèmes fondamentaux du droit civil*, Paris, Armand Colin, 4ème édition, 1990.

3. A. BENABENT, *Droit civil, les obligations*, Paris, 12ème édition, Montchrestien, 2010 et 14ème édition, Dalloz 2014.

4. H. CAPITANT, F. TERRE et Y LEQUETTE, *Les grands arrêts de la jurisprudence civile, Tome I*, Paris, Dalloz 13ème édition, 2015,

5. J. CARBONNIER, Droit civil, Tome 4, Les obligations, 22ème édition, 2000.

6. Y. CHARTIER, *La réparation du préjudice*, Paris, Dalloz, 1983.

7. H. De PAGE, *Traité élémentaire de droit civil belge*, T. III, Bruxelles, Bruylant, 1950.

8. F. COLLART DUTILLEUL et Ph. DELEBECQUE, *Contrats civils et commerciaux*, Paris, Dalloz, 2011.

9. G. CORNU, *Droit civil. Introduction au droit*, Paris, 13ème édition, Montchrestien, 2007.

10. H. DE PAGE (H) et R. DEKKERS, *Traité élémentaire de droit civil belge, T. III*, Bruylant, 1967.

11. R.O. DALCQ, *Les Novelles, Droit civil, T.V.*, Bruxelles, Larcier, 2ème édition 1967.

12. DIBUNDA KABUINJI PUMBUAMBUJI, *Répertoire général de la jurisprudence de la Cour Suprême de Justice 1969-1985*, Editions CPDZ, 1990.

13. DEMOGUE, *Traité des obligations en général*, 1923.

14. J.L. FAGNART et R. BOGAERT, *Réparation du dommage corporel en droit commun*, Bruxelles, Laruée, 1994.

15. FLOUR, AUBERT et SAVAUX, *Droit civil. Les obligations*, Tome 1, Paris, PUF, 2008.

16. J. FROSSARD, *La distinction des obligations de moyen et de résultat*, Paris, LGDJ, 1985.

17. L. JULLIOT de la MORANDIERE, *Précis de droit civil, T. II*, 3ème édition, Dalloz, Paris 1964.

18. G. KABWA KABWE, *Droit civil congolais. Les personnes, les incapacités, Tome I*, Kinshasa, Presses des Facultés de Droit des Universités du Congo, 2016.

19. G. KALAMBAY LUMPUNGU, *Droit civil, Régime général des biens, Volume I*, Presses universitaires du Zaïre, 1979.

20. G. KALAMBAY LUMPUNGU, Droit civil, Volume II, Régime foncier et immobilier, Kinshasa, Presses universitaires du Zaïre, 1989.

21. G. KALAMBAY LUMPUNGU, *Droit civil, Volume III, Régime des sûretés*, Kinshasa, Presses universitaires du Zaïre, 1990.

22. KALONGO MBIKAYI, *Droit civil. Tome 1 ; Les obligations,* Kinshasa, Editions Universitaires Africaines, 2012.

23. KALONGO MBIKAYI, *Code civil et commercial,* Kinshasa, CRDJ, 1997.

24. KALONGO MBIKAYI, *Responsabilité civile et socialisation des risques en droit congolais*, Kinshasa, PUZ, 1977.

25. V. KANGULUMBA MBAMBI, *Précis de droit civil des biens, Tome I*, Kinshasa, Editions africaines, 2002.

26. V. KANGULUMBA MBAMBI, Indemnisation des victimes des accidents de la circulation et assurance de responsabilité civile automobile, Louvain-la Neuve, Bruylant Academia, 2002.

27. KATUALA KABA KASHALA, *Code civil zaïrois annoté*, Kinshasa, Editions Batena Ntambua, 1995.

28. KATUALA KABA KASHALA, V. LUMBALA ILUNGA et MUANZA KATUALA, *Arrêts de principe et autres principales décisions de*

la Cour Suprême de Justice, Kinshasa, éditions Batena Ntambua, 2008, p. 221.

29. M.T. KENGE NGOMBA TSHILOMBAYI, *Droit civil, Les sûretés*, Kinshasa, Ed. Mont Sinaï, 2008

30. M.T. KENGE NGOMBA TSHILOMBAYI et aliis, *Sûretés OHADA*, Kinshasa, Ed. Mont Sinaï, 2014.

31. J.P. KIFWABALA TEKILAZAYA, Droit civil congolais : les personnes, les incapables, la famille, Lubumbashi, Presses universitaires de Lubumbashi, 2008.

32. J.P. KIFWABALA TEKILAZAYA, *Droit civil, les biens, Tome I*, Lubumbashi, Presses universitaires de Lubumbashi, 2004.

33. L. KYABOBA KASOBWA, Législation et règlementation de la protection du consommateur en RDC. Constats et suggestions, éd. Recherches et Documentation Juridiques Africaines (RDJA), Bruxelles, 2012.

34. Y. LAMBERT-FAIVRE, *Droit du dommage corporel*, 4ème édition, Paris, Dalloz, 2000.

35. Y. LAMBERT-FAIVRE et S. PORCHY-SIMON, *Droit du dommage corporel* ; Paris, 7ème édition Dalloz, 2011.

36. E. LAMY, *Le droit privé zaïrois, Vol. 1er, Introduction à l'étude du droit écrit et du droit coutumier zaïrois*, Kinshasa, Presses universitaires du Zaïre, 1975.

37. M. LE ROY, *L'évaluation du préjudice corporel*, Paris, Litec, 18ème édition 2007.

38. Ph. LE TOURNEAU, *La règle « Nemo auditur »*, Paris, LGDJ, 1970.

39. Ph. LE TOURNEAU, *Droit de la responsabilité et des contrats*, Paris, Dalloz Action, 8ème édition 2010-2011.

40. LIKULIA BOLONGO, *Droit pénal spécial zaïrois*, Tome I, Paris, 2ème édition, Librairie générale de droit et de jurisprudence, 1985.

41.LUKOMBE NGHENDA, *Droit congolais des sociétés Tome III : Règles sur les généralités, émission, cession et transmission des titres, Kinshasa, Presse Universitaires du Congo*, 1999.

42.LUKOMBE NGHENDA, *Droit civil, les biens*, Kinshasa, Editions Presses universitaires du Congo, 2003.

43.LUKOO MUSUBAO, *La jurisprudence congolaise en procédure civile, Tome I*, Kinshasa, Editions On s'en sortira, 2009.

44.LUTUMBA wa LUTUMBA, *Procédures simplifiées de recouvrement et voies d'exécution en droit OHADA*, Kinshasa, Editions du Centre congolais du droit des affaires, 2014.

45.LUWENYEMA LULE, Précis de droit du travail zaïrois, Kinshasa, Editions Lule, 1989.

46. E.J. LUZOLO BAMBI LESSA et N. BAYONA ba MEYA , *Manuel de procédure pénale*, Kinshasa, P.U.C, 2010.

47.G. LEGIER, *Droit civil, Les obligations,* Paris, Mémentos, Paris, 18ème éd. Dalloz,

48.Ph. MALAURIE (PH), L. AYNES et STOFFEL – MUNCK, *Droit civil-Les obligations,* Paris, 4ème éditions, Defrénois, 2009.

49.N. MASSAGER, *Les bases du droit civil, T. III Droit des obligations*, Bruxelles, Anthémis, 2013.

50.R. MASAMBA MAKELA, *Droit des affaires,* Kinshasa, Editions Cadicec, 1996.

51.MATADI NENGA GAMANDA, *Droit judiciaire privé*, Louvain-La-Neuve, Bruylant-Academia, 2006.

52.MASANGA PHOBA MVIOKI, *Droit congolais du travail*, Paris, L'Harmattan, 2015.

53.MAZEAUD (H. L et J), *Leçons de droit civil,* II, Vol. I, 4ème édition, par M. de JUGLART, Paris, Montchestien ; 1969.

54.J. MBUYU LUYONGOLA, *Droit commercial général OHADA,* Kinshasa, Editions ANJELANI, 2014.

55.MUKADI BONYI, *Droit de la sécurité sociale*, Kinshasa, éditons Ntobo.

56.MUKADI BONYI et KATUALA KABA KASHALA, *Procédure civile,* Kinshasa, Editions Batena Ntambua, 1999.

57.MULUMBA KATCHY, *Les contrats spéciaux,* Kinshasa, 1ère édition, Centre de recherche d'études et de formation interdisciplinaires d'Afrique (CREFIDA), 2015.

58.MULUMBA KATCHY, *Droit coutumier congolais*, Kinshasa, Centre de recherche d'études et de formation interdisciplinaires d'Afrique (CREFIDA), 2ème édition 2016

59.NGOMBA TSHILOMBAYI KENGE, *Indemnisation des victimes d'accidents de la circulation. Assurance de responsabilité ou indemnisation directe* ? Thèse, Université de Kinshasa, Kinshasa, 1999.

60.NYABIRUNGU Mwene SONGA, *Droit pénal général zaïrois*, Kinshasa, Ed. DES, 1989.

61.PINDI-MBENSA KIFU (G), *Le droit zaïrois de la consommation,* Kinshasa, éditions CADICEC, 1995.

62.P. PIRON et J. DEVOS, *Codes et lois du Congo-belge Tome I,* Bruxelles, Ferdinand Larcier, 1960.

63.PORCHY – SIMON, *Droit civil 2ème année, Les obligations,* Paris, 6ème édition Dalloz, 2009.

64.M. RAE, *Des engagements qui se forment sans convention*, Lubumbashi, Société d'Etudes juridiques du Katanga, 1967.

65.G. RIPERT, *La règle morale dans les obligations civiles*, Paris, LGDJ, 4è édition, 1949

66.A. RUBBENS, *Le droit judiciaire congolais, Tome III, L'instruction criminelle et la procédure pénale*, Bruxelles 1965.

67.A. RUBBENS, *Le droit judiciaire congolais, Tome II,* Kinshasa, Presses universitaires du Congo, 2012.

68.R. SAVATIER, *Traité de responsabilité civile en droit français civil, Tome 2,* 2è édition, Paris, LGDJ, 1951.

69.A. SOHIER, *Droit civil du Congo belge*, T.II, Bruxelles, Larcier, 1956.

70.B. STARCK, *Essai d'une théorie générale de la responsabilité considérée en sa double fonction de garantie et de peine privée,* Thèse, Paris, 1947.

71.G. STEFANI et G. LEVASSEUR, *Droit pénal général et procédure pénale, Tome II, procédure pénale,* 4ème édition, 1970.

72.F. TERRE, *Introduction générale au droit*, Dalloz, 6ème édition, 2003.

73.F. TERRE, Ph. SIMLER et Y. LEQUETTE, *Droit civil. Les obligations*, Paris, 8ème édition, 2002.

74.P. VAN OMMESLAGHE, *Traité de droit civil belge, Tome II : Les obligations, Volumes 1 à 3*, Bruxelles, Bruylant, 1ère édition 2013.

75.M. VERSTRATE, *Droit civil du Congo belge, Tome I, Les personnes et la famille*, Bruxelles, Larcier, 1950.

76.G. VINEY, *Le déclin de la responsabilité individuelle*, Paris, LGDJ, 1965.

77.A. VITU, *Droit pénal spécial*, Tome 2, Paris, 1982.

78.A. WEILL et F. TERRE, *Droit civil, Obligations*, Paris, Dalloz, 1980.

B. Articles

1. BOMPAKA NKEYI, « La responsabilité civile des parents en droit zaïrois et comparé », *Revue de droit et de criminologie,* n°184.

2. DIPUMBA NTITA, « Le régime foncier coutumier », in *RJC*, 1962, pp. 72 à 77.

3. F. ILUNGA LUBUMBASHI, « Du pouvoir du juge dans la résolution des contrats synallagmatiques », in *Cahiers Africains des Droits de l'Homme et de la Démocratie,* Université de Kinshasa, Faculté de Droit, n°050, vol. I, janvier-mars 2016, pp. 143 et ss.

4. KALONGO MBIKAYI et NGOMBA T. KENGE, « Incidence des progrès techniques sur la responsabilité civile du fait des aéronefs » in *Revue de droit congolais,* n°002/1999, pp. 7 à 33.

5. KALOMBO LUKUSA, « Droit de la victime à une évaluation équitable : relecture de l'article 49 du code du travail » in *Cahiers d Africain des droits de l'Homme et de la Démocratie,* Université de Kinshasa,

Faculté de Droit, CRIDHAC, n°049, vol. I, Octobre-Décembre 2015, pp. 53 à 62.

6. KALOMBO LUKUSA, « Evaluation forfaitaire des dommages et intérêts en matière administrative » in *Cahiers d Africain des droits de l'Homme et de la Démocratie,* Université de Kinshasa, Faculté de Droit, CRIDHAC, n° 049, vol. I, Octobre-Décembre 2015, pp. 63 à 84.

7. KALONGO MBIKAYI et PINDI NBENSA KIFU, « La responsabilité civile de l'automobiliste et du piéton en droit zaïrois » *in* KALONGO MBIKAYI (sous la direction de), *L'automobile et la sécurité routière en droit zaïrois,* Kinshasa, PUZ, 1982, pp. 31 et ss.

8. KALONGO MBIKAYI, « Responsabilité civile des maîtres et commettants en droit privé zaïrois » in *RJZ* 1975, pp. 7 à 14.

9. KALONGO MBIKAYI et TSHIMANGA, « La responsabilité du tiers complice dans l'exécution d'une obligation contractuelle », in *RJZ 1979, p. 1 et* ss.

10. M.T. KENGE NGOMBA TSHILOMBAYI, « Les principes régissant les hypothèques en droit congolais », in *Annales de la Faculté de Droit*, Université de Kinshasa, Vol. XI-XXVII, Presses de l'Université de Kinshasa, 2004, pp. 37-52.

11. M.T. KENGE NGOMBA TSHILOMBAYI, « Les principes régissant les hypothèques en droit congolais », in *Annales de la Faculté de Droit, Université de Kinshasa, Vol. XI*, Presses de l'Université de Kinshasa, 2004, pp. 37-52.

12. M.T. KENGE NGOMBA TSHILOMBAYI, « Droit de gage en République Démocratique du Congo au regard du droit OHADA », in *Annales de la Faculté de Droit* 2012-2013, Editions Droit et Société « DES », Kinshasa, 2014, pp. 236 à 251..

13. M.T. KENGE NGOMBA TSHILOMBAYI, « Protection judiciaire de l'enfant en conflit avec la loi et réforme de la responsabilité civile des père et mère pour des faits commis par leur enfant », in *Annales de la Faculté de Droit*, Université de Kinshasa, 2014-2016, Kinshasa, Editions Droit et Société, décembre 2016, pp. 83 à 105.

14.KYABOBA KASOBWA, « La protection des consommateurs contre les dangers du crédit immobilier au Zaïre » in *Lettre mensuelle* n ° 7-8, IRES, Kinshasa, 1988.

15.LUTUMBA wa LUTUMBA, « Protection du consommateur en matière des baux à loyer à Kinshasa » in *Revue de droit congolais*, n°003/2000, pp 44 à 64.

16.LUTUMBA wa LUTUMBA et MBUYI TSHINDAYE, « De l'effectivité de la réparation des victimes devant la Cour pénale internationale », in *Annales de la Faculté de Droit*, Université de Kinshasa, 2014-2016, Kinshasa, Editions Droit et Société, décembre 2016, pp. 29 à 53.

17.LUZOLO BAMBI Lessa E.J., « L'organisation et la compétence des juridictions judiciaires congolaises entre 1982 et 2013 : Lecture technique et critique », in *Annales de la Faculté de Droit*, Université de Kinshasa, 2012-2013, Kinshasa, Editions Droit et Société, juin 2014, pp. 181 à 190.

18.S. MAKAYA KIELA, « La pertinence des mécanismes de justice réparatrice comme vecteur du droit à réparation des victimes des crimes internationaux », in *Annales de la Faculté de Droit*, Université de Kinshasa, 2014-2016, Kinshasa, Editions Droit et Société, décembre 2016, pp. 311 à 350.

19.MUTEBA TSHIMANGA, « Du principe ELECTA UNA VIA et son application en droit positif congolais », *Cahiers Africains des Droits de l'Homme et de la Démocratie*, Université de Kinshasa, Faculté de Droit, CRIDHAC, .n° 052, vol. III, juillet-septembre 2016, pp. 201 et ss.

20.T. MWABA KAZADI, « Après la SONAS : la nouvelle Autorité de régulation et de contrôle des assurances», in *Cahiers Africains des Droits de l'Homme et de la Démocratie*, Université de Kinshasa, Faculté de Droit, CRIDHAC, n° 052, vol. III, Juillet-Septembre 2016, p.189-199.

21.T. MWABA KAZADI, « Analyse critique de la loi n°15 /.025 du 31 décembre 2015 relative aux baux à loyer non professionnels en droit congolais », *Cahiers Africains des Droits de l'Homme et de la Démocratie*, Université de Kinshasa, Faculté de Droit, CRIDHAC, n°050, vol. I, Janvier-Mars 2016, p. 93-129.

22.T. MWABA KAZADI, « Assurance de la responsabilité civile des propriétaires des véhicules : qu'est ce qui a changé ? », in *Cahiers Africains des Droits de l'Homme et de la Démocratie,* Université de Kinshasa, Faculté de Droit, CRIDHAC, n°051, Avril-Juin 2016, pp. 59 et ss.

23.NGOMBA TSHILOMBAYI, « Vers un nouveau droit des beaux à loyer, liberté contractuel ou dirigisme contractuel » in *RJZ*, supplément annuel 1987, pp 33 à 44.

24.RAE (M), « Note sur la responsabilité délictuelle plurale sous l'angle de la solidarité », *RJCB,* 1954, p. 2 et ss.

25.THIRAN, « Exposé des motifs et commentaires de la loi n° 73-013 du 5 janvier 1973 » in *Revue Ngabu*, n°2, septembre 1973, pp. 30 et ss.

26.TELOMONO BISANGAMANI, « Repenser la téléologie et les modalités de la réparation en droit civil congolais : de la réparation intégrale du dommage à la réparation adéquate du lien social », in *Annales de la Faculté de Droit*, Université de Kinshasa, 2011-2012, Editions Droit et Société « DES », Kinshasa, 2013, pp. 334 et ss.

27.Van RYN, « La responsabilité du fait des choses», *JT*, 1953.

28.R. VIGNERON, « L'évolution du droit civil congolais depuis l'indépendance », *RJC* 1965.

29.R. VIGNERON, « La lésion en droit civil congolais. Essai d'interprétation du décret du 29 août 1959 », *RJC*, 1965.

INDEX

A

B

C

D

E

F

G

H

I

J

L

M

N

Q

R

S

T

U

V

TABLE DES MATIERES

Questions juridiques aux éditions L'Harmattan

Dernières parutions

CONCILIATION ET MÉDIATION DEVANT LA JURIDICTION ADMINISTRATIVE
Actes du colloque du Conseil d'État du 17 juin 2015
Sous la direction de Jacques Biancarelli et Béatrice Blohorn-Brenneur
Voici près de 25 ans que le Conseil d'État, confronté à une judiciarisation croissante de la société, réfléchit aux modes alternatifs de règlement des différends afin de les pacifier et de rendre les justiciables davantage confiants en la justice administrative. Après avoir rappelé le contexte juridique et les enjeux d'une telle impulsion, un bilan comparatif des pratiques du juge administratif et du juge judiciaire a permis de mesurer combien il est nécessaire et urgent de compléter la boîte à outils dont dispose le premier. Voici une réflexion, les références et les outils nécessaires à la juridiction administrative.
(Coédition GEMME, 24.00 euros, 246 p.)
ISBN : 978-2-343-07270-8, ISBN EBOOK : 978-2-336-39774-0

L'ERREUR JUDICIAIRE
Apprendre à douter pour lutter contre les erreurs judiciaires
Sous la direction de Xavier Pin
L'erreur judiciaire hante autant qu'elle jalonne l'histoire de notre justice pénale. Nous avons tous en mémoire de retentissants procès ayant vu des individus accusés ou condamnés, avant d'être disculpés, graciés ou réhabilités. Le législateur y est sensible au point de réformer régulièrement la procédure pénale pour tenter d'éviter, de corriger ou de réparer, autant que possible, de telles erreurs. Une loi du 20 juin 2014 réforme les procédures de révision et de réexamen des condamnations pénales définitives : elle est l'occasion d'essayer de comprendre ces fiascos judiciaires.
(Coll. Droit privé et sciences criminelles, 15.00 euros, 126 p.)
ISBN : 978-2-343-07284-5, ISBN EBOOK : 978-2-336-39807-5

LE DROIT CONSTITUTIONNEL DE LA Ve RÉPUBLIQUE
(Treizième édition)
Lascombe Michel, Toulemonde Gilles
Cet ouvrage s'adresse aux étudiants en droit, aux élèves des instituts d'études politiques et aux candidats aux concours administratifs. Il couvre l'essentiel du programme de droit constitutionnel, c'est-à-dire aussi bien les constitutions françaises depuis 1789 que l'actuel texte constitutionnel. Cette nouvelle édition tient compte des derniers développements induits par les changements politiques, des dernières réformes des règlements des assemblées et de la jurisprudence la plus récente.
(Coll. Logiques Juridiques, 42.00 euros, 506 p.)
ISBN : 978-2-343-07916-5, ISBN EBOOK : 978-2-336-39877-8

LA PROXIMITÉ EN DROIT INTERNATIONAL PRIVÉ DE LA FAMILLE
Bouyahia Sabrine Maya - Préface de Lotfi Chedly et Marie Goré
Parmi les méthodes proposées pour trancher les litiges présentant un élément d'extranéité, figure celle reposant sur le principe de proximité. L'étude porte sur deux systèmes de droit international privé de la famille différents (droit français et droit tunisien) pour mettre en exergue d'une

part l'adaptation de cette méthode aux spécificités de chaque ordre étatique et d'autre part son adéquation avec tous les différents systèmes de droit.
(Coll. Logiques Juridiques, 54.00 euros, 618 p.)
ISBN : 978-2-343-05464-3, ISBN EBOOK : 978-2-336-39866-2

QUARTIER-FEMMES ÉCROU 10970
Boh-Petit Dominique
Cellule 24 : une femme dit toute sa souffrance d'être enfermée. Elle a tué. Son histoire est à la rubrique des faits divers. La Cour d'assises la jugera. Bien des années plus tard, elle est libérée. La vie doit reprendre. Ce récit est parfaitement conforme à la réalité. Tout a existé et existe encore.
(Coll. La justice au quotidien, 15.00 euros, 130 p.)
ISBN : 978-2-343-07436-8, ISBN EBOOK : 978-2-336-39812-9

GABELOUS ET CONTREBANDIERS
Histoire des fermiers généraux de Dijon (1760-1780)
Evrard Sébastien - Préface de Marc Fradet
En exhumant un registre du personnel de la direction des fermes de Dijon, l'auteur retrace, entre 1760 et 1780, la vie méconnue de centaines d'agents au service du doit et de l'impôt. Ces derniers servaient un système protecteur (la retraite fait son apparition dès 1768), parfois très rémunérateur, mais qui s'avère aussi, sous certains aspects, une machine à broyer les hommes : le régime des sanctions que met en place la Ferme est d'une efficacité redoutable. En définitive, la Ferme présente un aspect mitigé.
(Coll. Mémoires des Douanes, 28.50 euros, 278 p.)
ISBN : 978-2-343-06683-7, ISBN EBOOK : 978-2-336-39845-7

DICTIONNAIRE OHADA
(3e édition)
Bitsamana Hilarion Alain
Ce dictionnaire spécial du droit des affaires OHADA propose une définition claire et précise, avec tous les compléments nécessaires, des principaux termes utilisés tous les jours se rapportant à l'OHADA. Un ouvrage de référence permettant de décoder l'OHADA, accessible à toute personne s'intéressant au monde des affaires en Afrique comme à l'étranger.
(39.00 euros, 398 p.)
ISBN : 978-2-343-07656-0, ISBN EBOOK : 978-2-336-39786-3

LA DÉJUDICIARISATION ET LES PROCÉDURES NON CONTENTIEUSES EN AFRIQUE
Amboulou Hygin Didace
La déjudiciarisation comprend l'ensemble des mécanismes de gestion des différends en rationalisant les moyens matériels et humains de la justice, afin de pallier les déficiences du système judiciaire et de limiter les surcharges des juridictions. Les institutions de nombreux pays sont analysées et les déjudiciarisations en droit public et en droit privé sont abordées.
(Coll. Études africaines, 17.50 euros, 156 p.)
ISBN : 978-2-343-06928-9, ISBN EBOOK : 978-2-336-39805-1

COMMENT RENFORCER L'INDÉPENDANCE DE LA MAGISTRATURE AU SÉNÉGAL ?
Ngom Babacar
Préface de Amadou Mahtar Mbow
L'ouvrage présente dans une première partie les garanties légales d'indépendance de la justice, notamment la règle de la séparation des pouvoirs, le principe de la soumission des juges à l'autorité de la loi et celui de l'inamovibilité du magistrat du siège. Après une analyse critique de ces dispositions, l'auteur formule des propositions de renforcement de l'indépendance de la magistrature.
(13.50 euros, 124 p.)
ISBN : 978-2-343-05158-1, ISBN EBOOK : 978-2-336-39837-2

LE DROIT PÉNAL DES AFFAIRES AU CAMEROUN
Djila Kouayi Kemajou Rose
Préface de Victor-Emmanuel Bokalli
Dans le domaine des affaires, la liberté d'entreprendre et d'investir comporte de nombreux risques, au rang desquels le risque pénal. La délinquance en col blanc n'étant plus réservée aux grandes sociétés commerciales, les moyens de lutte et de sécurisation des investisseurs nécessitent un droit pénal des affaires dont l'objectif est la recherche d'une éthique dans ce domaine.
(Coll. Études africaines, 35.50 euros, 350 p.)
ISBN : 978-2-343-07840-3, ISBN EBOOK : 978-2-336-39777-1

50 ANS DE MARIAGE
Réflexions d'un notaire sur l'évolution du couple ces cinquante dernières années
Dauptain Pierre
De la pilule contraceptive jusqu'au mariage pour tous, l'auteur nous propose une réflexion sur les lois qui ont accompagné l'évolution du couple au cours des cinquante dernières années. Il analyse cette évolution pour aborder les problématiques juridiques et morales qui font tant débat de nos jours. Il s'appuie sur des travaux de juristes ou de sociologues, des articles de presse, mais aussi sur les chansons et les films qui ont marqué ces années et qui témoignent de façon si éclairante des changements de mentalités.
(Éditions Pepper, 16.50 euros, 148 p.)
ISBN : 978-2-343-07677-5, ISBN EBOOK : 978-2-336-39690-3

MÉTHODOLOGIE ET ASPECTS FORMELS DE LA RECHERCHE
Petit manuel à l'usage des juristes
Marain Gaëtan
L'ouvrage propose un véritable apprentissage du formalisme qui doit permettre aux étudiants et aux professionnels confrontés à la rédaction d'une thèse ou d'un mémoire juridique d'aborder ce travail avec sérénité. L'auteur donne une méthode de recherche pour définir le sujet, trouver et compulser les références utiles, échafauder un plan. Il aborde également les thèmes des citations d'auteur, notes de bas de page, mise en page. Il traite enfin du travail de relecture et de l'épreuve de soutenance.
(19.00 euros, 178 p.)
ISBN : 978-2-343-07638-6, ISBN EBOOK : 978-2-336-39556-2

RISQUES, ACCIDENTS ET CATASTROPHES
Liber amicorum
En l'honneur de Madame le professeur Marie-France Steinlé-Feuerbach
Sous la direction Hervé Arbousset, Caroline Lacroix et Benoît Steinmetz
L'étude et l'analyse des risques sont au cœur des réflexions du Professeur Steinlé-Feuerbach. Ses nombreux écrits de doctrine sur la thématique des accidents et des catastrophes ont amené à ce que ses collègues et amis lui dédient cet ouvrage. Ces mélanges donnent une vue d'ensemble d'une matière devenue une véritable discipline transcendant le clivage droit public-droit privé.
(Coll. Sciences criminelles, 34.00 euros, 334 p.)
ISBN : 978-2-343-07169-5, ISBN EBOOK : 978-2-336-39677-4

ÉTAT, COLLECTIVITÉS TERRITORIALES ET DROITS SOCIAUX
Étude du droit comparé
Sous la direction d'Olivier Lecucq
Comment, selon leur organisation territoriale respective, La France, l'Espagne et l'Italie œuvrent à la satisfaction des droits sociaux. Quels sont les rôles de l'État en ce domaine ? Quelles sont les actions qui en découlent et comment se coordonnent-elles ? Quelles en sont les implications en termes d'égalité des citoyens et des territoires ? L'ouvrage tente de répondre à ces questions en interpellant la réalisation de l'État social dans un contexte de crise, de réduction des déficits et de maîtrise des dépenses.
(Coll. Bibliothèques de droit, 22.50 euros, 221 p.)
ISBN : 978-2-343-07585-3, ISBN EBOOK : 978-2-336-39683-5

LE PRINCIPE DE PRÉCAUTION
Au carrefour de la philosophie, du droit et des sciences
Calderaro Norbert
La notion de principe de précaution, qui donne lieu à beaucoup de controverses, nécessite de la part d'un juriste une analyse objective pour écarter ce qu'elle n'est pas et définir son contenu véritable. Après un aperçu des sources philosophiques, l'auteur réalise une synthèse du principe de précaution en droit international, européen, en droit comparé et en droit interne. Il intègre notamment les tout derniers développements de la jurisprudence du Conseil d'État.
(18.50 euros, 180 p.)
ISBN : 978-2-343-05457-5, ISBN EBOOK : 978-2-336-39452-7

LES COLLECTIVITÉS TERRITORIALES ET LA SPÉCULATION
Goasdoué Mélissa - Avant-propos de Michel Verpeaux
Préface de Julien Martin
L'ancien dispositif empêchant la conclusion d'opérations financières spéculatives par les collectivités locales ayant échoué, un nouveau dispositif fonctionnant au cas par cas a été mis en place. Après une étude des imperfections de la notion de spéculation puis des liens unissant ces imperfections à l'échec du précédent dispositif dans la protection des collectivités contre les risques spéculatifs, le présent ouvrage s'attache à démontrer comment et dans quelle mesure cette protection est désormais rendue possible.
(Coll. Droit des collectivités territoriales, série Travaux, 15.00 euros, 140 p.)
ISBN : 978-2-343-07619-5, ISBN EBOOK : 978-2-336-39520-3

LE DROIT DE LA GUERRE
Traité sur l'emploi de la force armée en droit international (3 volumes)
Cumin David
Aussi ancien que la guerre et que le droit international dont il constitue le cœur historique, le droit de la guerre existe. Croisant droit et polémologie, portant sur les conflits armés internationaux et internes, ce traité expose, explique et reconstruit l'ensemble du droit international contemporain relatif à l'emploi de la force armée - auteurs et acteurs de la belligérance, ses buts, moyens, théâtres, régimes - et propose une analyse critique de la responsabilité réparatrice et punitive.
Volume 1 (Coll. Droit comparé, 46.00 euros, 458 p.)
ISBN : 978-2-343-06498-7, ISBN EBOOK : 978-2-336-39588-3
Volume 2 (Coll. Droit comparé, 60.00 euros, 760 p.)
ISBN : 978-2-343-07707-9, ISBN EBOOK : 978-2-336-39589-0
Volume 3 (Coll. Droit comparé, 48.00 euros, 468 p.)
ISBN : 978-2-343-07708-6, ISBN EBOOK : 978-2-336-39590-6

LA RESPONSABILITÉ DE PROTÉGER
Nouvelle approche du droit international
Gandou D'Isseret Crépin Gyscard
Le droit d'ingérence humanitaire se comprend comme une éthique de détresse, une obligation de protéger les personnes en danger de mort. La responsabilité de protéger traduit en acte la nécessité impérative de prendre soin de l'homme, ou de la collectivité humaine en général, quand les conditions de son existence connaissent une détérioration significative ou quand elles sont sur le point de le devenir.
(Coll. Harmattan Congo, 16.50 euros, 152 p.)
ISBN : 978-2-343-06724-7, ISBN EBOOK : 978-2-336-39575-3

L'HARMATTAN ITALIA
Via Degli Artisti 15; 10124 Torino
harmattan.italia@gmail.com

L'HARMATTAN HONGRIE
Könyvesbolt ; Kossuth L. u. 14-16
1053 Budapest

L'HARMATTAN KINSHASA
185, avenue Nyangwe
Commune de Lingwala
Kinshasa, R.D. Congo
(00243) 998697603 ou (00243) 999229662

L'HARMATTAN CONGO
67, av. E. P. Lumumba
Bât. – Congo Pharmacie (Bib. Nat.)
BP2874 Brazzaville
harmattan.congo@yahoo.fr

L'HARMATTAN GUINÉE
Almamya Rue KA 028, en face
du restaurant Le Cèdre
OKB agency BP 3470 Conakry
(00224) 657 20 85 08 / 664 28 91 96
harmattanguinee@yahoo.fr

L'HARMATTAN MALI
Rue 73, Porte 536, Niamakoro,
Cité Unicef, Bamako
Tél. 00 (223) 20205724 / +(223) 76378082
poudiougopaul@yahoo.fr
pp.harmattan@gmail.com

L'HARMATTAN CAMEROUN
TSINGA/FECAFOOT
BP 11486 Yaoundé
699198028/675441949
harmattancam@yahoo.com

L'HARMATTAN CÔTE D'IVOIRE
Résidence Karl / cité des arts
Abidjan-Cocody 03 BP 1588 Abidjan 03
(00225) 05 77 87 31
etien_nda@yahoo.fr

L'HARMATTAN BURKINA
Penou Achille Some
Ouagadougou
(+226) 70 26 88 27

L'HARMATTAN SÉNÉGAL
10 VDN en face Mermoz, après le pont de Fann
BP 45034 Dakar Fann
33 825 98 58 / 33 860 9858
senharmattan@gmail.com / senlibraire@gmail.com
www.harmattansenegal.com

Achevé d'imprimer par Corlet Numérique - 14110 Condé-sur-Noireau
N° d'Imprimeur : 138031 - Dépôt légal : avril 2017 - *Imprimé en France*

www.ingramcontent.com/pod-product-compliance
Lightning Source LLC
LaVergne TN
LVHW021146061026
849535LV00002B/374

* 9 7 8 2 3 4 3 1 1 9 3 0 4 *